Manfred Folkers
Niko Paech

All you need is less

Inhalt

Vorgespräch 7

Manfred Folkers
Buddhistische Motive für eine Überwindung
der Gier-Wirtschaft 29

Vorbemerkung 30

This is it 37

Logenplatz des Universums 42

Es ist immer jetzt 46

Goldenes Zeitalter 50

Wohlsein und Leiden 54

Peitsche 1: Mehrung, Gier & nie genug 58

Peitsche 2: Zwei Tendenzen – ein Ziel 62

Peitsche 3: Tricks im Nebel 66

Denken: Geistige Unterfütterung 72

Mögen: Das Beste geben 77

Sprechen: Filter an den Sinnestoren 82

Handeln: Nicht-Handeln? 86

Wirken: Genug ist genug 91

Üben: Kein Mehr mehr 96

Achten: All you need is less 102

Sein – Samtusta: Integer leben 109

Niko Paech
Suffizienz als Antithese
zur modernen Wachstumsorientierung *119*

Einleitung 120

Effizienz, Konsistenz und Suffizienz 124

Konsum und moderne Freiheit 132

Konsum versus Suffizienz 137

Ein grassierendes Sinnvakuum 146

Suffizienz und zeitökonomische Rationalität 158

Gerechtigkeit und die Lebensstilfrage 172

Verzichtsalarm! Ein Kataster
gängiger Abwehrreaktionen 179

Handlungsunfähige Politik und soziale Diffusion 194

Zum Schluss:
Suffizienz stellt die doppelte Freiheitsfrage 211

Nachgespräch *217*

Anmerkungen 243

Literatur 247

Vorgespräch

Mitte Mai 02019* in einem Garten am Stadtrand von Oldenburg. Es ist früher Nachmittag. Die Sonne lässt den Rasen leuchten, die Rhododendren blühen, die Wäsche an der Leine ist fast trocken, und unter dem Johannisbeerstrauch döst Nachbars Katze.

Im Schatten des Birnbaums steht ein kleiner Tisch mit drei Tassen, drei Tellern mit Apfelkuchen, einer Schale mit Kluntjes und einer Kanne Tee auf einem Stövchen. Auf der einen Seite sitzen Manfred Folkers und Niko Paech; ihnen gegenüber hat Barthel Pester Platz genommen: Journalist, Moderator und Teammitglied der Oldenburger Werkstatt Zukunft und des hiesigen Repair-Cafés.

Barthel Pester: Wie haben Sie zusammengefunden?

Manfred Folkers: Wir haben uns schon vor über 20 Jahren kennengelernt. Niko hat damals als Beauftragter der Stadt Oldenburg die Aktivitäten der zahlreichen Agenda-21-Gruppen koordiniert. Die »Lokale Agenda 21« entstand im Gefolge des UN-Erdgipfels von 1992 in Rio de Janeiro als Aktionspro-

---

* Die Null vor der Jahreszahl ist ein Vorschlag der *Long Now Foundation*, um sich auf den Deka-Milleniums-Wechsel in knapp 8.000 Jahren vorzubereiten und um an die astronomische Erkenntnis zu erinnern, dass weit mehr Zeit vor als hinter uns liegt.

gramm zur nachhaltigen Entwicklung von Kommunen. Mit der Zahl 21 dokumentierten die weltweit entstandenen Agenda-Gruppen, dass sie planvoll ins 21. Jahrhundert vorausschauen wollen. Auf diese Weise nahmen sie neben der Menschheit und der Erde auch die Zukunft mit ins Blickfeld.

Niko Paech: Wegen dieser dreijährigen Tätigkeit bin ich damals nach Oldenburg umgesiedelt. Manfred ist mir unter den Aktiven aufgefallen, weil er weiter als viele andere gedacht hat. Er hat Aspekte der Achtsamkeit und Suffizienz eingebracht.

Was hat Sie dazu bewogen, an diesem Agenda-Prozess teilzunehmen?

Folkers: Letztlich war es deren Motto »global denken – lokal handeln«.

Paech: Mich hat die Agenda 21 inspiriert, weil sie vorsah, dass Bürger auf kommunaler Ebene eigenverantwortlich eine zukunftsfähige Entwicklung initiieren. Deshalb habe ich mich auf die Stelle des Agenda-Beauftragten beworben. In Oldenburg existieren manche der vor 20 Jahren gegründeten Agenda-Gruppen noch heute, darunter der Verschenk-Markt, das Kompetenzzentrum Bauen und Energie und einige andere.

Folkers: Diese Bewegung sollte sich mittlerweile lieber »Agenda 22« nennen und das 22. Jahrhundert auf die Tagesordnung setzen. Wenn meine Tochter so alt wird wie meine Oma, wird sie es noch erleben.

Paech: »Agenda 22« klingt gut, denn das wird der tatsächlichen Herausforderung eher gerecht.

Herr Folkers, was war Ihr persönliches Motiv für Ihr Engagement?

Folkers: Eine heftige Lebenskrise. Anfang der 1980er-Jahre hat mich eine lähmende Erschöpfung – heutzutage wohl Sinnkrise oder Burn-out genannt – mit der Frage konfrontiert: »Was soll ich tun, wenn sich die Gesellschaft in eine falsche Richtung entwickelt und ich mich an diesem Irrweg zu beteiligen habe?«

Wieso hat sich Ihnen diese Frage gestellt?

Folkers: Als Friesenjunge vom Bauernhof bin ich bodenständig und im nahen Kontakt mit der Natur aufgewachsen. In der Schule und im Pädagogikstudium – ich wurde später Mathe- und Geografielehrer – habe ich gelernt, alles kritisch zu hinterfragen. Damals wurde ich mit dem Bericht des Club of Rome, »Die Grenzen des Wachstums«, und dem Buch »Ein Planet wird geplündert« konfrontiert.[1] Besonders treffend hat die Systemwissenschaftlerin und Buddhistin Joanna Macy meine Krise beschrieben, indem sie feststellte, »dass die Sorge um das Wohl der Allgemeinheit so groß sein kann, dass sie den einzelnen in ernste Bedrängnis bringt«.[2] Ähnlich wie ich sah sie die Menschheit in einem »Zeitalter, in dem wir es zur Meisterschaft gebracht haben, unsere Ängste unter den Teppich zu kehren. Eine ganze Gesellschaft hängt hilflos fest zwischen dem Gefühl von drohender Katastrophe und der Unfähigkeit, sich dieses Gefühl einzugestehen.« Auch die spätere Bundestagsvizepräsidentin Antje Vollmer hat meinen inneren Zustand sehr gut auf den Punkt gebracht: »Die Art, wie wir leben, ist von jedem nur denkbaren moralisch-ethischen Standpunkt aus gesehen unverantwortlich«; eine Aussage, die sie vor Kurzem in einer E-Mail an mich wiederholte.

Sehen Sie das heute noch so?

Folkers: Jein. Der Mathelehrer in mir errechnet weiterhin erschreckende Zahlen zu Bevölkerungswachstum, Anstieg des Meeresspiegels, Erhitzung der Atmosphäre, Humusabbau, Artensterben, regionaler Wasserknappheit, Ressourcenmangel bei Sand, seltenen Erden, Düngemitteln. Der Erdkundelehrer in mir kennt die Begrenztheit unseres Heimatplaneten ganz genau. Der Buddhist in mir spürt das Leid, das der gegenwärtige Umgang der Menschheit mit der Erde für die nachfolgenden Generationen beinhaltet. Und wenn ich diese drei Blickwinkel kombiniere, sehe ich die Sackgasse. Diese Gesellschaft ist zu sehr auf die wachsende Produktion und Zirkulation von Waren und Geldwerten angewiesen.

Wir laufen also unaufhaltsam auf eine Katastrophe zu?

Folkers: Ohne radikale Wende halte ich einen Crash für sehr wahrscheinlich, seine ersten Anzeichen sind unübersehbar. Dennoch mag ich ihn mir nicht gern plastisch vorstellen. Eine Wende, die einen unkontrollierten Zusammenbruch vermeidet, ist wesentlich attraktiver. Ein von den Betroffenen freiwillig und selbst gestalteter Umschwung ist zudem eine Kraftquelle für Kreativität und der Schlüssel für ein integres und erfülltes Leben. Mit großer Freude erlebe ich deshalb, wie immer mehr Menschen die Brisanz der Fehlentwicklungen ernst nehmen und sich in Umweltbewegungen wie Greenpeace und Fridays for Future einbringen oder für soziale Gerechtigkeit einsetzen. Bei Greta Thunberg spüre ich sogar eine Art Seelenverwandtschaft, weil auch sie Angst vor der Zukunft hat und sich weigert, einfach so weiterzumachen.

Was haben Sie damals in Ihrer Sinnkrise unternommen?

Folkers: Zunächst habe ich meinen Alltag entschleunigt, und meine ökonomischen Ein- und Ausgaben haben sich halbiert. Um meinen Trott zu überwinden, bin ich als Rucksacktourist durch Asien gefahren und habe mich am Alltag der einheimischen Bevölkerung beteiligt. Die Vielfalt der Landschaften, Menschen und Kulturen haben mich stark beeindruckt, auch die Biografie des Buddha. Während einer Wanderung zur Nordflanke des Mount Everest wurde mir klar, dass in jedem Berg alle Berge und in jedem Menschen alle Menschen zu entdecken sind. Und jeder Blick über das Meer zeigte mir, dass der Horizont keineswegs eine Linie ist, die Himmel und Erde voneinander trennt, sondern sie zusammenführt. Um diese neuen Einsichten nicht wieder zu verlieren, begann ich nach meiner Rückkehr nach Deutschland, meditative Verfahren wie Taijiquan, Qigong und Zazen zu üben, die mir eine tiefere Wahrnehmung der Wirklichkeit ermöglicht haben.

Was heißt tiefer? Was änderte sich?

Folkers: Mithilfe dieser Praktiken habe ich gelernt, sowohl das Leben in der Welt als auch in mir selbst ernsthaft und bewusst anzuschauen. Auf diese Weise endete meine Distanz zu spirituellen Themen zugunsten eines Interesses für eine säkulare Spiritualität. Meine Teilnahme am Daseinsprozess heute ist nicht nur materieller Natur, sondern enthält auch eine geistige Aufgabe. Meine Schlüsseleinsicht lautet: »Im Menschen nimmt sich das Leben wahr.« Diese Erkenntnis veranschauliche ich gern mit Sprüchen wie »Wake up«, »This is it« und »I have arrived – I am home«. Die Einsicht, dass diese Erde meine Heimat ist, begleitet mich ständig. Hier bin ich jetzt zu Hause –

mit allen Rechten, Freiheiten und Pflichten. Insofern enthält diese tiefere Wahrnehmung auch die Überwindung einer Sinnkrise, die mir Kraft zum Handeln gibt.

Herr Paech, was hat Ihr Leben beeinflusst, bevor Sie in Oldenburg gelandet sind?

Paech: Auch bei mir spielten Naturerlebnisse eine große Rolle, jedoch in Norddeutschland oder im Mittelgebirge, also – verzeih den hoffentlich nicht zu kritischen Hinweis – ohne Weltreise. Über einige Ereignisse habe ich in einem Gespräch mit Erhard Eppler einmal länger gesprochen.[3] Mich hat die sinnliche Wahrnehmung einer systematischen Zerstörung von Natur geprägt, denn als Kind hatte ich viel draußen oder im Wald gespielt. Heute lebt die erste Generation junger Menschen, die sich Naturerlebnissen bestenfalls noch auf Instagram und YouTube hingeben. Aber eine medial vermittelte Umwelt muss nicht gerettet werden, sie kann als rein virtuelles Gebilde nachkonstruiert werden. Die Zerstörung der Lebensgrundlagen geht einem nicht mehr nahe, wenn man in einer davon entkoppelten Welt lebt, in der Sinne und Empfindungen getäuscht werden. Ich bin zum Glück noch anders aufgewachsen, ohne digitale Technik.

Wieso glauben Sie, dass wir eine Kultur des Genug brauchen?

Paech: Für mich bedeutet Suffizienz die Reduktion oder Selbstbegrenzung menschlicher Ansprüche. Dahinter steht mehr als nur eine andere, radikalere Auffassung von Zukunftsfähigkeit. Suffizienz ist die Konsequenz aus dem grandiosen Scheitern einer ökologischen Modernisierung, zuweilen auch »grünes

Wachstum« genannt. Die Technik scheitert darin, das Wohlstandsgefüge von ökologischen Schäden zu entkoppeln. Allein der Rückbau kann hier für Entlastung sorgen – das ist keine moralische, sondern eine mathematische Folgerung.

Vielleicht stehen wir vor einem noch größeren Scheitern, nämlich dem des modernen Zeitalters. Suffizienz kann auch als Bruch mit einer Doktrin verstanden werden, die alles einem hyperaktiven Wachstumszwang unterwirft und besinnungslos menschliche Freiheiten zu steigern verspricht. Diese Fortschrittsdoktrin behauptet: Nichts darf bleiben, wie es ist, alles muss ständig verbessert oder intensiviert werden.

Wollen Sie die Menschen etwa an die Kette legen?

Paech: Natürlich nicht, aber der Modus einer expansiven Zwangsbeglückung stößt auf ökologische und psychische Grenzen. Und er wirft die Frage nach seiner Legitimität auf. Sind Menschen ausschließlich Nutznießer von Rechten und Freiheiten – oder haben sie auch Pflichten und Verantwortlichkeiten? Jedenfalls hat sich ein abstruses Missverhältnis zwischen diesen beiden Polen heraus gebildet. Es ist binnen Kurzem ein materielles Anspruchsniveau entstanden, das ich für skandalös halte. Wenn beliebig ruinöses Konsumieren zum Menschenrecht umdeklariert wird, verletzt das mein Gerechtigkeitsempfinden. Um es zuzuspitzen: Selbst junge Menschen, die noch nie gearbeitet haben, leben in Saus und Braus, Weltreisen inklusive, und halten dieses historisch einmalige Wohlstandsniveau für normal.

Herr Folkers, wie sind Sie auf das Thema Achtsamkeit gestoßen?

Folkers: 1995 habe ich den Verein »Achtsamkeit in Oldenburg« mitgegründet, das Interesse daran war damals sehr groß. Seitdem organisieren wir Veranstaltungen, um gemäß der Vereinsziele den interkulturellen Austausch zu fördern. Wir haben ein Forum für alle Menschen geschaffen, die Achtsamkeit üben und sich um ein friedvolles Leben bemühen – nach innen wie nach außen.

Ist Meditation nicht eher eine Flucht?

Folkers: Meditation ist kein Versuch, den Alltag auszublenden, sondern eine Methode, sich ihm bewusst zu stellen. Individuelle Probleme können von den natürlichen und gesellschaftlichen Rahmenbedingungen nicht getrennt werden. Meditation ist keine Flucht vor der Wirklichkeit, sondern ein für alle Menschen gangbarer Weg, sie besser zu verstehen. Wer sich eine meditative Auszeit nimmt, um sich in Ruhe dem gegenwärtigen Zustand des eigenen Lebens zu widmen, wendet sich im Grunde der Erde und der Zukunft zu.

Paech: Als ihr Hit »All you need is love« erschien, sind die Beatles nach Indien gereist, um sich in die Praxis der Meditation einführen zu lassen. Dein Vorschlag, ein Buch mit dem Titel »All you need is less« zu schreiben, hat mich komplett begeistert. Die Abwandlung »less« statt »love« gefällt mir. Der vor 50 Jahren von den Beatles vertonte Aufbruch zu »love and peace« hat damals nur den guten Umgang miteinander betont, nicht aber die materielle Seite des Lebens. Heute ist die das Hauptproblem: Wer darf sich mit welchem Recht wie viel nehmen, ohne ungerecht zu leben?

Folkers: Machst du mit dieser Betrachtung Suffizienz – im Sinne von Genügsamkeit – nicht zu einer reinen Pflichtübung? Für mich ist Suffizienz immer verbunden mit Einsicht und Integrität. Es geht um Lebenskunst und inneren Frieden, die um ihrer selbst willen erstrebenswert sind – unabhängig von Äußerlichkeiten.

Paech: Ich will Dir zwar nicht widersprechen, bleibe aber dabei, dass es bei der Rettung der menschlichen Zivilisation nicht um reines Wohlfühlen gehen kann. Die Verführungskraft der Konsumgesellschaft kann man nicht mit ihren eigenen Mitteln schlagen. Zivilisationen dürfen das Überlebensnotwendige nicht dem Lustprinzip unterordnen. Wenn sie jede Pflicht – auch die der materiellen Begrenzung – mit dem Verweis auf ständig zu steigernde Selbstverwirklichung ablehnen, sind sie nicht zukunftsfähig. Der grassierende Modus des Immer-mehr-wollen-und-immer-weniger-dafür-tun-Müssens entspricht einer dreisten Anmaßung, deren Legitimation in einer fragwürdigen Freiheitsideologie besteht.

Wollen Sie eine Ökodiktatur?

Paech: Um Himmels willen. Mir geht es um eine Kultur der Genügsamkeit, die vorgelebt, durch Beispiele und Initiativen vermittelt wird. Sie muss auch eingefordert werden – in einem herrschaftsfreien, demokratischen Diskurs.

Herrschaftsfrei? Wie stellen Sie sich das vor?

Paech: Je tiefgreifender der Wandel, desto unumgänglicher wird es, dass sich die betreffenden Neuerungen autonom im

Wettstreit der Ideen und Orientierungen behaupten können, auch wenn das zunächst nur in Nischen erfolgt. So wird die Gesellschaft mit alternativen Lebensführungen konfrontiert, die sich dem Steigerungswahn verweigern, und zwar nicht nur symbolisch, sondern durch eine in allen Konsequenzen vorgelebte Missbilligung des desaströsen Istzustandes. Dieser Vorgang ist absolut herrschaftsfrei. Mehr noch: Pioniere, die gegen den Strom schwimmen, gehören zur Ursuppe jeder Demokratie. Umgekehrt sind politische Eingriffe niemals herrschaftsfrei, auch in einer Demokratie nicht.

Folkers: Du scheinst Suffizienz für eine private Angelegenheit zu halten, doch dieser Ansatz ist unzureichend. Auch die Politik sollte eingreifen. Wenn ich selbst in meinem Umfeld andere von Maßlosigkeit abhalten will, werde ich schnell der Bevormundung bezichtigt. Etwa wenn ich meine Seminargäste in ein Gespräch über die Absurdität ihres SUVs oder eine 48 Wochen im Jahr leer stehende Zweitwohnung verwickle ...

Paech: Vielleicht ist ein konfrontatives Öko-Spießertum das letzte Mittel, das uns noch bleibt, wenn die politischen Instanzen handlungsunfähig sind ... Nein, das ist natürlich Quatsch. Fürs Erste wäre schon viel gewonnen, wenn Suffizienz überhaupt diskussionswürdig wird.

Interessante Differenz. Herr Folkers, welche politische Rahmenbedingungen fordern Sie ein?

Folkers: Alle Menschen bewohnen diesen einen kleinen, aber feinen Planeten. Unsere wichtigste Aufgabe ist, das Leben auf ihm zu bewahren. Dafür wird eine Weltregierung benötigt, die von einem Parlament kontrolliert wird, in der die zufällig gerade jetzt lebenden Menschen nicht die Mehrheit stellen dürfen. Sowohl die Erde beziehungsweise ihre Biosphäre als auch die zukünftigen Generationen sollten mitvertreten werden – vielleicht jeweils zu einem Drittel. Zentrales Ziel dieser Regierung sollte es sein, den personenbezogenen ökologischen Fußabdruck auf ein Niveau zu bringen, das dem menschlichen Maß entspricht, also abhängig ist von der Quantität der Erdbevölkerung. Auf diese Weise kann der gegenwärtige Hyper-Individualismus überwunden und eine soziale Angleichung herbeigeführt werden. Sobald Gemeinwohl, Zusammenwirken und Offenherzigkeit in den Bereichen Eigentum, Arbeit und Konsum Vorrang erhalten, wird sich fast automatisch eine von Achtsamkeit und Enkeltauglichkeit geprägte Wirtschaftsform entwickeln. In meinem Essay möchte ich einige Überlegungen und Kraftquellen zusammenstellen, die diesen Prozess beflügeln können.

Herr Paech, warum halten Sie die Politik für handlungsunfähig?

Paech: Politische Regulierungen, ganz gleich ob Ver- und Gebote oder sogenannte Anreizsysteme, also eine Besteuerung schädlicher Handlungen, werden nur dann von demokratischen Mehrheiten akzeptiert, wenn bequeme und kostengünstige Alternativen angeboten werden. Dies entspricht keiner Reduktion des Wohlstandes, sondern lediglich dessen technologischer Entkopplung von ökologischen Schäden. Wenn sich Letzteres aber als unmöglich erweist, würde wirksame Regulierung nur in einer Wohlstandssenkung bestehen können. Dafür Mehrheiten zu bekommen entspricht einer Quadratur des Kreises: Die zu Regulierenden müssten einen Regulator wählen, der ihnen aufoktroyiert, wozu sie freiwillig nicht bereit sind.

Herr Paech, was sagen Sie Menschen in Systemzwängen? Die etwa wegen zu hoher Mieten aufs Land ziehen müssen und dort aufs Auto angewiesen sind? Migranten, die fliegen müssen, um ihre alten Eltern auf einem anderen Kontinent zu besuchen? Lehrerinnen, die unfair produzierte Computer nutzen müssen? Schlägt die Forderung nach Genügsamkeit nicht um in individuellen Tugendterror, wenn sie ohne gesellschaftliche Änderungen praktiziert werden muss?

Paech: Systemzwänge werden oft willkürlich vorgeschoben, um die Folgen eigener Handlungen nicht verantworten zu müssen. Lebte Immanuel Kant noch, würde ich ihm zutrauen, dass er dies als einen instrumentalisierten Rückfall in vormoderne Unmündigkeit entlarven würde. Vermeintliche Systemzwänge verhüllen zumeist eine bestimmte »Der Zweck heiligt die Mittel«-Logik. Somit leiten sich die behaupteten Zwänge aus bestimmten Ansprüchen ab. Diese wären aber dahingehend zu reflektieren, wie gerechtfertigt sie gegenüber übergeordneten Interessen sein können. Davon abgesehen, stellt sich die Frage, inwieweit sich die fraglichen Zwänge aus Situationen ergeben, die ohne Not hätten vermieden oder revidiert werden können.

Selbstverständlich bleiben dann manche Sach- oder Systemzwänge übrig, die sich nicht dekonstruieren lassen, aber wie viele sind das? Dass beispielsweise der notwendige Berufsverkehr per Auto in ländlichen Gegenden – wohlgemerkt nach Abzug aller Alternativen, die in der aktuellen Debatte sorgfältig ignoriert werden – ein so gravierendes Problem sein soll, halte ich für einen Popanz. Sachzwänge dahingehend zu hinterfragen, ob sie nur vorgeschoben sind, bedarf stets demokratisch und unvoreingenommen aufs Neue auszuhandelnder Grundsätze der Verhältnismäßigkeit. Und dann stellt sich schnell heraus, dass essenzielle Bedürfnisse wie etwa Berufsverkehr, der manchmal, aber längst nicht so oft wie behauptet, eben nur mit dem Pkw möglich ist, sauber von Luxusreisen um den Globus zu trennen sind. Notwendige Kritik an nachhaltigkeitsdefizitären und zugleich unverhältnismäßigen Ansprüchen als Tugendterror zurückzuweisen zählt zum Arsenal abgegriffener Totschlagargumente, genauso wie schriller Verzichtsalarm ...

Folkers: Über Verzicht wird nur abwertend gesprochen. Das verstehe auch ich nicht, denn Suffizienz eröffnet viele attraktive und konstruktive Perspektiven.

Paech: Suffizienz entspricht der ersatzlosen Reduktion und nicht einer bloßen Optimierung einzelner Objekte oder Handlungsweisen. Eine Solaranlage muss nur bestellt und angeschlossen werden, wird obendrein subventioniert, verlangt mir also keine veränderte Lebensführung ab. Ungleich schwieriger ist es, stattdessen die gleiche Menge an Elektrizität einzusparen. Dementsprechend gering ist die Anzahl jener, die Letzteres praktizieren. Das führt in eine fatale, sich selbst verstärkende Verkettung: Da Menschen soziale Wesen sind, übernehmen sie neue Handlungsmuster nur, wenn sie mit genügend vorgelebten Beispielen dafür konfrontiert sind. Folglich scheitert die Ausbreitung an hinreichendem Anschauungsmaterial, ganz zu schweigen von Personen, die glaubwürdig für suffiziente Lebensführungen eintreten können. Denn wer thematisiert schon gern Probleme, in die er selbst bis zur Halskrause verstrickt ist?

Ist das nicht zu individualistisch gedacht? Ökosoziale Produkte und Dienstleistungen kommen ja nicht aus der Nische heraus, weil sie teurer sind als unfair produzierte, also muss man die Rahmenbedingungen ändern.

Paech: Diese Strategie scheitert auf zwei Ebenen. Erstens: Für die schädlichsten Handlungen existieren keine ökologischen Alternativen. Und dort, wo dies dennoch suggeriert wird, handelt es sich oft nur um eine Problemverlagerung. Zweitens: Die Freiheit, billigste Waren kaufen zu können, die zumeist nicht nachhaltig sein können, bildet das Fundament unseres Wohlstandes. Dies nun durch veränderte Rahmenbedingungen wieder umkehren zu wollen lässt ökofaire Produkte nicht billiger, sondern die bisherigen Güter nur teurer werden. Also sinkt die Kaufkraft. Würde die Politik dies ehrlich aussprechen, würde sie augenblicklich jegliche Akzeptanz verlieren – außer es existiert bereits eine hinreichende Anzahl an Personen, die ein würdiges Leben bei geringerer Kaufkraft, Auswahl und weniger Komfort erfolgreich eingeübt haben und damit vorführen, dass ökologischer Anstand nicht wehtut.

Folkers: Suffizienz lässt sich nur dann zu einem gesellschaftlichen Thema machen, wenn es glaubwürdige Beispiele für Lebensführungen gibt, die behutsam und enkeltauglich sind und eine »Rückkehr zum menschlichen Maß« beinhalten.

Paech: Damit sprichst du das Buch eines Vordenkers an, auf den wir uns beide gern beziehen, nämlich Ernst Friedrich Schumacher.[4] Manfred, du hast einiges zu diesem Thema geschrieben und versucht, das menschliche Maß in die Praxis zu übersetzen. Hat dich das zum Buddhismus geführt, oder war es umgekehrt?

Folkers: Das war ein Wechselspiel. Nach dem Aufenthalt in Asien habe ich zu meditieren begonnen und seit 1990 Taijiquan und Qigong unterrichtet. Mich interessierte dabei immer mehr, womit sich mein Geist beschäftigt, wenn er zur Ruhe kommt. Auf diese Weise habe ich mein Hobby, das Schreiben, ausgebaut und zwei Bücher zu »Achtsamkeit« und »Entschleunigung« veröffentlicht.[5] Außerdem engagierte ich mich in überregionalen Verbänden und bot Seminare an zu Themen wie »Fernöstliche Weisheitslehren« und »Ökologie und Lebenskunst«. An erster Stelle standen jedoch immer meine Familie und Aktivitäten in meinem näheren Umfeld.

Paech: In einer überschaubaren Stadt wie Oldenburg ist mir das nicht entgangen.

Folkers: Das gilt auch in Gegenrichtung. Durch dein öffentliches Eintreten für eine Postwachstumsökonomie hatten wir wieder mehr Kontakt. Für mein Interesse daran gab es zwei Gründe: Erstens sah ich darin ein konkretes Konzept, das über das übliche Links-rechts-Schema hinausführte. Zweitens rückt dieser Ansatz die Kritik am Streben nach Wachstum und Mehrung in den Mittelpunkt. Er geht gewissermaßen vom gleichen Ergebnis aus, das ich durch meine Beschäftigung mit der Lehre des Buddha, dem Dharma, gewonnen hatte. Im Dharma gilt »Gier« – im Sinne von Haben-Wollen und Mehr-haben-Wollen – als Ursache von Leid.

Das betrifft aber nur die Gier des Individuums?

Folkers: Nein. 1996 habe ich in einem Artikel zum ersten Mal den Begriff »Gier-Wirtschaft« benutzt.[6] Durch das Studium des Dharma sind menschliche Eigenschaften in den Mittelpunkt meiner Überlegungen gerückt. Doch es hat noch eine Weile gedauert, bis ich aus diesen Einsichten ein brauchbares Modell destillieren konnte.

Weswegen?

Folkers: Im Dharma wird der Begriff »Gier« als »Durst« und »Begehren« auf das Individuum bezogen. Bei einer Übertragung auf die Gesellschaft klingt »Gier« deshalb entweder überzeichnend oder banal. Der Spruch von Mahatma Gandhi, »Die Welt hat genug für jedermanns Bedürfnisse, aber nicht genug für jedermanns Gier«, drückt zwar eine plastische Erklärung für die bedrohliche Perspektive der Menschheit aus. Dennoch fehlt der Buddha-Lehre ein griffiger Gesellschaftsbezug. Suffizienz scheint es hier nur für Individuen zu geben als »Mittlerer Weg« zwischen Askese und Hedonismus.

Sie haben also versucht, eine buddhistische Perspektive für die Wirtschaft zu entwickeln?

Folkers: Ja. Eine Bemerkung des grünen Politikers Reinhard Bütikofer habe ich als hilfreich empfunden: »Der Markt ist ja kein Naturereignis, sondern ein Kulturprodukt.«[7] Das erinnert daran, dass die Marktwirtschaft kein Naturgesetz, sondern eine Übereinkunft vieler Menschen ist. Sie sind eingebunden in ein System, das viele Jahrhunderte lang von Menschen gestaltet wurde. Ihre Wünsche, Sehnsüchte und Ziele formen ihre Aktivitäten. Es sind nicht die Handlungen, sondern die Handlungsmotive, die zur Mehrung auffordern und zum Wachstumsprinzip geführt haben. Insofern ist »Gier« nur als »Gier-Prinzip« geeignet, die Funktionsweise der heutigen Wirtschaft zu beschreiben. Gleichzeitig ist das Gier-Prinzip der zentrale Ansatzpunkt für alle Versuche, diese Wirtschaftsform zu überwinden bzw. zu ersetzen.

Ist das schon Wachstumskritik?

Folkers: In der Tat. Das Konzept der Postwachstumsökonomie ist eine Art Bestätigung für meine Versuche, buddhistische Einsichten im heutigen gesellschaftlichen Alltag zu entdecken. Wenn der Markt ein Kulturprodukt ist, dann lässt sich diese Übereinkunft auch von Menschen ändern. Dabei rückt der Begriff »Wachstum« genau jenes Phänomen ins Zentrum, das im Dharma als wichtigste Leid verursachende menschliche Eigenschaft identifiziert wird: das Verlangen beziehungsweise den Hunger nach »mehr« – vor allem im materiellen Sinne. Weil die Gier-Wirtschaft von Menschen geschaffen worden ist, ist auch eine Post-Gier-Wirtschaft möglich. Mit anderen Worten: Weil die Wachstumsökonomie von Menschen gestaltet wird, lässt sich auch eine Postwachstumsökonomie aufbauen.

Margaret Thatchers' Aussage »There is no alternative« ist also Humbug?

Folkers: Diese Auffassung ist völlig lebensfremd, weil immer alles fließt. Und weil es immer Alternativen gibt.

Herr Paech, wie würden Sie das gegenwärtige ökonomische System charakterisieren? Gier-Wirtschaft? Kapitalismus? Aus dem Ruder gelaufene Marktwirtschaft? Globale Diktatur des Wachstumsdogmas?

Paech: Ich bin ein Vertreter der »Pluralen Ökonomik«, die an der Uni Siegen gelehrt wird. Verweise auf eine pathologische Systemlogik, meistens mit Kapitalismus assoziiert, reichen mir nicht aus. Natürlich sind Profitstreben und Kapitalverwertung elementare Auswirkungen der »Gier-Wirtschaft«. Aber sind das Symptome oder Ursachen? Systemkritik ist oft ein elegantes Alibi, um die Verantwortung des einzelnen Individuums kleinzureden. Eine systemische Sicht müsste die Nachfrageseite, also die kulturelle Prägung des Konsumverhaltens, gebührend einbeziehen. Verbraucher waren politisch nie so mächtig wie heute, haben nie über mehr Einkommen verfügt – und werden dennoch als passive Opfer ökonomischer Verhältnisse betrachtet. Das Wachstumsdogma lässt sich nicht allein als kapitalistische Logik beschreiben, es ist Teil eines übergreifenden Steigerungsprinzips. Konkurrenz, Gewinnmaximierung und Kapitalverwertung können nur dann einen Planeten ruinieren, wenn sie auf unersättliche Nachfrager stoßen.

Und was treibt dieses System an, was hält es in Gang?

Paech: Was selbst aufgeklärte Menschen dazu bringt, ökologisch ruinös zu handeln, ist erstens, dass Neugierde, Verführbarkeit und Steigerungsdrang möglicherweise eine unvermeidliche Begleiterscheinung menschlicher Kreativität oder sogar deren Voraussetzung sind. Zweitens haben moderne Gesellschaften genügsame Lebenspraktiken im Zuge sozialen Fortschritts schlicht ausgemerzt oder als beschämend diskreditiert. Aber ohne Vorbilder, glaubwürdige Beispiele sowie Übungsprogramme ist keine Selbstbegrenzung denkbar. Drittens wurden Kompensationsriten etabliert, die dem mittelalterlichen Ablasshandel nicht unähnlich sind. Manche sich selbst als umweltbewusst einstufende Zeitgenossen jetten um den Planeten und ergötzen sich am kontrolliert-ökologisch erzeugten Brühwürfel, den sie heldenhaft mit dem Fahrrad nach Hause transportieren. Viertens verschanzen sich viele Menschen hinter einer Fortschrittsgläubigkeit, die suggeriert, dass schon bald ein technologischer Messias alle Probleme löst, sodass sich jede Suffizienz erübrigt.

Also ist doch alles alternativlos?

Paech: Nein. Suffiziente Gegenkulturen aufzubauen wäre der Weg, den wir einschlagen müssten.

Herr Folkers, was hält die gegenwärtige Wirtschaftsweise auf Trab?

Folkers: Wenn ich die Ursachen der heutigen wirtschaftlichen Gewohnheiten identifizieren will, habe ich mich den in ihnen verborgenen menschlichen Beweggründen zuzuwenden. Sie beflügeln die Mehrungsökonomie, die immer deutlicher die ökologischen Grenzen des Planeten Erde übertritt. Gleichzeitig liegt in diesen Antriebskräften der Schlüssel zur Wende. Solange Motive wie Eigennutz, Besitzstreben, Abgrenzung und Folgenleugnung nicht transformiert werden, bleiben alle Korrekturmaßnahmen Makulatur. Solange das zentrale Merkmal der Wachstumswirtschaft (»nie ist etwas genug«) erhalten bleibt, kann kein heilsamer Wandel entstehen. Die Ökonomie wird weiterhin beherrscht von Unzufriedenheit, die zu einem ständigen »größer, schneller, weiter« auffordert. Dieser Zustand wirkt individuell und kulturell wie eine böse Falle. Wesentliche Voraussetzung, dieser Sackgasse zu entkommen, ist die konsequente Beherzigung von Suffizienz. Erst der Entschluss »Es reicht!« und die Erfahrung »Es geht auch mit weniger!« ebnen Wege zu Behutsamkeit und Genügsamkeit. Reduktion wird so individuell und gesellschaftlich vom abwertenden Aspekt »Verlust« befreit und hat immer mehr mit Zusammengehörigkeit und integrem Engagement zu tun. »Verzicht« verliert an negativer Bedeutung, indem klar wird, dass es sich mit leichterem Gepäck auch leichter leben lässt.

Das klingt immer noch ziemlich abstrakt. Wie wollen Sie als Buddhist das Thema Suffizienz aufschlüsseln?

Folkers: In meinem Text möchte ich mich der Haltung der »Suffizienz« nähern, indem ich zunächst die Essenz der Buddha-Lehre erläutere. Auf diese Weise ergibt sich ein überwiegend vom Individuum ausgehender Blick auf das 21. Jahrhundert. Mit den Ergebnissen dieser Betrachtung begründe ich die These, dass die heutige Wirtschaftsweise eine gesellschaftliche Manifestation der drei vom Buddha als Grundübel bezeichneten menschlichen Eigenschaften Gier, Hass und Verblendung ist. Sie führten zu Wachstum, Konkurrenz und Ignorieren der langfristigen Folgen. Ihre Überwindung könnte zu einer Lebensweise führen, die von Zufriedenheit, Verbundenheit und Achtsamkeit durchdrungen ist. Dabei vermeide ich Worte wie »man muss« oder »wir müssen«, sondern appelliere an Einsicht und Freiwilligkeit. Verantwortung und Pflichten – ja bitte. Aber »müssen« und »Zwang« sind Merkmale des Crashs, den es zu verhindern gilt. In dieser bedrohlichen Zeit ermöglicht eine Kultur des Genug eine Befreiung vom materiellen Wachstumsdruck und bietet Orientierung für ein solidarisches Zusammenleben, das von Mitgefühl und Weisheit durchdrungen ist.

Herr Paech, wie würden Sie Suffizienz veranschaulichen?

Paech: Ich unterscheide drei Kategorien der Suffizienz: Selbstbegrenzung im Sinne der Beibehaltung eines genügsamen Status quo, Reduktion eines zu hohen Anspruchsniveaus sowie vollständige Entsagung bestimmter Konsumgüter oder Handlungen. Suffizienz verinnerlicht die Übernahme individueller Verantwortung, die sich nicht mehr an eine grüne Technologie oder Nachhaltigkeitspolitik abschieben lässt, weil beides komplett versagt. Aber sie verspricht auch eine höhere Lebensqualität und Autonomie im Sinne einer Befreiung vom Überfluss. Suffizienz ist nicht durch politische Rahmensetzungen erreichbar, weil dafür die Mehrheiten fehlen, sondern nur über einen Aufstand der Handelnden. Dieser beginnt in Nischen und kann sich von dort ausbreiten. Geeignete Bündnispartner können dabei hilfreich sein. Ich vermute, dass sich die Lehre des Buddha und das Konzept einer Postwachstumsökonomie in ihrem Streben nach Suffizienz treffen.

Das klingt so, als sei die wissenschaftliche Arbeit nicht Ihre einzige Inspirationsquelle?

Paech: Das Konzept der Postwachstumsökonomie hat ein verblüffendes Interesse und Medienecho entfacht, sodass ich mich seit einiger Zeit nicht mehr nur in der Rolle des Wissenschaftlers, sondern auch der eines Referenten, Diskutanten, Interviewpartners und Aktivisten wiederfinde. Der dadurch bedingte Austausch mit einem breiten Publikum und vielen Engagierten hat mein Eintreten für eine Wirtschaft ohne Wachstum zu einem eigentümlichen Experiment werden lassen: Viele der von mir provozierten Reaktionen verraten mehr über die Befindlichkeiten einer Gesellschaft, die sich moralisch überlegen fühlt, aber zugleich auf einen Abgrund zusteuert, als über mich selbst. Manche derjenigen, die meinen, mich als wachstumskritischen Theoretiker und Aktivisten zu beobachten, werden zugleich von mir beobachtet. So bin ich unfreiwillig zu einem wandelnden Analyseinstrument geworden. Indem ich meine Beobachter beobachte, werden sie zu meinen sozialwissenschaftlichen Versuchskaninchen.

Folkers (lacht): Diese Haltung erinnert mich an eine Anekdote aus der legendären Satirezeitschrift *Pardon*, die mich seit meiner Unizeit begleitet. Sie lautet in ihrer Kurzform: »Ein Mann geht zum Arzt und sagt: ›Ich möchte ein Adler sein!‹ Der Arzt schaut ihn an und fragt: ›Warum?‹ ›Ist doch klar‹, antwortet der Mann. ›Damit ich fliegen kann!‹ Geraume Zeit später geht der Mann erneut zum Arzt und sagt: ›Ich möchte zwei Adler sein!‹ Wieder fragt der Arzt: ›Warum?‹ Diesmal antwortet der Mann: ›Damit ich mich fliegen sehen kann!‹ Einige Zeit später geht der Mann nochmals zum Arzt und sagt: ›Ich möchte drei Adler sein!‹ Der Arzt schaut ihn an und fragt: ›Warum?‹ Der Mann antwortet: ›Ist doch klar: Damit ich sehen kann, wie ich mich fliegen sehe!‹« Will meinen: Die Anregungen und Methoden des Buddha haben der bewussten Betrachtung meiner Anwesenheit in dieser Welt einen dritten Blickwinkel hinzugefügt. Inmitten »der lärmenden Wirrnis des Lebens«, wie Max Ehrmann das nennt,[8] werde ich nun ständig daran erinnert, meine Verbundenheit mit dem Sein als eine Art wissendes Gefühl wahr- und ernst zu nehmen.

Manfred Folkers

Buddhistische Motive für eine Überwindung der Gier-Wirtschaft

Vorbemerkung

Jedes Mal, wenn ich ein Kind sehe,
denke ich über die Welt nach,
die wir diesem Kind hinterlassen.

Thich Nhat Hanh

Um mutig und konstruktiv mit persönlichen Problemen und aktuellen gesellschaftlichen Krisen umzugehen, benötigen Menschen einen gesunden Geist sowie klare Motive und Ziele. Dharma, die Lehre des Buddha, kann den Einzelnen bei der Ausbildung dieser Basis unterstützen.

Weil viele Menschen bei »Buddhismus« an Glauben, Esoterik und asiatische Exotik oder an Rückzug, Wiedergeburt und rituelles Gedöns denken, wird ihnen dieser Vorschlag auf den ersten Blick abwegig erscheinen. Doch wenn die Lehre des Buddha von diesen historisch und kulturell bedingten Äußerlichkeiten und Schubladen befreit wird, entpuppt sie sich als eine offene und zugleich bodenständige Methode, die logisches Denken und Klarblick auf das gesamte Leben und auf das Leben als Ganzes anwendet. Die Essenz des Dharma ist eine alltagstaugliche Philosophie, die ohne religiöse Vorgaben zu einer tief begründeten Ethik gelangt.

Zwar ist der historische Buddha schon vor 2.500 Jahren gestorben und seine Lehre ausschließlich in Süd- und Ostasien kulturell verankert. Doch gegenwärtig erfreut sich diese Lehre auch in Europa und Nordamerika wachsender Beliebtheit. Schließlich ist sie »so schön praktisch«, da sie nicht nur dazu anregt, die persönliche Anwesenheit und die Bedeutung der menschlichen Existenz zu erforschen, sondern auch dafür passende Methoden vorschlägt (Achtsamkeit, Meditation, Entschleunigung, gewaltfreie Kommunikation etc.). Wer sie praktiziert, wird feststellen, dass auch die Inhalte des Buddha-Dharma überzeugen, da sie durch Erlebnisse nachvollziehbar sind und höchsten wissenschaftlichen Ansprüchen genügen.

Den Mittelpunkt des Dharma bildet die Suche nach Möglichkeiten, Leid zu überwinden – vor allem die Angst vor Altern, Krankheit und Tod und die Zweifel am eigenen Wesen. Dieses Vorhaben wird traditionell in »Vier Wahrheiten« zusammengefasst, die heutzutage oft als »Vier Aufgaben« bezeichnet werden:

1. Leiden betrachten
2. Dessen Ursachen erkennen
3. Deren Ende einleiten
4. Diesen Prozess verwirklichen

Für diese Anliegen hat Buddha auf acht Bereiche hingewiesen, in denen jeder Mensch seine geistigen und körperlichen Begabungen anwenden und so Leid überwinden kann: Ansichten, Absichten, Sprache, Handlungen, Lebensgestaltung, Bemühung, Achtsamkeit und Sammlung.

Auf all diesen Wegen lässt sich die Essenz des Buddha-Dharma immer wieder bestätigen: Die Welt wandelt sich ständig (1.); sie zeichnet sich durch eine uneingeschränkte Verbundenheit aus (2.); und sie ermöglicht Glück und einen friedvollen Geist (3.).

1. Alles Seiende definiert sich durch die Eigenschaft, unbeständig zu sein – vom Buddha mit dem Begriff »Anitya« ausgedrückt. Wandel und Bewegung sind Voraussetzungen

jeglichen Geschehens. Stillstand und Statik gibt es weder im Makro- noch im Mikrokosmos. Ohne Veränderungen und Entwicklungen hätte sich weder die Erde noch Leben auf ihr bilden können. Ohne Wandlungsprozesse wird aus einem Kirschkern kein Baum und aus einem Baby keine erwachsene Frau.

2. Alle Vorgänge geschehen in einem umfassenden Zusammenspiel von Raum, Zeit, Materie und Energie. Kein Sandkorn kann aus sich selbst heraus entstehen oder für sich allein bestehen – ein Mensch schon gar nicht. Der Buddha suchte vergeblich nach »Eigenständigkeit« beziehungsweise einem »eigenständigen Selbst« (Atman). Das Resultat dieser Suche nannte er »Nicht-Selbst« (Anatman) und folgerte daraus: Gegenseitige Abhängigkeit und wechselseitiges Durchdrungensein ist – genau wie Wandel – eine Grundeigenschaft des Daseins, die auch als »Intersein« bezeichnet werden kann. Alles ist voneinander abhängig und räumlich und zeitlich miteinander verbunden.

3. Das tiefe Verstehen von Unbeständigkeit und Verbundenheit und das »Erwachen« aus gegenteiligen Vorstellungen führen zu einer inneren Befreiung und zu einem von Klarheit, Nicht-Angst und Offenheit geprägten und im »Grund des Seins« (Nirvana) ruhenden Geist.

Mit anderen Worten: Buddha hat nach der Befreiung von Leid gesucht und entdeckt, dass die Wirklichkeit aller Dinge letztlich ohne »Selbst« ist, nämlich leer, frei und beziehungsreich. Diese »Leerheit« aller Erscheinungen (Shunyata) bedeutet nicht, dass Dinge oder Erscheinungen nicht existieren, sondern dass alles Seiende etwas Zusammengesetztes ohne einen selbstständigen, dauerhaften Wesenskern (»Seele«) ist. Diese auf direkter Erfahrung beruhende Erkenntnis der »Selbstlosigkeit« befreite Buddha von diesem Konstrukt und dem daraus resultierenden Leid. Er war nicht mehr gefangen in der Dualität, sondern hatte die Illusion des Getrenntseins überwunden. Er konnte sich vollständig und schöpferisch auf den Beziehungsreichtum des Lebens einlassen und zum Wohle aller Wesen wirken.

Auf vier weitere Aspekte des Dharma, die für meine Suche nach Motiven für eine Kultur des Genug zentral sind, möchte ich vorab hinweisen:

1. In der zweiten der vier Wahrheiten werden die Ursachen von Leid traditionell mit Gier, Hass und Verblendung beziehungsweise Verlangen, Abneigung und Täuschung angegeben. Diese individuellen Handlungsmotive lassen sich in der Struktur und der Funktionsweise der gegenwärtigen ökonomischen Verhältnisse wiederfinden.

2. Die Praktiken des Dharma (Anhalten, Innenschau, Mitgefühl, Gleichmut etc.) sind für alle Menschen geeignet. Die im Dharma versammelten inhaltlichen Einsichten eignen sich insbesondere für atheistisch, agnostisch und humanistisch orientierte Menschen.

3. Zwar lässt sich die Lehre des Buddha mit Konzepten füllen und in eine Religion verwandeln, doch ihr Mittelpunkt bleibt die eigene Erfahrung. Als eine weltzugewandte Seinslehre kann sie deshalb ohne Probleme die säkulare Grundlage einer Ethik für das 21. Jahrhundert sein. Diese Ethik wird häufig veranschaulicht mit dem Satz (mit den Worten): »Das Heilsame tun, das Unheilsame lassen: Das ist die Lehre des Buddha.«

4. Da der Nachvollzug der Lehre des Buddha eine individuelle Angelegenheit ist, gibt es im Prinzip ebenso viele Dharma-Interpretationen wie Menschen auf der Erde. Meine ist eine davon.

Unser Planet ist eine blaue Perle im Kosmos, auf der mithilfe von Mineralien, Wasser und Sonnenlicht Leben entstanden ist. Hier hat sich die Gattung Mensch entwickelt, die eine Zivilisation aufgebaut hat, in der Prozesse stattfinden und Dinge hergestellt werden, die ein bewusstseinsfreies Universum niemals hervorgebracht hätte: Wissenschaft und Künste, Fußballspiele und Harry-Potter-Filme, Brillen und Rhabarberkuchen, Schuheinlagen und Festplatten, Wertstoffsammelbehälter und Einbahnstraßen. So weit, so toll.

Im Grunde möchten sich alle Menschen an der Weiterentwicklung der kulturellen und gesellschaftlichen Errungenschaften beteiligen. Als Wesen mit geistigen Fähigkeiten sind sie in der Lage, ihr Leben für kluge, wache und von Integrität und Wohlwollen durchdrungene Aktivitäten zu nutzen. Dazu gehört auch eine verantwortliche Wertschätzung der naturgegebenen Voraussetzungen ihres Daseins.

Also alles gut? Leider nein. Wer genau hinschaut, konstatiert einen eher prekären Zustand. Die Menschheit sägt an den Ästen, auf denen sie sitzt. Ihre Handlungen gefährden das System ihres Zusammenlebens, wenn nicht sogar die Fundamente ihrer Existenz. Die vehemente Nutzung materieller Ressourcen hat Produktionsverhältnisse geschaffen, die die Bedürfnisse nachfolgender Generationen ignorieren. Gleichzeitig haben sie eine globale Erhitzung in Gang gesetzt, die in vielen Regionen die Lebensbedingungen zunehmend stören. Hinzu kommen unter anderem Umweltverschmutzung, die Dezimierung der Tier- und Pflanzenvielfalt, Verschwendung und die Zwänge der Schuldenfalle.

Ohne eine grundlegende Wende naht ein böses Ende, das von (sehr) vielen Menschen zumindest geahnt wird. Viele von ihnen sehen im Motto »Global denken – lokal handeln« den Schlüssel zur Lösung, doch der erste Aspekt kommt häufig zu kurz. »Lokal handeln« ist gleichsam selbstverständlich, da

Individuen ständig vor Ort agieren. »Global denken« ist schwieriger zu verwirklichen, denn es gilt, nicht nur den Zustand der Biosphäre, sondern auch das Leben als solches in den Blick zu nehmen und dabei Vergangenheit und Zukunft einzubeziehen.

Diese ganzheitliche Betrachtung des Alltags lässt sich mit der Lehre des Buddha strukturieren. Sie verzichtet dabei auf Glaubensvorgaben und übernatürliche Phänomene, indem sie eine Überprüfung aller Einsichten verlangt. Mit der Aufforderung, die Widersprüche der momentanen Lebensweise genau zu untersuchen und alle Wirkungen mit ihren Ursachen zu verbinden, rückt sie die Beweggründe des Handelns ins Zentrum und stellt die entscheidenden Fragen des »Wieso? Weshalb? Warum?«. Indem sie geistig-spirituelle Eigenschaften wie Achtsamkeit, Mitgefühl, liebende Güte, inneren Frieden, Gleichmut etc. berücksichtigt, trägt sie dazu bei, die eigene Persönlichkeit bewusst und weltzugewandt zu entwickeln.

Dieses Vorgehen eignet sich besonders für die Analyse von Erscheinungen, die Leid hervorrufen. Hier bietet Buddhas Lehre Antworten an, die konkret und nachvollziehbar sind und das gesamte Dasein einbeziehen. Sie identifiziert das zurzeit vorherrschende ökonomische System als Motor der Zerstörung der Umwelt und der Bedrohung der menschlichen Kultur. Gleichzeitig bietet sie handhabbare Kriterien für die Überwindung dieser Krise an, indem sie von der vollständigen Verbundenheit des Menschen mit der Natur ausgeht.

Vor diesem Hintergrund sind meine Überlegungen zu einer »Kultur des Genug« entstanden. Meine Anregungen sind allen Menschen gewidmet, denn wir bewohnen dasselbe Raumschiff Erde. Sie sollen vor allem diejenigen ansprechen, die ethisch ein prinzipielles Unbehagen spüren und den drohenden Kollaps der ökonomischen und ökologischen Rahmenbedingungen nicht verdrängen, sondern direkt anschauen – ohne Angst und ohne zu verzagen.

Darüber hinaus sollen meine Ausführungen zur gegenseitigen Befruchtung von Spiritualität und gesellschaftlichem Engagement beitragen. Diese Kooperation ist angesichts der offensichtlichen Bedrohungslage unabdingbar. Eine genaue Kenntnis der geistigen Wurzeln des eigenen Handelns erschließt den politisch, sozial, ökonomisch, ökologisch und kulturell aktiven Menschen eine letztlich unerschöpfliche Kraftquelle. Auf diese Weise lassen sich Einstellungs- und Verhaltensänderungen nicht nur leichter verinnerlichen und umsetzen, sondern auch besser durchhalten.

Denn noch ist es nicht zu spät, die Sackgasse freiwillig zu verlassen, in die sich die Menschheit manövriert hat. Noch kann es gelingen, das Ruder rechtzeitig herumzureißen für eine Wende, bei der Suffizienz und Zufriedenheit nicht von außen diktiert werden. Diese Chance besteht nicht mehr lange. Bei einem Crash wird auf fremdbestimmte Weise festgelegt, wie viel »genug« ist. Einfache Lösungen wird es dabei nicht geben. Nötig sind tiefes Schauen und grundsätzliche Umorientierungen. Ohne einen Wechsel der Antriebskräfte ist kein erfolgreicher Umschwung möglich. Auf die Motive kommt es an.

Wenn die einzelnen Menschen diesen Wandel nicht selbst vollziehen, werden sie bald durch unbeherrschbare Umstände dazu gezwungen. Statt *wollen* ist dann *müssen* angesagt. Wenn wir uns nicht ändern, werden wir geändert. Die viel beschworene und notwendige Transformation erfolgt dann *by disaster* und nicht *by design*.

This is it

Ihr sagt, dass ihr uns hört und die Dringlichkeit versteht.
Aber egal wie traurig und wütend ich bin, ich will das
nicht glauben. Denn wenn ihr die Situation wirklich verstehen
würdet und es weiterhin versäumt zu handeln, dann wärt
ihr böse. Und das weigere ich mich zu glauben.

Greta Thunberg, *UN Climate Action Summit*, September 2019

»Wir sind eine Gesellschaft des Ich, Ich, Ich – und jetzt. Wir denken nicht an andere und auch nicht an morgen.« Diese Aussage des US-amerikanischen Ökonomen und Nobelpreisträgers Paul A. Samuelson weist in Kurzform auf die Energien hin, die viele Menschen in die Gestaltung ihres Lebensalltags derzeit einbringen. Dies gilt besonders für den wirtschaftlichen Bereich, der in letzter Konsequenz vom menschlichen Eigensinn gesteuert wird.

Doch immer mehr Menschen wollen dieser organisierten Selbstbezogenheit entfliehen. Stoßseufzer wie »Stopp! Genug! Es reicht! Slow down! Weniger ist besser! Lasst mich endlich zufrieden sein!« drücken aus, dass sie vom üblichen Verlangen nach Dingen und äußerlichen Werten schlicht genervt sind. Dieses von Kindesbeinen an erlernte Verhalten erleben sie als Enge und Hindernis. Kommerzielles Denken und das ständige Unterscheiden zwischen »mein« und »dein«, das Vergleichen und Konkurrieren empfinden sie als trennend und isolierend. Die zunehmende Datenflut wirkt auf diese Menschen wie eine Mischung aus Ablenkung und Täuschung, und sie leiden darunter, wenn ihr Alltag von Hast und

Eile bestimmt ist und sich fast alle Aktivitäten oberflächlich anfühlen.

Nicht nur in meinen Kursen und Seminaren treffe ich immer häufiger auf Menschen, die versuchen, sich in diesen Bereichen zu verändern, und die an sich zweifeln, wenn sie auf den angesagten Weg zurückgedrängt werden. Nicht wenige von ihnen sehen in den gesellschaftlichen Rahmenbedingungen die Hauptursachen von individuellen Problemen wie Burn-out und Depressionen (und oft sogar von Übergewicht und Suchtverhalten).

Kein Wunder also, wenn sich immer mehr Menschen fragen, wie und warum sie in derartige Lebensumstände geraten sind. Skeptisch, manchmal sogar mit Widerwillen betrachten sie das überbordende Angebot an Waren, die Allgegenwart von Medien, die Aggressivität der Werbung, die Verdichtung der Arbeitsaufgaben, die größer werdenden Unterschiede zwischen Arm und Reich. Sie hadern mit den eigenen Inkonsequenzen gegenüber Konsumzwängen, Freizeitstress und Wegwerfmentalität.

Immer klarer wird der direkte Zusammenhang dieser Zustände mit Umweltschäden, sozialen Konflikten, kulturellen Disharmonien und ökonomischen Krisen. Dabei wirkt sich unser Handeln nicht nur auf unser eigenes Leben aus, sondern auch auf die Zukunft unserer Kinder und aller Lebewesen auf der Erde: Artenschwund, Süßwassermangel, radioaktive Verseuchung, Meeresversauerung, Überbevölkerung, soziale Ungerechtigkeiten, Humusrückgang, steigende Antibiotikaresistenz, Ressourcenplünderung, Klimakrise, Schuldenberge, Vereinzelung und andere Probleme verdunkeln den Horizont für alle, die sich mit unserer Zukunft ernsthaft auseinandersetzt.

Diskussionen, in denen diese Problemfelder weiterberechnet werden, enden ohne übertriebene Schwarzmalerei fast immer bei unangenehmen Ausblicken, die oft mit einem Abgrund, einem Kollaps, einem großen Feuer oder schlimmen Kriegen veranschaulicht werden. Spätestens an diesem Punkt sehnen sich alle nach einem Ausweg, einer Wende oder einem Kurswechsel. Sie möchten abbiegen, umkehren oder sogar aussteigen.

Fast alle Beteiligten sind jedoch in feste Strukturen eingebunden. Um ihnen zu entrinnen, reicht ein »Nein!« zu diesen Zuständen und Perspektiven nicht aus. Eine reine Abwehrhaltung bleibt ohne aufbauende Wirkung. Ohne Kenntnis der Entstehungsgeschichte der bisherigen Routen und ohne attraktive Aussichten lassen sich keine wirklich andersartigen Pfade aufzeigen und beschreiten.

Konstruktive Alternativen erfordern Überlegungen und Einsichten, die eine unvoreingenommene Erforschung des Ist-Zustands mit deren emotionalen Wirkungen verbinden. Es kommt darauf an, alle Ängste und Vorgaben direkt anzuschauen und sich umfassend zu verdeutlichen, was auf dem Spiel steht. Schließlich geht es nicht um die Anpassung an Engpässe bei der Versorgung mit Wasser, Energie, Nahrung und sauberer Luft. Es geht auch nicht um eine erzwungene Reduzierung der gewohnten Mobilität, des materiellen Reichtums und des individuellen Wohnraums. Es geht überhaupt nicht um *Zwang*, sondern um einen vernünftig geplanten und freiwillig durchgeführten *großen Wandel*. Es geht um den Erhalt einer Zivilisation beziehungsweise um den Aufbau einer neuen.

Es ist das wissende Gefühl um das baldige Ende der gewohnten Lebensweise, das verzagen oder gar verzweifeln lässt. Diese lähmende Grundhaltung kann nicht mit Appellen, hektischem Reagieren, kleinen Reformen und dem Drehen an vorhandenen Stellschrauben beseitigt werden. Im Gegenteil: Mit derartigen Aktivitäten wird viel Kraft vergeudet, da sie in der

Regel die bisherigen schädlichen Gewohnheiten eher stabilisieren als überwinden. Die Zweifel an der gegenwärtigen Gestaltung des Alltags reichen viel tiefer. Sie berühren die Grundfesten der persönlichen Existenz und die der Gesellschaft. Erst eine Berücksichtigung dieser Ebenen wird zu fruchtbaren Lösungen führen.

Weil es nicht um die Reparatur einer übers Ziel hinausgeschossenen oder auf Abwege geratenen Kultur, sondern um das Leben als solches geht, sind Rettungswege schwer aufzufinden. Diese benötigen neben der präzisen Analyse der Hintergründe der Schwierigkeiten auch eine geistige Unterfütterung. Ohne Erforschung der Beschaffenheit der Welt und des darin eingebetteten lebendigen Daseins lassen sich Alternativen weder auffinden noch betreten. Zukunftsfähige Wege werden erst durch eine stabile Basis aus gründlich durchdachten Überzeugungen, Motiven und Perspektiven nachhaltig begehbar.

Unterstützung für den Aufbau und die Füllung dieses Fundaments zu suchen und anzunehmen ist das Gebot der Stunde. Angesichts der Brisanz der Lage sind auch ungewöhnliche Perspektiven und Empfehlungen erlaubt. Besonders aufschlussreiche Anregungen ergeben sich hierfür aus den Auffassungen und Methoden der Lehre des Buddha. Diese Lebenslehre eignet sich nicht nur – wie es in Asien überwiegend üblich ist – für die Untersuchung der Rolle des menschlichen Subjekts, sondern auch für das Verständnis gesellschaftlicher Zustände. Als besonders ergiebig erweist sie sich für die Aufgabe, die Ziele und Antriebskräfte der gegenwärtigen Ökonomie zu identifizieren, um Ansatzpunkte für deren Umwandlung zu finden und zu benennen.

Um Missverständnissen vorzubeugen: Die Praxis des Dharma ist weder eine moralische Bevormundung noch ein Patentrezept für Suffizienz und Zufriedenheit oder der Königsweg zur Auflösung kulturbedingter Probleme. Buddhas

Lehre bildet jedoch eine auch im 21. Jahrhundert geeignete Grundlage, um auf individueller Ebene ethische Haltungen zu entwickeln und diese mit Handlungen zu füllen.

Der Buddha hat einen Weg vorgeschlagen, den er selbst erfolgreich gegangen ist: im gegenwärtigen Moment verweilen und umfassend erspüren und durchleuchten, was dieser Augenblick enthält. Das Ergebnis seiner Bemühungen hat er lächelnd mit dem Ausruf »Wie wunderbar! Wie wunderbar!« gewürdigt. Saloppere Versionen wie »This is it!«, »Es ist, wie es ist!« und »So'st's!« beschreiben dieses Aha-Erlebnis aber auch ganz gut.

Logenplatz
des Universums

*Im Aufhören des Begehrens berühren wir eine zeitlose
Dimension der Erfahrung: wie die Dinge sich aufgrund
von Bedingungen spielerisch und mühelos einstellen,
um selbst wiederum Bedingungen für etwas anderes zu werden.
Das ist die Leere – kein kosmisches Vakuum, sondern die
ungeborene, unsterbliche, unendlich schöpferische Dimension
des Lebens. Sie wird auch ›Schoß des Erwachens‹ genannt,
die freie Stelle in der unbewegten Mitte des Werdens,
die Bahn eines Menschen, der seine Mitte gefunden hat.
Und sie flüstert: »Verwirkliche mich.«*

Stephen Batchelor

Sich des gegenwärtigen Geschehens in der Welt voll und ganz bewusst und sicher sein – wer möchte das nicht?

»Jetzt« – das ist rund 13,8 Milliarden Jahre nach dem Urknall beziehungsweise über 2.000 Jahre nach dem Beginn einer mittlerweile erdweit verwendeten Zeitrechnung.

»Hier« – das ist eine im Vergleich zum Weltall winzige Kugel aus Mineralien, Luft und Wasser, die um eine Sonne kreist, die zum Orion-Arm der Galaxis (»Milchstraße«) gehört. Dieser Planet wird »Erde« genannt. Auf seiner Oberfläche herrschen äußerst günstige Bedingungen für die Entstehung von Regen, Aminosäuren, Humus, Blumen, Daunenbetten, Schokolade und Bankkonten. Und von Lebewesen, die sich selbst als »Menschen« bezeichnen.

Diese Wesen sitzen auf dem Logenplatz des Universums. Dank ihres Geistes fungieren sie als eine Art Ausguck. Indem ein Mensch Teil dieser Welt ist, schaut er sie nicht nur an, sondern die Welt schaut durch ihn auch sich selbst an. Die Menschen nehmen das Leben wahr – gleichzeitig nimmt sich in ihnen das Leben wahr. Dieses wundervolle Zusammenspiel ist ein Privileg, enthält aber auch die Aufgabe, mit dieser faszinierenden Eigenschaft angemessen umzugehen.

Das Vorhandensein der materiellen Welt ist eine notwendige Voraussetzung, doch erst die dieser Welt innewohnenden Naturgesetze bewirken die Dynamik des Seins. Das Universum ist nicht nur hier, sondern es funktioniert. Und zwar prächtig. Der beste Beweis dafür liest gerade diese Zeilen. In dir hat sich der in explodierenden Sonnen entstandene Sternenstaub zu einem Subjekt vereinigt, das einen Namen hat und sich von flinken Augen zu Gedanken anregen lässt.

Menschsein ist ein Zustand, der sich nicht auf eine bloße körperliche Präsenz beschränkt. Dieses Zugegensein ist allerdings die Ausgangsvoraussetzung für die Fähigkeit, das Dasein zu betrachten und zu würdigen. Allein schon durch die Erkennbarkeit dieses Zusammenhangs und dessen Anwendung verliert die Frage »Warum ist etwas und nicht nichts?« ihre zweifelnde Dimension.

Weniger als 100 Atomarten gestalten in ihrer Kombination den Ablauf und die überwältigende Vielfalt der Wirklichkeit. Ob Mond oder Maus, ob Honig oder Herzkatheter, ob Lustgefühl oder Laserstrahl, ob Windel oder Wirbelsturm, ob Ball oder Bit – schier grenzenlos sind die kreativen Möglichkeiten der Natur. Wer sich eine Erdbeere einverleibt, um mit deren Energiegehalt die Gehirnzellen anzuregen, ein Wort zu bilden und es mithilfe der Fingermuskeln in einen Computer einzutippen, vollzieht eine fantastische Folge von biochemischen, quantenphysikalischen und neuronal vernetzten Ereignissen.

Angesichts ähnlicher, jederzeit und überall stattfindender Prozesse darf im Grunde permanent gejubelt werden – von einem Logenplatz aus. Schließlich steigert sich die Freude über das Wissen um die eigene teilnehmende Gegenwart enorm, wenn zusätzlich zur schönen Aussicht auch noch die Beobachtungsfähigkeit als solche bemerkt und wertgeschätzt wird. Die bewusste Pflege dieser Begabung des Geistes führt zur Vervollkommnung dessen, was den Menschen von allen anderen Produkten der Natur unterscheidet.

Um das Dasein umfassend und wach erfahren zu können, ist vor allem Ruhe nötig. Diesen Zustand hat der Buddha angestrebt, als er sich einige Jahre in die Wälder zurückzog und unter anderem Meditation praktizierte. Meditation ist eine Kombination von zwei Methoden: Äußerlich wird »Samatha« geübt: abbremsen, sich entschleunigen, Ablenkungen meiden, anhalten, ruhig werden. Derart konzentriert kann der Geist genauer auf all das achten, was gerade jetzt geschieht, und wird allmählich jegliches Geschehen tiefer durchleuchten. Diese Praxis wird »Vipassana« genannt.

In den Fokus geraten dabei zunächst Phänomene wie die Ein- und Ausatmung, die permanent wechselnden Gefühle und die Flut der Gedanken. Dieser Blick lässt sich auf die gesamte Anwesenheit der Wirklichkeit ausdehnen: die Außen- und die Innenwelt, den Makro- und den Mikrokosmos, das Allgemeine und das Konkrete, das, was ist, und das, was es zu bedeuten scheint.

Als tiefste Ebene des Daseins erkannte der Buddha eine grundsätzliche Leerheit. So ließ sich im Menschen kein »unabhängiger Kern« auffinden. Weder im Körper noch in den Empfindungen, Wahrnehmungen, Geistesregungen und im Bewusstsein ließ sich ein autonomes »Etwas« (»Seele«, »Selbst«, »Atman«) feststellen. In diesem Ergebnis sah er ein universelles Merkmal, das er als »Anatman« (»Nicht-Selbst«) bezeichnete: Alles ist ohne eigenständiges Selbst. Keine Substanz, kein Ding und kein Wesen können aus sich selbst heraus entstehen oder allein für sich bestehen. Alles ist restlos und immer Teil der Fülle des Ganzen, ist nie getrennt und allein, ist ununterbrochen mit allem verbunden.

Im Dharma wird »Leerheit« (im Sinne von »leer von Eigenständigkeit«) als grundsätzliche Zusammengehörigkeit aufgefasst und beschrieben. Das wechselseitig voneinander abhängige Entstehen, Bestehen und Vergehen wird oft als eine Art Kreislauf (»Pratitya Samutpada«) oder als Netz (»Indras Netz«) dargestellt, um die gegenseitige Durchdringung und Verbundenheit alles Seienden auszudrücken. Heutzutage wird diese Vernetzung und Zusammenarbeit mithilfe der Quantenphysik und der Gesetze der Thermodynamik veranschaulicht.

Wer sich derart fundamental ins Dasein integriert weiß, sieht sich uneingeschränkt am kosmischen Geschehen beteiligt. Wer sich sicher ist, jederzeit und überall ganz und gar zu dieser Welt zu gehören, kann die einmalige Chance des Logenplatzes bewusst verwirklichen – wie der Buddha.

Es ist immer jetzt

… legte er seine Hand neben der Leiter auf den Baum:
Niemals zuvor war ihm so plötzlich und deutlich zum Bewusst-
sein gekommen, wie sich die Rinde eines Baums anfühlt und
wie sie und das Leben in ihr beschaffen sind. Das Holz und die
Berührung erfüllten ihn mit Freude, nicht mit der des Försters
oder Schreiners; es war die Freude am lebendigen Baum selbst.

J. R. R. Tolkien: Der Herr der Ringe

Der skizzierte Logenplatz steht allen Menschen zeit ihres Lebens zur Verfügung. Sie sind jedoch nur selten in der Lage, gänzlich bewusst auf ihm zu sitzen und die schöne Aussicht zu genießen. Einerseits können sie heutzutage ihre spirituellen Fähigkeiten in der Regel nicht systematisch ausbilden, sondern haben sich an äußeren Zielen und Anforderungen zu orientieren. Andererseits halten viele Menschen ihren Geist für etwas Einzigartiges und derart Besonderes, dass sie sich einen Abstand zur Welt einbilden oder sich in einer Art Sonderrolle über ihr schwebend fühlen. Das wie ein Wunder scheinende Erlebnis, das Dasein ununterbrochen von einem persönlichen Mittelpunkt aus zu betrachten, können sie sich nur erklären, indem sie in sich etwas Zusätzliches annehmen – sei es eine Seele, eine Art Lebensfunken oder eine Konstruktion, die sie Ego-Ich-Selbst nennen.

In seiner meditativen Betrachtung der Wirklichkeit konnte der Buddha – im Gegensatz zu seinen vom Brahmanentum geprägten Mitmenschen – dieses eigenständige Selbst nirgends entdecken. Die Abwesenheit einer solchen Entität bewies ihm nicht nur, dass das Leben als Mensch vollständig mit dem allgemeinen Daseinsfluss verbunden ist, sondern sich auch vollkommen im gegenwärtigen Augenblick manifestiert. Denn *es ist immer jetzt.* Diese Erfahrung der permanenten zeitlichen Einheit des Weltgeschehens schließt die Einsicht ein, dass auch Vergangenheit und Zukunft dauerhaft Elemente der Gegenwart sind. Mehr noch: Vergangenheit und Zukunft sind außerhalb der Gegenwart real gar nicht vorhanden.

Aus dieser Einsicht ergeben sich einige fundamentale Schlussfolgerungen. So ist Vergangenheit lediglich eine Rückschau und Zukunft nur eine vorausschauende Annahme. Beide zeigen sich ausschließlich im Geist des Menschen als Erinnerungen und Pläne. Sie sind Produkte der menschlichen Fantasie. Ein Kontakt mit ihnen ist nur im Menschen und nur im jetzigen Moment möglich.

Dieser Kontakt besteht, weil die Gegenwart das Ergebnis der Vergangenheit ist. Gleichzeitig ist die Gegenwart die Vergangenheit der Zukunft. Vor allem hinsichtlich der Zukunft ist es lohnenswert, sich der Gegenwart zuzuwenden, da in ihr jederzeit strategisch durchdachte Handlungen vollzogen werden können. Wer genauer hinschaut, stellt fest, dass in der Gegenwart pausenlos Einfluss auf die Zukunft genommen wird. Jede Aktivität hat Auswirkungen. Dieses Phänomen wird vor allem im Rückblick deutlich. Dabei zeigt sich ein erstaunliches Ungleichgewicht, denn Vergangenheitsbewältigung wird viel häufiger und intensiver betrieben als eine Erforschung der Zukunft.

Mit Begeisterung wird 2.000 und mehr Jahre in die Menschheitsgeschichte zurückgeblickt und auf vielfältige Weise interpretiert, welche Folgen damalige Errungenschaften und Entscheidungen hatten. Besonders hervorgehoben werden dabei technologische Erfolge wie die Beherrschung des Feuers, die Erfindung des Rades, die Verwendung von Metallen, die Entdeckung und Nutzung der Elektrizität. Gern wird an frühere

Lebensverhältnisse, Bewusstseinsformen, Kulturgewohnheiten, Handelswege sowie an Fortschritte in den Bereichen Medizin, Kommunikation, Elektronik, Mobilität erinnert. Zeitlich ebenso weitreichende Blicke in die Zukunft gibt es dagegen so gut wie gar nicht. Über das 23. oder 26. Jahrhundert wird niemals ernsthaft nachgedacht, obwohl sie näher liegen als die Französische Revolution oder die erste Erdumsegelung. Und das Jahr 04603 taucht nur in Science-Fiction-Filmen auf, selbst wenn bis dahin erst so wenig Zeit vergangen sein wird wie seit der Geburt von Buddha. Nur in der Astronomie wird lebhaft in die unendliche Weite von Raum und Zeit geschaut – bis die Sonne explodiert und die Erde verglüht.

Ein großer blinder Fleck der heutigen Kultur besteht also darin, sich selten ernsthaft mit zu erwartenden Lebensbedingungen zu befassen. Die Zukunft gilt als eine Art nicht entdeckbares Land. Während die Vergangenheit konkrete Ereignisse und Erfahrungen anbieten kann, bleibt die Zukunft offen und nicht präzise vorhersehbar. Diese Unbestimmtheit weckt Ängste. Vergangenes ist nicht mehr zu ändern und verliert schnell den direkten Schrecken. Zukünftiges ist da weitaus bedrohlicher, denn hier warten nicht nur unbekannte Gefahren, sondern in der Rückkopplung auch einige anspruchsvolle Aufforderungen.

Während die Vergangenheit mit noch so viel Aufmerksamkeit und Anstrengung nicht korrigierbar ist, kann ein Blick in die Zukunft zu Verhaltensänderungen in der Gegenwart aufrufen. Dies scheint eine tolle Hilfe für die Zukunft zu sein. Ihr fehlt aber eine eigene Stimme. Sie kann keine konkreten Erfahrungen vorweisen. Während die Schreie ehemaliger Sklaven und der Opfer von Kriegen noch wahrnehmbar sind, bleiben die Tränen zukünftiger Klimaflüchtlinge und die letzten Atemzüge aussterbender Tierarten unsicht- und unhörbar. Die Präsenz der Zukunft in der Gegenwart erhöht deren überragende

Bedeutung. Heute werden die Weichen für später gestellt. Nur hier – und nur jetzt – kann der Zukunft eine Stimme gegeben werden. Sofern die Menschheit an ihrem Fortbestand interessiert ist, fällt ihr diese Aufgabe zu. Sie ist nicht leicht zu lösen, aber sie gehört zu den existenziellen Verbindungen zum Leben als Ganzes.

Den räumlichen Aspekt dieser Verbundenheit hat Buddha mit der Abwesenheit eines eigenständigen Selbst bewiesen: Nichts ist abgetrennt – alles durchdringt sich wechselseitig. Ein zweites Daseinsmerkmal belegt die zeitliche Dimension dieser Verbundenheit, »Anitya«: Das Universum zeichnet sich durch Wandel und Bewegung aus. Statik und Beständigkeit gibt es nicht. Alles fließt. Immer.

Diese Binsenwahrheit enthält eine äußerst wichtige Botschaft: Änderungen sind nicht nur jederzeit möglich, sondern unausweichlich.

Goldenes Zeitalter

Es gibt eine gute und eine schlechte Nachricht.
Die schlechte Nachricht ist:
Die Zivilisation, wie wir sie kennen, wird bald enden.
Die gute Nachricht ist:
Die Zivilisation, wie wir sie kennen, wird bald enden.

Swami Beyondananda

Grundlage aller Veränderungen sind die dem Universum innewohnenden Gesetze, die von Menschen zwar nicht außer
Kraft gesetzt, aber zeitweise umgangen, verstärkt und ge-
schwächt werden können. Im Unterschied zu allen anderen
Wesen greifen sie bewusst und planvoll in Naturkreisläufe ein.

Diese Möglichkeit hat die Menschheit bereits ausgiebig genutzt. Sie hat viele künstliche Prozesse initiiert und Produkte
geschaffen, die in einer gedankenfreien Welt nicht entstanden
wären. Entsprechende Resultate zeigen sich seit Langem erdweit im Land- und Städtebau, in der Tierhaltung, im Handwerk, im Transportwesen, in der Informationstechnologie
und vielem mehr. Vor allem die letzten 150 Jahre haben sich
durch bahnbrechende Erkenntnisse und Erfindungen sowie
deren umfangreiche Anwendungen ausgezeichnet. Erinnert
sei an die Quanten- und Atomphysik, an die Technik, an Film,
Funk, Fernsehen und Internet.

Menschliche Eingriffe ins Weltgeschehen bestehen jedoch
nicht nur aus sägen, löten, hämmern, graben, bohren, forschen,
erfinden. All diese Beiträge sind verbunden mit geistigen Qualitäten. Schließlich sind Menschen in der Lage, Verständnis,

Vernunft, Teamwork, Kreativität, Inspiration, Initiative, Gesamtschau, Antizipation zu entwickeln und umzusetzen. Dank dieser Begabungen und Fähigkeiten ist eine exquisite Form des Zusammenlebens entstanden, mit Bereichen wie Wissenschaft, Wirtschaft, Arbeit und Industrie, aber auch Kunst, Musik, Dichtung und Bildung. Ebenso wichtig sind Errungenschaften wie Politik, Demokratie, Sport, Psychologie, soziale Fürsorge, Ethik und viele mehr.

Das 19. und 20. Jahrhundert können deshalb – trotz zahlreicher Kriege und Ungerechtigkeiten – als eine faszinierende Erfolgsgeschichte interpretiert werden. In dieser Zeit wurde eine Kultur geschaffen, die die Bezeichnung »Goldenes Zeitalter« verdient. Es ist auf eine geradezu geniale Weise gelungen, die meisten der in der Natur verborgenen Eigenschaften zu erforschen und zur Gestaltung des Alltags zu verwenden. Ihr schöpferischer Geist verhilft den Menschen zu einem Lebenstanz, der einem Kürprogramm gleicht. Die Logenplätze lassen sich – live und in Farbe – wie Blumen genießen, deren Blüten viel Freude ausstrahlen und deren Samen als Ernte verstanden werden können.

Diese Erfolge sollten unbedingt erhalten bleiben. Eigentlich dürfte es keinerlei Absichten und Taten geben, die bewirken, diese Privilegien wieder zu verlieren. Seltsamerweise weist jeder Blick hinter die Kulissen auf das Gegenteil hin, denn mittlerweile ist der Mensch in vielfacher Hinsicht über das Ziel hinausgeschossen, hat Maß und Mitte aus dem Blick verloren – und das, obwohl es der Menschheit auf umfassende Weise bekannt ist, wie das Leben auf der Erde funktioniert und was dieses Funktionieren gefährdet. Angesichts der Grenzen dieses Planeten ist ihr deshalb im Grunde klar, dass die heutige Kultur zerbricht, wenn der gewohnte Trott beibehalten wird. Unsere heutige Zivilisation ist darauf angewiesen, an den Ästen zu sägen, die ihre Lebensweise erst ermöglichen. Sie ist nicht zukunftsfähig, sondern schaufelt sich ihr eigenes Grab.

Im Gegensatz zur Zukunft hat die Erde eine Art Stimme. Zwar ist es ihr letztlich egal, ob Menschen auf ihr leben oder nicht. Ohne diese Gattung wird sie weder leiden noch trauern, sondern ihren Weg ganz einfach fortsetzen. Umgekehrt jedoch ist die Menschheit auf die Erde angewiesen. Dieser Planet ist ihre einzige Heimat und die Grundlage ihrer Existenz. Er ist das Spielfeld ihres Lebens und die Bühne für alle Logenplätze, Blumen, Blüten und Samen. Die Stimme der Erde drückt sich in den Antworten aus, die sie auf die vielen Eingriffe gibt, die die Menschen an ihr vornehmen. Derartige Reaktionen zeigen sich durch die Erwärmung der Atmosphäre, die Versauerung des Meerwassers, das Schmelzen der Gletscher, die Zunahme der Wüsten, die Verknappung diverser Ressourcen etc. Auch die Halbierung der Zahl der Wirbeltiere von 01970 bis 02010 ist solch ein Ausruf.

Diese Prozesse belegen nicht nur, dass die geologische Ära des Holozäns ins Anthropozän (die Epoche des Menschen) übergegangen ist, sondern auch, wie die Menschheit die Fundamente zerstört, auf denen sie ihre Zivilisation aufgebaut hat. Die Erde beginnt in vielen Bereichen ein Gesicht zu zeigen, das weit weniger lebensfreundlich ist als das Bisherige. Deshalb kann die Menschheit die Verantwortung für ihre Weiterentwicklung weder der Erde noch der Zukunft überlassen. Diesen Job hat sie selbst zu übernehmen. Wer so lange die Umwelt manipuliert hat, darf damit nicht aufhören, wenn es brisant wird.

Eine angemessene Option, den Kollaps des *Goldenen Zeitalters* zu verhindern, besteht in einer rechtzeitigen selbstbestimmten Wende. Sie wird ohne eine vorbehaltlose Analyse der Entstehung und der Struktur der heutigen Zivilisation nicht machbar sein. Deren Funktionsweise zu kennen und zu verstehen ist der entscheidende Baustein für die Gestaltung einer Alternative.

Diese Betrachtung führt zu einem wichtigen Zwischenergebnis: Einerseits ist das Dilemma nicht durch Naturgesetze, sondern durch den Umgang mit ihnen entstanden. Andererseits entpuppt es sich als ein Widerspruch zwischen Wissen und Handeln, der von Menschen verursacht wurde, also auch von ihnen überwunden werden kann. Eine Lösung ist also grundsätzlich möglich.

Wenn es menschliche Aktivitäten waren, die diese »Wundervolle Ära« schufen, sie aber nunmehr in eine Sackgasse führen, stellen sich zwei miteinander zusammenhängende Fragen: Welche Motive und Kräfte haben der Menschheit dabei geholfen, das *Goldene Zeitalter* zu gestalten? Und welche Kräfte und Motive bewegen sie dazu, diese Errungenschaft aufs Spiel zu setzen? Sollten sie etwa in beiden Fällen die gleichen sein?

Wohlsein und Leiden

Unsere Erde ist nur ein kleiner Körper im großen Weltall.
An uns liegt es, daraus einen Planeten zu machen,
dessen Geschöpfe nicht von Kriegen gepeinigt werden,
nicht von Hunger und Furcht gequält, nicht zerrissen
in sinnlose Trennung nach Herkunft, Hautfarbe oder
Weltanschauung. Gib uns den Mut und die Voraussicht,
schon heute mit diesem Werk zu beginnen,
damit unsere Kinder und Kindeskinder einst mit Stolz
den Namen »Mensch« tragen.

Friedensgebet der Vereinten Nationen

Solange die Antriebskräfte der ökosozialen Krisen nicht identifiziert sind, ist es weder möglich, die Entstehung und den Aufbau der Sackgasse zu verstehen, noch, sie zu verlassen. Schließlich scheint sie auf den ersten Blick attraktiv und liebenswert zu sein, denn sie wirkt bunt und vielfältig, da sie nach einem langen kulturellen Prozess regional sehr unterschiedliche Ausprägungen entwickelt hat.

Für die Suche nach den Gründen des Dilemmas bietet sich der Umstand an, dass selbst das größte gesellschaftliche System letztlich aus Individuen besteht und deshalb Strukturen enthält, die den Vorstellungen und Absichten seiner Mitglieder entsprechen. Alle gesellschaftlichen Phänomene lassen sich auf menschliche Eigenarten und Qualitäten zurückführen. Ähnlich ist Buddha vorgegangen. Bei der Beschreibung der Lebenssituation einzelner Menschen war ihm daran gelegen, alltagsnah und konkret zu bleiben. Sein Ausgangspunkt war das individuelle Streben nach Wohlsein und Glück.

Ausgehend von der Einsicht, dass alle Ereignisse Ursachen haben, betrachtete der Buddha insbesondere die leidhaften Aspekte des Lebens. Leiden entsteht aus Angst vor Altern, Krankheit und Tod, aus »Kummer, Schmerz und Verzweiflung«, aus der »Vereinigung mit dem, was man nicht liebt«, aus der »Trennung von dem, was man liebt«, und aus dem »Nicht-Erlangen dessen, was man begehrt«.

Als Leidensursachen sah er Motive, die er mit »Gier, Hass und Verblendung« recht drastisch beschrieb. Worte wie »wünschen, neiden, verdrängen« oder »Verlangen, Aggression, Leugnung« bringen den Ursprung und die Kraft dieser Willensregungen ebenfalls gut auf den Punkt.

Wenn Buddhas Vorgehen sowohl methodologisch als auch inhaltlich auf die Gesellschaft übertragen wird, kann durch deren Oberfläche zu ihrem Kern vorgedrungen werden. Wer vom allgemein üblichen Streben nach Glück und Wohlsein ausgeht und die Furcht vor dem Scheitern des heutigen Zusammenlebens als Leiden anerkennt, wird bei der Ursachenforschung auf die zentralen Ausgangspunkte der Misere stoßen. Hier bietet sich ein Vier-Schichten-Modell an, das von außen nach innen voranschreitet:

4. Scheinbar sind es die ökologischen Probleme, die besonders eindringlich nach Lösungen rufen. Bei genauem Hinsehen stellt sich aber heraus, dass Klimakrise oder Artensterben zwar schlimme Entwicklungen sind, aber noch einige Zeit vergehen wird, bis sich wirklich desaströse, also völlig unbeherrschbare Zerstörungen ergeben.

3. Zudem haben diese Phänomene klar erkennbare Hintergründe. Sie sind Ergebnisse eines rücksichtslosen Umgangs mit den Ressourcen der Erde. Dies gilt vor allem für die exorbitante Ver(sch)wendung der Energievorräte. Diese sind noch lange nicht erschöpft, denn ständig wer-

den neue Quellen erschlossen (Ölschiefer, Methanhydrate) oder dank besserer Techniken förderbar (Fracking, Tiefseebohrungen). Ihre Nutzung führt zwar zu schwerwiegenden Umweltschäden, ist aber nicht deren eigentliche Ursache.

2. Der Einsatz dieser Ressourcen geschieht aufgrund starker Motive. Nicht sofort sichtbare, aber umso wirkungsvollere Prinzipien haben die gegenwärtige Zivilisation in Schwung gebracht und halten sie am Laufen. Sie wird von einem Betriebssystem gesteuert, das häufig als »freier Markt« bezeichnet wird. Diese Mischung aus Gewinnstreben, Wettbewerb und Ignoranz beziehungsweise die Kombination aus Mehrung, Machtkämpfen und Illusionen hält die Menschheit auf einem Weg, den sie ohne eine grundsätzlich andere Motivlage nicht verlassen kann.

1. Diese Antriebskräfte sind nicht von selbst – quasi als Gesetze der Natur – entstanden. Sie haben sich aus menschlichen Wunschvorstellungen gebildet. Sie sind die gesellschaftlichen Resultate der individuellen Eigenschaften Begehren, Abneigung und Täuschung, die der Buddha als Ursachen von Leid erkannte. Sie haben sich als Wachstumsprinzip, Konkurrenzprinzip und Folgenleugnungsprinzip verselbstständigt und zu ökonomischen Dogmen verfestigt. Sie sind der menschlichen Kontrolle weitgehend entglitten. Dank ihrer mittlerweile globalen Selbstverständlichkeit sind sie nicht leicht zu durchschauen. Entsprechend schwer wird es sein, sie wieder loszuwerden.

Hier offenbart sich die paradoxe Lage der Menschheit. Einerseits kann sie der selbstgebauten Falle, in der sie steckt, nicht so einfach entkommen. Ohne Mehrung, Wettbewerb und Bagatellisierung der Folgen würde das heutige Wirtschaftssystem zusammenbrechen. Wachstum, Konkurrenz und Ignoranz sind die drei Kraftfelder, die die Menschheit zu ihrer eigenen Hinrichtung peitschen. Sie sind die permanent wirksamen Faktoren eines immer näher rückenden Dramas. Andererseits enthält diese Analyse die (vielleicht) einzige Hoffnung auf einen Ausweg: Menschen. Sie waren fähig, das System der »Gier-Wirtschaft« aufzubauen. Deshalb sind sie – und nur sie – in der Lage, es auch wieder abzuschaffen. Sie können »Punkt! Aus! Ende!« sagen und entsprechend handeln. Das System selbst kann das nicht. Es ist gefangen in den Fesseln seiner eigenen Vorgaben.

So wichtig die Schichten 4 (Umwelt) und 3 (Ressourcen) auch sind – für das Aufzeigen einer heilsamen Perspektive gehören die Schichten 2 (Gier-Wirtschaft) und 1 (die Menschen) in den Mittelpunkt. Der Ursprung des Geschehens liegt in den Motiven. Wenn sich hier nichts ändert, wird der Galopp ins *dead end* fortgesetzt.

Die Kräfte, die die Menschheit ins Goldene Zeitalter führten – Begehren, Abneigung und Täuschung –, sind offenbar die gleichen, die sie nun in den Untergang treiben. Deshalb sollen diese drei Peitschen im Folgenden näher betrachtet werden.

Mehrung, Gier & nie genug

Er: »Wer hat den Untergang gemacht?« –
Sie: »Es waren die Alten.« –
Er: »Das 'n Holzweg. Die Alten hatten das Clever
(»Klugheit«). Haben Krankheit und Hunger gerottet.
Wunder gemacht. Sind durch 'n Himmel geflogen.« –
Sie: »Wahr, alles wahr. Aber sie hatten was Anderes, 'n Hunger
in ihren Herzen, 'n Hunger – stärker wie alles Clever.« –
Er: »Hunger auf was?« – Sie: »Hunger auf mehr.«

Zwei Charaktere aus dem Film *Cloud Atlas* (2012)

Wachstum ist die mit Abstand wichtigste Grundlage für die Funktionsfähigkeit der sogenannten Marktwirtschaft. Dieses Leitbild hat sich mittlerweile global durchgesetzt, weil es sich auf die Unterstützung fast aller Menschen verlassen kann, denn mithilfe dieses Prinzips lassen sich deren Sehnsüchte verwirklichen. Das Streben nach materiellem Besitz (»Bereichert euch!«), das »Haben-Wollen«, das »Immer-mehr-haben-Wollen« als »gierig« zu bezeichnen ist keine Übertreibung, weshalb der Begriff »Gier-Wirtschaft« hier durchaus passend ist.

Ihre Akzeptanz und Stabilität bezieht die Gier-Wirtschaft vor allem aus einer vermeintlichen Win-win-Situation. Die Menschen haben ihre Antriebskraft Gier zum Strukturmerkmal einer Ökonomie verallgemeinert, die auf diese Weise mithilfe des gleichen Motivs handelt. In der Rückkopplung treibt das Mehrungs- und Maximierungssystem die Menschen nunmehr dazu, ihre Sehnsucht nach Eigentum, Status und Illusionen immer drastischer auszuleben.

Gegenwärtig zeigt sich dieses Verlangen besonders deutlich im Verhältnis zwischen Angebot und Nachfrage durch das pausenlose Wecken von (Konsum-)Wünschen. Auch die gigantische Spekulation mit Devisen und Aktien, die allgemeine Anwendung des Zinseszins-Systems, das Konzept der prozentualen Lohnerhöhungen (»Wer schon viel bekommt, erhält effektiv mehr«), die kaum gebremste Akzeptanz von Steuer-»Paradiesen« und die selbstverständlich gewordene Verpfändung der Zukunft (mit ihren immensen Schuldentilgungs-, Reparatur- und Versorgungspflichten) weisen auf den Druck hin, der von der Gier-Wirtschaft ausgeht. Vor allem in ihrer allgemeinen Anwendung fungieren diese Gewohnheiten wie Zwänge beziehungsweise können als solche empfunden werden.

Wer sich dieses System als »Kapitalismus« vorstellt und definiert, reduziert die Beteiligten zu Objekten eines nach mathematischen Regeln funktionierenden Kreislaufs aus Waren und Werten. Diese Analyse verschleiert, dass es letztlich Subjekte sind, die die Zirkulation von Produkten und Finanzen vollziehen. Ihre kleinen Peitschen schwingen sie fast überall und täglich. Viele Menschen fahnden ständig nach der höchsten Rendite für ihre Ersparnisse, sind ohne Not permanent auf der Suche nach dem billigsten Angebot, wünschen sich schnellere Autos und größere Wohnungen, beteiligen sich an jedem Trend und lechzen nach dem nächsten intensiven Thrill in ihrer Freizeitgestaltung. Indem sie sich in das Hamsterrad des Konsumismus begeben, wird ein Ausstieg nur mit einem hohen geistig-psychischen Aufwand möglich (der aber machbar ist!).

Sie sind kleine, aber aktive Rädchen in einem Getriebe, das immer mehr Lebensbereiche mit dem Profitdenken und den

Vorgaben der Gewinn- und Effizienzmaschinerie durchdrungen hat. Ob Bildung, Rente, Gesundheitswesen, Sozialpolitik oder Unterhaltung – alles hängt am Tropf des Mehrungswesens.

Zwar werden heutzutage viele Menschen durch Abhängigkeit und Ausbeutung zu Einschränkungen gezwungen – das Wachstumssystem als solches kann Kategorien wie Genug und Suffizienz jedoch nicht verwirklichen, denn es ist auf Expansion angewiesen. Für die Gier-Wirtschaft ist nie etwas genug. Im Gegenteil: Derartige Dimensionen sind ihr vollkommen fremd. Alle Versuche, Grenzen einzuhalten, führen zu Widerstand und Missverständnissen, denn sie werden sofort mit »weniger« gleichgesetzt und auf diese Weise als Verzicht aufgefasst und abgewertet. Die Abneigung gegenüber Verzicht ist ein weiteres Antriebsmittel der Gier-Wirtschaft. Das Erzeugen eines ständigen Gefühls des Ungenügens ist ein entscheidendes Motiv, um sich für Mehrung einzusetzen. Wer genug hat, könnte sich nämlich von diesem Druck befreien.

Mit dem Ausdruck »Gier-Wirtschaft« werden die Energien, die das Steigerungsspiel beflügeln, präzise benannt. Dessen Grenzenlosigkeit hat bereits Mahatma Gandhi angeprangert: »Die Welt hat genug für jedermanns Bedürfnisse, aber nicht genug für jedermanns Gier.« Kein Wunder, dass ein Superreicher auf die Frage, »wie viel genug sei«, ohne Hemmungen antwortet: »Eine Milliarde Dollar muss es schon sein, um die Extras zu finanzieren, das Flugzeug, das Boot … Ich meine, das ist meine Ziffer für das Minimum, auf das ich heruntergehen will – wenn ich heruntergehe!«[1] Und was die Entwicklung der Erdbevölkerung angeht: Problematisch ist weniger deren quantitative Zunahme als vielmehr das Ziel, vom »Tellerwäscher zum Millionär« aufzusteigen – mit entsprechender Erhöhung des ökologischen Fußabdrucks. Dieser Traum ist mittlerweile zum Albtraum der Menschheit geworden.

Die Gier-Wirtschaft ist weder nachhaltig noch zukunftsfähig. Sie definiert sich durch Expansion und Vermehrung. Ohne diese Prinzipien wird sie zusammenbrechen. Deshalb werden sie mit allen Mitteln verteidigt, was die Aktivitäten während der 02008er-Finanzkrise sehr deutlich bewiesen haben.

Die Begrenztheit der Erde verurteilt die Wachstumsökonomie jedoch trotz aller Verteidigungsversuche zum Scheitern. Damit dies nicht als Kollaps, sondern als selbstbestimmter Umschwung geschieht, sind alle Beteiligten aufgefordert, baldigst eine von Vernunft und Weitblick durchdrungene Ökonomie jenseits von Eigennutz, Konsumismus und Überfluss zu entwickeln.

Angesichts der zunehmenden Gewissheit, dass sie diese Katastrophe selbst miterleben werden, beginnen immer mehr vor allem junge Menschen nach alternativen Lebenshaltungen und -gestaltungen zu suchen und sie – wenn auch noch überwiegend im kleinen Rahmen – umzusetzen. Es dürfte klar sein, dass derartige Experimente nicht von selbst geschehen und eine allgemeine Wende von keinem Menschen allein geschafft werden kann.

Zwei Tendenzen – ein Ziel

Die reinste Form des Wahnsinns ist es,
alles beim Alten zu lassen und gleichzeitig zu hoffen,
dass sich etwas ändert.

Albert Einstein

Einer erfolgreichen Zusammenarbeit einzelner Menschen, die aus dem bestehenden System aussteigen wollen, steht allerdings die zweite Peitsche der Gier-Wirtschaft im Wege. Sie enthält eine Energie, die der Buddha auf die Kurzformel »Hass« brachte und die sich als Aggression und Gegeneinander kraftvoll, aber auch schmerzhaft bemerkbar macht. Im privaten Bereich erscheint diese Energie als Neid, Ablehnung und Streit, auf gesellschaftlicher Ebene als systematischer Dauerkampf um Status, Macht und Marktanteile.

Ähnlich wie bei Gier hat sich mit dem Gegeneinander eine weitere menschliche Eigenschaft im wirtschaftlichen Bereich verselbstständigt. Missgunst und Abgrenzung haben sich zu ökonomischen Prinzipien verfestigt. Aus dem Gerangel zwischen Personen ist ein umfassend geregeltes Konkurrenzsystem entstanden, in dem es zwischen Firmen, Institutionen oder Regionen um Aufträge und Arbeitsplätze, um Pfründe und Monopole geht. Ohne Zweifel hat der Wettstreit um wirtschaftliche Erfolge wesentlich zum Gelingen des Goldenen Zeitalters beigetragen. Auf diese Weise haben viele Menschen die Chance erhalten, mehr als ihre Grundbedürfnisse zu befriedigen und materiell zumindest theoretisch ohne große Sorgen zu leben.

In seiner Häufung hat dieses Verhalten aber erhebliche Nebenwirkungen. Was im Einzelfall zu Unabhängigkeit und Zufriedenheit führen kann, erscheint in der massenhaften Umsetzung als Abtrennung und Vereinzelung. Das Bemühen, andere zu übertrumpfen, mag sich im kleinen Rahmen wie ein Spiel um Anerkennung und Wohlbefinden anfühlen. In der allgemeinen Anwendung festigen diese Reibereien jedoch das Mein-Dein- und das Freund-Feind-Denken.

In diesem Konkurrenzkampf verfolgen zwei Tendenzen ein gemeinsames Ziel. Die Individuen wünschen sich, autonom zu sein, und *möchten* deshalb möglichst alles selbst besitzen. Die Ökonomie sieht in allen Menschen potenzielle Konsumentinnen und Konsumenten, die möglichst alles selbst besitzen *sollen*. Indem beide Bestrebungen zusammenwirken, entsteht zunächst eine Win-win-Situation. Wenn Menschen ihren Eigensinn jedoch im neidvollen und aggressiven Gegeneinander und im Rahmen einer Gier-Wirtschaft umsetzen, realisieren sie einen Hyper-Individualismus, der wiederum als Nährboden für die Festigung des Wachstumssyndroms dieser Wirtschaftsform fungiert.

Es ist dieses wechselseitige Hochschaukeln, gegen das sich die Einzelnen kaum wehren können. Sie haben Erwartungen und Rivalitäten verinnerlicht, die im Einzelfall zwar Erfüllung beinhalten, in ihrer Summe aber unangenehme Folgen haben. Wenn Vergleichen und Bewerten als Regeln des Wettbewerbs zur Gewohnheit werden, geschehen Abgrenzung und Siegen-Wollen fast unbewusst. Denn derartige Aktivitäten erhöhen die Gefahr des Missbrauchs und das Gefühl der Ohnmacht. So werden (nicht nur) in Ostasien viele Kinder schon im Krippenalter für die Zulassungsprüfung zur Universität getrimmt. In den Schulen haben sich die Mitwirkenden an Auslese und Spezialisierung gewöhnt. Nähereien in aller Welt überbieten sich gegenseitig mit Lohndumping und laxen Arbeitsschutzregeln. Multinationale Konzerne suchen nach Steuervorteilen, Outsourcing und den preisgünstigsten Standorten. Und die Machenschaften der Spekulations- und Finanzindustrie geschehen grenzenlos und in Millisekunden.

Hinzu kommen die kleineren Peitschen vor Ort. Mag manchmal die Aussicht auf viel Geld noch als angenehmer Hieb empfunden werden – wesentlich häufiger sind Zwang und Willkür. Korruption und Intrigen bei der Jobsuche, Ausbeutung und Erniedrigung am Arbeitsplatz, Ausführung umweltschädlicher Projekte etc. – weltweit finden sich Berufstätige damit ab, Rädchen im Getriebe einer rasenden ökonomischen Zirkulation zu sein. Sie handeln selbstbezogen (besonders hinsichtlich ihrer Konsumwünsche), flexibel (etwa was den Ort anbelangt) und anpassungsfähig (was die Art ihrer Arbeit angeht). Statt sich ihre Tätigkeiten auszusuchen oder gar deren Zweck zu hinterfragen, begnügen sie sich mit der Einstellung »Hauptsache, Arbeit – egal welche«. Endpunkt der isolierend wirkenden Dimension der Individualisierung ist die Tatsache, dass in Deutschland über 40 Prozent der Haushalte aus einer Person bestehen.

In vielen Bereichen agieren fast alle Menschen in Konkurrenz zueinander. Ob lokal oder global, ob offen oder verdeckt, ob in der Herstellung oder beim Verkauf – ständig wird verglichen, bewertet und gekämpft bei den Versuchen, andere auszustechen oder zu überlisten. Die Ziele im Hintergrund lauten: »Mehr Moneten, Markt und Macht«. Auf diese Weise werden Handelsräume erschlossen, Mitbewerber ausgebootet, neue Produkte geschaffen und Trends erfunden. Statt »Das läuft ja auch so!« herrscht das Motto »Daraus kann man was machen.« Dabei bleibt unerwähnt, dass dies fast immer auf

Kosten anderer und der Zukunft erfolgt (und dass mit »was« meistens Geld gemeint ist).

Wer sich den Vorgaben der Gier-Wirtschaft unterordnet, wird wie eine Figur über das Spielfeld des Konkurrenzsystems getrieben. Wer sich im Tauziehen um Reichtum, Privilegien und Einfluss als unabhängiges Wesen sieht, hält Vereinzelung für Freiheit und verwechselt Abgrenzung mit Individualität.

In einer materiell gut ausgestatteten Umgebung ist es durchaus möglich, anerzogene Orientierungen wie »schneller, größer, reicher ... als andere« zu verwirklichen und sich als ein erfolgreich über sich selbst bestimmendes Wesen zu fühlen. Allerdings kennt dieses Handlungsmuster keine Grenzen, denn Genügsamkeit, Bescheidenheit, Erfüllung oder gar Altruismus spielen im Steigerungs- und Wettbewerbsdenken nur untergeordnete Rollen. Deshalb ist zu fragen, inwieweit diese gängigen Einstellungen und Verhaltensweisen angesichts ihrer Überheblichkeit und ihrer Aussichtslosigkeit tatsächlich Ziele des menschlichen Lebens sein dürfen beziehungsweise ihm zu Integrität, Qualität und Zufriedenheit verhelfen können.

Tricks im Nebel

*In einer mit Informationen überfütterten Gesellschaft
ist es der Normalzustand, bestimmte Wahrnehmungsebenen
zu leugnen. Dieses Verdrängen ist ... ein Zustand gleichzeitigen
›Wissens und Nichtwissens‹ und beruht auf einem fundamentalen Paradoxon: Um ein Problem verdrängen zu können, ist
es nötig, seine Existenz und seine moralischen Verwicklungen
bis zu einem gewissen Grad anzuerkennen.*

Stanley Cohen

Integrität als eine möglichst vollständige Übereinstimmung
von persönlichen Wertvorstellungen und dem tatsächlichen
Handeln wird heutzutage vor allem deshalb verhindert, weil
in einer Mehrungs- und Ellbogenökonomie die meisten Menschen nicht das Ganze, sondern vorrangig ihre eigenen Interessen im Blick haben. Sichtweisen, die die Zukunft der
Menschheit und die Grenzen der Erde einbeziehen, würden
sie zu einem sofortigen »Stopp« und zur Umkehr aufrufen.

In einer Gier-Wirtschaft lässt sich diese Selbstbezogenheit
zur Gewohnheit verdichten, unangenehme Perspektiven zu
ignorieren und an Illusionen festzuhalten. Diese Einstellung
ist Ausdruck einer Täuschung, die der Buddha – neben Gier
und Hass – als dritte Ursache von Leid erkannt hat.

Während die Umsetzung der Prinzipien »Wachstum« und
»Konkurrenz« direkt zu unheilsamen Handlungen führt, geht
die Peitsche Täuschung subtiler vor. Indem sie die Herkunft
und die Anwendung der menschlichen Motive »haben wol-

len« und »besiegen wollen« umdeutet, verstärkt sie deren Wirkungen. Denn statt anzuhalten und umzukehren, reagieren die Menschen auf das Wirtschaftsmantra »Mehr! Mehr! Mehr!« und den Leistungs- und Wettbewerbsstress mit einer Mischung aus Anpassung (»Es ging uns noch nie so gut!«), Resignation (»Den Mächtigen ist ohnehin nicht beizukommen!«), Rückzug (»My home is my castle«), Verdrängung (»Darüber darf man gar nicht nachdenken!«) und Arroganz (»Nach mir die Sintflut!«).

Sie halten es gleichsam für normal, eigensinnig zu sein und sich gegeneinander zu positionieren. Deshalb kann die Wachstumsökonomie behaupten, sie würde nur das Verlangen der Menschen umsetzen, wohlhabend und glücklich zu sein, während sich diese als Opfer beziehungsweise Handlanger fühlen: »Gierig? Neidisch? Ich doch nicht! Das System nötigt mich!«

Diese Gegenübertragung erweist sich als genialer Trick. Indem die Menschen die Motive ihres Handelns anderen oder den Sachzwängen des Marktes anlasten, schaffen sie sich ein Versteck. Sie können sich einreden, die derzeitigen schlimmen Entwicklungen hätten mit ihnen selbst nichts zu tun, sondern würden unabhängig von ihrem Einsatz geschehen. Mit dieser Vorstellung können sie nicht nur von den realen Ursachen ablenken, sondern sogar ihren eigenen Anteil daran leugnen. Auf diese Weise vertreiben sie ihre Zweifel und können ihre Sehnsüchte fast ungehemmt ausleben.

Erleichtert wird dieser Trick durch einen immer dichter werdenden Nebel, der den Geist der Menschen trübt. Einerseits wird das Verhältnis zu den Mitmenschen durch ein reflexartiges Gegeneinander zugunsten einer egoistischen Grundhaltung verzerrt. Andererseits werden sie mit einem Knopfdruck-Konsumismus konfrontiert, der es erschwert, die sozialen und ökologischen Folgen ihrer Entscheidungen zu durchschauen. Ursache für diesen Nebel sind vor allem technische Neuerungen im Bereich Kommunikation. Der lichtschnelle Datentransfer (Telefon, Funk, Internet) hat das Goldene Zeitalter zwar wesentlich mitgestaltet und wird auch in Zukunft den Zusammenhalt der Menschheit unterstützen. Diese Techniken tragen aber dazu bei, die Fehlfunktionen der Gier-Wirtschaft zu verdecken. Einerseits haben eine effizientere Buchhaltung und schnellere Finanztransaktionen die globale Vernetzung erheblich beschleunigt. Andererseits sorgt der Einsatz elektronischer Medien für eine Überflutung mit Fakten und Statistiken, mit Hypothesen und Analysen, mit Nachrichten und Interpretationen, mit Geschichten und Sensationslust.

Sie werden transportiert in Hunderten Radio- und Fernsehprogrammen, Tausenden Büchern und Zeitschriften, Millionen Tweets und Werbespots. Hinzu kommen zahllose Eindrücke durch Feste, Events, Reisen, Bildung etc. Dieser gigantische Input an Daten und Meinungen verhindert Klarheit und Übersicht. Zwar können alle Beteiligten vorgeben, gut informiert zu sein, aber dieses Wissen ist nicht nur subjektiv, sondern in der Regel irritierend und diffus.

Die intensive Nutzung des »Markts der Möglichkeiten« verstellt den Blick auf die Zukunft und den Zustand der Erde. Das kritiklose Genießen der scheinbar wundervollen, aber unüberschaubaren Angebotsvielfalt im 21. Jahrhundert verdichtet den Nebel im Geist. Das Gefühl von Verbundenheit mit allem und der Sinn für Solidarität verkümmern. Und das Wesentliche bleibt unsichtbar. Es wird überlagert von der ständigen Suche nach Neuem und dem Gefühl, nie genug zu haben. Deshalb drücken sich die meisten Menschen davor, ihr Leben hinsichtlich der Bestimmung dessen, was genug ist, selbst in die Hand zu nehmen. Diese Aufgabe überlassen sie einem System, das diese Kategorie nicht kennt, also keine Antwort geben kann und wird. Es baut auf Unzufriedenheit und den Träumen von einem Scharaffenland. Es braucht den Nebel.

Verblendung und Täuschung haben sich zu den am meisten unterschätzten Peitschen der Gier-Wirtschaft gemausert. Unter ihren Hieben können die Menschen nicht nur ihr Eigeninteresse verbergen, sondern auch die schädlichen Folgen ihrer Handlungen einer anonymen Allgemeinheit anlasten. Das Ignorieren der eigenen Beteiligung an den Prozessen, die die gegenwärtige Zivilisation bald zusammenbrechen lassen, hat sich gesellschaftlich zu einem Folgenleugnungsprinzip verfestigt, das einen aufrechten Gang so gut wie unmöglich macht. Sich in dieser Lage für integer und aufrichtig zu halten ist eine Einbildung, die einem ehrlichen Blick in den Spiegel nicht standhält.

Durch die sich verschärfenden Probleme in den Bereichen Umwelt, Wirtschaft und Soziales wird es mittlerweile aber immer schwieriger, diesen Widerspruch zu unterdrücken, denn er ist im Zentrum der menschlichen Identität angesiedelt. Sobald die Beweggründe menschlichen Fehlverhaltens identifiziert sind, sollten sich eigentlich Konsequenzen ergeben. Wenn diese nicht erfolgen, liegt das nicht nur an den vielfältigen Möglichkeiten, den Ursprung und die Ergebnisse dieses Versagens zu bagatellisieren oder zu beschönigen, sondern auch an der Versuchung, Ursache und Wirkung beziehungsweise Motive und Ziele zu vertauschen.

Ein einfacher Richtungswechsel reicht nicht aus, um die rasante Fahrt zum Abgrund zu beenden, denn dieser lauert überall. Nicht die Ausrichtung und Ergebnisse, sondern die Motoren sind entscheidend für den verhängnisvollen Ausgang dieses Rennens. Ein erfolgversprechender Umschwung benötigt die fundierte Überzeugung, dass er mit den bisherigen Antrieben keine nachhaltige Wirksamkeit entfalten wird.

Sich den Auswirkungen unheilsamer Handlungen zu widmen scheint offenbar leichter zu sein, als deren Entstehung in den Denk- und Entscheidungsprozessen der eigenen Psyche zu untersuchen. Aktivitäten im Außenbereich versprechen mehr Aufsehen und scheinbar schnellere Erfolge als eine langwierige und fast unsichtbare Innenschau. Reparaturmaßnahmen und das Aufräumen nach Katastrophen werden in der Regel für wichtiger gehalten als das Beenden von schlechten Gewohnheiten. Lieber werden Bäume gepflanzt, Abfall getrennt und Deiche erhöht, statt zu überlegen, warum Wälder abgeholzt werden, aus welchen Gründen Müll entsteht oder wieso der Meeresspiegel steigt. Die Erforschung und Benennung der Hintergründe von Problemen bleibt oft reine Rhetorik. Aktionismus ist angesagter. Doch eine Wende gelingt erst dann dauerhaft, wenn die alten Motive nicht nur bekannt und benannt, sondern tatsächlich ausgewechselt worden sind.

Dieses Phänomen hat auch der Buddha erlebt, als ihm klar wurde, dass individuelles Leid erst durch die Beseitigung der Ursachen beziehungsweise Antriebskräfte überwunden wird. Für die Bewältigung dieser Aufgabe hat er acht »Pfade« beziehungsweise Wege vorgeschlagen:

1. Ansicht, 2. Absicht, 3. Sprache,
4. Handlung, 5. Lebensgestaltung, 6. Bemühung,
7. Achtsamkeit und 8. Sammlung.

Oder in konkreten Handlungen ausgedrückt:

1. Denken, 2. Mögen, 3. Sprechen, 4. Handeln,
5. Wirken, 6. Üben, 7. Achten und 8. Sein.

Auch bei der Beseitigung schädlicher gesellschaftlicher Prozesse sollte der Zusammenhang von Ursache und Wirkung genau betrachtet werden. Erst wenn die Umwelt- und Ressourcenprobleme auf die Wachstums- und Wettbewerbsprinzipien und diese wiederum auf ihren menschlichen Ursprung zurückgeführt worden sind, können Rettungswege erarbeitet und betreten werden. Sie lassen sich auf den gleichen acht Wegen erreichen. Sie bilden die Leitlinien für die folgenden acht Kapitel.

Denken:
Geistige Unterfütterung

Ich habe 60 Jahre lang gründlich nachgedacht.
Und die Schlüsselerkenntnis ist zu verstehen:
Nichts existiert unabhängig.

Dalai-Lama, in *But beautiful* (2019)

Auf diesen Wegen stehen zunächst der Geist des Menschen und dessen Ein- und Ansichtsfähigkeit im Mittelpunkt. Ohne Innenschau, ohne eine Veränderung des Bewusstseins und ohne neues Denken wird es keine dauerhaft und nachhaltig belastbaren Entscheidungen für einen erfolgreichen Umschwung geben.

Angesichts der heutigen Bedrohungen sollte es eigentlich Pflicht sein, menschliche Fähigkeiten wie Gesamtschau, kritische Reflexion sowie Wach- und Achtsamkeit zu deren Überwindung einzusetzen. Gerade in Phasen mit einem großen Veränderungsdruck sind eine umfassende Perspektive und eine permanente Hinterfragung der Beweggründe und Ziele notwendig, da neuartige Praktiken ohne eine durchdachte Strategie schnell an Kraft verlieren. Diese Einsicht kann als ein Plädoyer für Theorie aufgefasst werden, wenn darunter eine von Vernunft und intellektueller Redlichkeit geprägte Betrachtung der Wirklichkeit verstanden wird. Indem die Lehre des Buddha ständig über die materielle Dimension des Daseins hinausgeht, bezieht sie den menschlichen Geist in all ihre Überlegungen und Praktiken mit ein.

Mit den Merkmalen Wandel (*Anitya*) und Verbundenheit (*Anatman*) verankert sich die Lehre des Buddha in einem Fundament, das Empfindungen, Wahrnehmungen und Geistesformationen vereint. Diese Sichtweise beinhaltet, dass es nicht die materiellen Gegebenheiten sind, die das Glück oder Leid der Menschen ausmachen, sondern deren geistiger Umgang damit. Auf dieser Basis entstehen psychologisch gemeinte Aussagen wie »Mögen alle Wesen glücklich sein« und »Das zentrale Lebensmotiv aller Menschen lautet: Freude suchen – Leid vermeiden«. Deshalb ist es nicht erstaunlich, wenn die Lehre des Buddha mit einem Ozean verglichen wird, dessen Wasser immer salzig schmeckt. Entsprechend wird dem Dharma nur ein einziger Geschmack zugeordnet – nämlich den der Befreiung vom Leiden.

Ein Mensch, der mit dieser Einstellung den gegenwärtigen Zustand der Erde betrachtet, wird sofort den Trugschluss entlarven, Klimawandel und Energiemangel seien die Ursachen der gegenwärtigen Krisen. Auch vermeintliche Sachzwänge wie Wachstum, Konkurrenz und Anpassung können auf diese Weise als von Menschen festgelegte Standards durchschaut werden. Die Gier-Wirtschaft entpuppt sich dann als ein mit viel Fantasie und Schaffenskraft entstandenes Ergebnis menschlichen Willens, deren Motive und Antriebskräfte also prinzipiell austauschbar sind.

Dem Geist des Menschen kommt gerade dann eine besondere Rolle zu, wenn die Transformation des bisherigen Lebensalltags nicht so sehr mit Blick auf den nahenden Crash erfolgen soll, sondern vielmehr in freudiger Erwartung der Möglichkeiten des Zusammenlebens nach dem Umschwung. Schließlich versuchen Menschen, die sich um die Gestaltung von Alternativen bemühen, sich aus dem Dasein als Homo oeconomicus zu befreien und ihre Persönlichkeit in alle Richtungen zu entwickeln.

Für die Verwirklichung dieser Begabung wird Unterstützung benötigt, denn es ist anstrengend und frustrierend, sich permanent die baldige Zerstörung der gegenwärtigen Zivilisation vor Augen zu führen. Kein Wunder, dass nur eine Minderheit ihre Ablehnung der ökonomischen Prinzipien und kulturellen Orientierungen laut ausspricht, denn diese Kritik enthält auch den Hinweis, nicht nur Teil des Schlamassels zu sein, sondern aktiv an ihm mitzuwirken. Diesen Widerspruch zu sehen und auszuhalten ist keine leichte Aufgabe. Das Eingeständnis, Mitglied des Mehrungssystems zu sein und sich mit eigener Kraft am Hamsterrennen zu beteiligen, ist jedoch der erste Schritt zur Heilung. Diese Aufrichtigkeit sich selbst gegenüber verhilft nicht nur zu einem offenen Umgang mit den persönlichen Inkonsequenzen, sondern ist die entscheidende Voraussetzung, um gangbare Wege zur Wende überhaupt entdecken zu können.

Für die Bewältigung dieser Aufgabe bietet Buddhas Lehre Vorschläge an, die von jedem Menschen praktiziert werden können. Wer meditiert und sich entschleunigt (*Samatha*), kann Ruhe finden im Wirrwarr der Prozesse und Meinungen. Hinsichtlich des nun möglichen genauen Hinschauens (*Vipassana*) weist der Buddha immer wieder darauf hin, dass dieser Blick unvoreingenommen, also ohne Angst und Vorurteile, zu erfolgen hat.

Aber auch ohne Meditation werden so gut wie alle Menschen erkennen, dass es erdweit Probleme gibt. Für diese Erkenntnis wird es unterschiedliche Ausgangspunkte geben. Hier werden Dürren oder Überschwemmungen, Monokultur und Smog wichtige Anlässe sein, sich um den Zustand der Welt zu sorgen. Dort wird das Hinterfragen durch Armut, Ausbeutung, Unterdrückung oder Krieg angeregt. Und anderswo werden sich viele Menschen angesichts von Überfluss, Verschwendung und Stress die Frage stellen, wohin die Reise geht. Diejenigen, die sich unvoreingenommen und in Ruhe alle vorhandenen Daten über Umwelt- und Ressourcenprobleme vor ihr geistiges Auge führen, werden erkennen, dass die gegenwärtig als Vorbild geltende Wirtschafts- und Lebensweise auf Dauer keine Zukunft hat.

Auf diesem Hintergrund schrieb der ungarische Schriftsteller Ödön von Horvath vor fast 100 Jahren: »Ich bin eigentlich ganz anders, aber ich komme nur so selten dazu.« Um dieses »Auch-anders-sein-Können« zu üben, wird eine robuste psychische Widerstandsfähigkeit benötigt. Für die Entwicklung dieser Resilienz erweist sich die Lehre des Buddha als eine tief wirkende geistige Unterfütterung, weil sie von einer grundsätzlichen Zusammengehörigkeit und wechselseitigen Durchdringung alles Seienden ausgeht. Wer sich vollständig mit der Welt verbunden weiß und sich uneingeschränkt in diesem Leben auf dieser Erde zu Hause fühlt, kann die Frage »Was ist genug?« auf allgemeiner Ebene bereits beantworten: »Es geht niemals ums halbe, sondern immer ums ganze Leben!« Indem dieses Wissen zunächst gedanklich beherzigt wird, kann es sich allmählich zum Gefühl verfestigen, tatsächlich ständig für die ganze Menschheit beziehungsweise im Grunde für den gesamten Kosmos verantwortlich zu sein.

Diese Einstellung vermeidet nicht nur das Vertauschen von Motiven und Zielen, sondern zeigt auch den Weg auf, den Homo oeconomicus hinter sich zu lassen und die menschliche Begabung zu nutzen, ganz wach hier zu sein. Schließlich kann es für Menschen auf ihrem Logenplatz im Universum kaum etwas Schöneres geben, als das Dasein so zu sehen und zu erleben, wie es ist. Wer diese Auffassung teilt, tritt in die Fußstapfen von Siddhartha Gautama Shakyamuni, für den sie eine Art »Erwachen« (*Bodhi*) war und dem sie den Ehrennamen »Buddha« eingebracht hat.

Obwohl diese Erfahrung nicht mit Worten zu veranschaulichen ist, mangelt es nicht an derartigen Versuchen. Doch gleich, ob dieses Erwachen als Aha-Erlebnis oder Befreiung von falschen Vorstellungen beschrieben wird – der Buddha hatte seine Meditationsaufgabe erfüllt. Er hatte das Leid des Daseins überwunden und war vollständig in der Wirklichkeit angekommen.

Mögen:
Das Beste geben

Zu dem »Bodhi«, das der Buddha erreichte, zu dieser bewussten Anwesenheit, ist im Prinzip jeder Mensch in der Lage. Um sie genießen zu können, sind meditative Praktiken sehr hilfreich, da sie ohne Glaubensvorgaben zur Anteilnahme einladen. Sich körperlich und geistig ganz in der Gegenwart heimisch zu fühlen kann als »doppeltes Mögen« interpretiert und erlebt werden, wenn diese Präsenz neben der Wertschätzung der eigenen Existenz auch eine heilende Hinwendung zum gesamten Sein enthält. Eine derartige Welt- und Lebensbejahung eignet sich vorzüglich als zentrale ethische Orientierung für eine umfassende Wende.

Deren Durchführung hat ein Kriterium zu berücksichtigen, das auch dem Buddha wichtig war: Klarheit über das Verhältnis von Tatabsichten und Taten; denn es macht beim Töten einer Mücke einen wesentlichen Unterschied, ob sie aus Versehen zertreten oder vorsätzlich erschlagen wird. Eine solche

Bewusstheit über die Beziehung zwischen Motiven und Folgen bleibt nicht ohne Auswirkung auf die innere Einstellung. Sobald eine persönliche Mitbeteiligung am Marsch in den Abgrund erkannt ist, sollte es eigentlich selbstverständlich sein, andere Ziele anzustreben. Dieses Vorhaben ist offensichtlich leichter gesagt als getan. Zwar fordern viele der bereits skizzierten Menschheitsprobleme immer dringender nach Lösungen, aber ein grundsätzlicher Richtungswechsel ist nicht in Sicht.

Den Wunsch, diesem Widerspruch zu entkommen, entwickelten viele Menschen bereits nach der Veröffentlichung des Berichtes *Die Grenzen des Wachstums* und nach der UN-Konferenz über Umwelt und Entwicklung in Rio 01992. Die Zahl der Besorgten nimmt gegenwärtig mit Bewegungen wie Fridays for Future, Extinction Rebellion und den Klimastreiks wieder zu.

Für die Überwindung des Zwiespalts ist jede Unterstützung willkommen, also auch alle Anregungen, die sich aus der Essenz des Dharma ergeben. So können Erfahrungen mit Verbundenheit, Präsenz und Mögen wichtige Impulse liefern, sich aus eigenem Antrieb für eine Wende zu engagieren. Sehr fruchtbar ist auch das Wissen, dass ständiger Wandel ein universelles Daseinsmerkmal ist.

Außerdem scheint es eine Bedingung für die Auflösung von Widersprüchen zu sein, sich in sie hineinzuversetzen. Erst wer sich eingesteht, dass Eigensinn und Vereinzelung, letztlich also Gier und Gegeneinander, dazu beitragen, sich selbst hinsichtlich der ökologischen und sozialen Folgen der eigenen Handlungen zu täuschen, findet stichhaltige Ansatzpunkte für neue Motive und für tatsächliche Verhaltensänderungen.

Die inkonsequenten Reaktionen auf die Bilder und Fakten, die wir tagtäglich in unserer Umgebung und den Medien wahrnehmen, weisen auf eine weitere Anregung hin. Sie verdeutlichen nämlich nicht nur die Abhängigkeit vom Wachstumsdogma, sondern auch die dreifache Entfremdung des Menschen: von der Natur (1.), vom Mitmenschen (2.) und von sich selbst (3.):

1. Wer nie selbst eine Kartoffel gepflanzt, ein Blumenbeet gepflegt oder ein Hähnchen geschlachtet hat; wer in Städten lebt oder dem Knopfdruck-Konsumismus frönt (Klick – der Trockner läuft; Tipp – das iPad-Wischmopp zeigt den Film; Piep – der Kaffee ist fertig; Enter – die Rechnung ist bezahlt); wer die Grenzen der zur Verfügung stehenden Mittel in ihrer Finanzierbarkeit sieht, hält die Natur für eine Erfüllungsgehilfin der eigenen Wünsche.

2. Wer sich täglich viele Stunden einem verdichteten Arbeitsablauf anzupassen hat, sich aber dennoch nicht mit den Ergebnissen dieser Arbeit verbunden fühlt und diesen »Job« innerlich längst gekündigt hat; wer in einem Einpersonenhaushalt lebt, die Abende vor einem Bildschirm verbringt und das nächste Event kaum erwarten kann; wer sich einem ständigen Vergleichen und Bewerten hingibt, grenzt sich von den Mitmenschen ab und nutzt sie als Funktionen eines von Distanzierungsgewohnheiten bestimmten Lebenskonzepts.

3. Wer sich durch das Bombardement der Werbung zu immer neuen Wünschen peitschen lässt und somit auf das Gefühl von Zufriedenheit verzichtet; wer sich ständig profilieren und seinen Handlungen eine individuelle Note geben möchte; wer aufgrund der vielen scheinbar notwendigen Außenaktivitäten den Bedürfnissen des eigenen Geistes keinen Platz einräumt; wer sich weder über das Wunder des Daseins freuen noch über spirituelle Einsichten austauschen kann, reduziert sich selbst zu einem Rädchen in einem nicht durchschauten Getriebe, das an nachdenklichen und sensiblen Menschen nicht interessiert ist.

Wer versucht, sich ohne Scheu der Realität zu stellen und innere Widersprüche aufzulösen, erkennt sehr schnell, dass die sich daraus ergebenden Konsequenzen und Absichten nicht so ohne Weiteres auf andere Menschen übertragen werden können. Wenn neue Motive nachhaltig wirksam sein sollen, können sie nicht verordnet werden, sondern sind von den Betroffenen eigenständig zu erarbeiten, und zwar nach der einschränkenden goldenen Regel »Was du nicht willst, das man dir tu, das füg auch keinem anderen zu!«. Wer möchte sich schon gern zum »Wollen« nötigen lassen?

Wenn es um die Umsetzung von Zielen und Motiven geht, gibt es nicht nur individuelle, sondern auch viele regionale und globale Unterschiede. Dieses Phänomen zeigt sich bereits bei jedem Versuch, konkrete Beispiele zu nennen. Der Aussage »Wir sitzen alle im gleichen Boot« stimmen vielleicht noch alle zu. Wer aber vor diesem Hintergrund anderen direkt vorschlägt, weniger oder gar kein Fleisch mehr zu essen, das Auto abzuschaffen, die Wohnung zu verkleinern, nicht mehr zu fliegen, den Kinderwunsch zu hinterfragen oder die materielle beziehungsweise wirtschaftliche Zirkulation zu vermindern, hat mit Ablehnung oder sogar sozialer Ausgrenzung zu rechnen. Es ist paradox: Einerseits wird auf konkrete Vorschläge gewartet, andererseits werden sie als Einmischung abgelehnt.

Weil jeder Mensch in individuellen Lebenszusammenhängen steckt und von eigenen Erwartungen beherrscht wird, gibt es scheinbar unumstößliche Rechtfertigungen (»Ich muss zur Arbeit fahren«, »Fleisch ist ein Stück Lebenskraft« etc.) und pauschale Einwände, die von Widerstand (»Ich lasse mich nicht manipulieren«), Schubladendenken (»Genügsamkeit bedeutet Verzicht«) und Polemiken (»Mitgefühl ist was für naive Gutmenschen«) durchdrungen sind. Ärmere Menschen verbitten sich sowieso jeden Appell in Richtung »weniger«.

Menschliche Beziehungen sollten innerhalb demokratisch vereinbarter gesetzlicher Rahmenbedingungen grundsätzlich von Freiwilligkeit und Toleranz geprägt sein. Alle Einwirkungsversuche bewegen sich deshalb in psychosozialen Spannungsfeldern. Zweifellos darf jeder Mensch mit allen Tricks versuchen, sich selbst zu ändern. Diese Vorgehensweise erlaubt es aber nicht, andere Menschen zu Verhaltensänderungen zu zwingen. Das doppelte Mögen, also die Liebe sowohl zum eigenen Leben als auch zur Mitwelt, ist zwar eine hervorragende Basis für Mitgefühl, Kooperation und Transformation, rechtfertigt jedoch keinerlei Bevormundung oder gar die Ausübung von Gewalt.

Dieser Vorbehalt bedeutet keineswegs Resignation und Untätigkeit, sondern lediglich, dass das Ziel einer Aktivität in der Aktivität selbst liegt und nicht im Bestreben, andere Menschen ändern zu wollen. Es reicht, absichtslos das Beste zu geben. Freundlich und authentisch agieren und sich unaufdringlich und mit Gleichmut in eine Kommunikation oder Zusammenarbeit einbringen – das ist wahrlich genug (und es entspricht der oben genannten goldenen Regel).

Im Dharma werden Menschen, die dieses Verhalten unaufgeregt ausleben, »Bodhisattwas« genannt. Diese »Buddhas« bewältigen ihren Alltag mit der Grundhaltung »Solange nicht alle Wesen von Leid befreit sind, biete ich mit offenem Geist meine Präsenz an«. Sie warten nicht auf andere und auf kein weiteres Aha-Erlebnis, denn sie haben die »dreifache Entfremdung« überwunden. Sie sind geworden, was sie eigentlich sind. Sie sind im Kern zufrieden. Sie denken nicht darüber nach, wie sie ihre »heilende Hinwendung« im Alltag am besten ausdrücken. Sie tun es einfach. Sie setzen kein Wollen und keine Absichten, sondern deren Basis um: das doppelte Mögen.

Sprechen:
Filter an den Sinnestoren

Glaube an nichts, egal wo du es liest oder wer es gesagt hat …
außer es stimmt mit deiner eigenen Vernunft
und mit dem gesunden Menschenverstand überein.

Buddha

Das Verständnis für die Lebenshaltung eines Bodhisattwas wird durch die Grenzen sprachlicher Vermittlung erschwert. Auf dieses Hindernis hat bereits der Buddha hingewiesen. Bevor er sich überreden ließ, seine Bodhi-Erfahrung zu erläutern, war er sich sicher, dass der Kern seiner Einsichten nicht mit Begriffen erfasst werden kann.

Als soziale Wesen sind Menschen darauf angewiesen, sich auszutauschen, wobei Begriffe und Geschichten unverzichtbar sind. Zwar ist es im Alltag manchmal leichter, nach dem Motto »Es gibt viel zu tun, packen wir's an!« ohne Worte Taten »sprechen« zu lassen. Das klappt aber nur, wenn diese Taten in die altbekannte, als »normal« empfundene Richtung gehen. Davon abweichende Handlungen benötigen in der Regel veranschaulichende Erläuterungen. Es darf deshalb nicht vergessen werden, dass sprachliche Äußerungen niemals die Sache, das Ereignis oder das Erlebnis selbst sind, sondern lediglich deren Beschreibung. Außerdem hat jedes Wort für jeden Menschen eine andere Bedeutung, die persönliche Ansichten und (Vor-)Urteile enthält. Der Inhalt von Worten ist abhängig von den gesellschaftlichen Umständen, die wiederum ein Ausdruck verbreiteter Trends und Vorstellungen sind. Unter den Bedingungen einer industriellen Wachstumsgesellschaft sind dies vor allem individuelles Besitzstreben, gegenseitiges Übertrumpfen und ein jovial-ironischer Umgang mit den brisanten Auswirkungen dieser Haltungen.

Im Alltag zeigen sich solche Einstellungen in der materiellen Orientierung (»Mehr Auswahl, mehr billig, mehr Meins!«) und in der Produktplatzierung (»Außenwerbung trifft. Jeden!«). Das Berufsleben zeichnet sich durch Mobilität, Flexibilität, Spezialisierung, Multitasking und Mobbing aus. Die Medien bevorzugen aufgebauschte Intrigen (kein Film und keine Story ohne Thrill und Übertreibung). Und die Politik ist unfähig, das Gefängnis des Mehrungsdenkens zu verlassen und weiter vorauszuschauen als bis zu den nächsten Wahlen.

Trotz steigender Verdrossenheit über die herrschenden Verhältnisse bleiben die meisten Menschen bei ihrem gewohnten Umgang mit Sprache. Sie konsumieren die medialen Angebote, ohne sie zu hinterfragen, obwohl sie offen oder verdeckt mit Wertungen, Erwartungen und Interessen der Gier-Wirtschaft durchsetzt sind. Diese Haltung blockiert eine geistige Beschäftigung mit einer Neuausrichtung. Mögliche Auswege haben deshalb auf einer tieferen Ebene anzusetzen. Zunächst ist zu lernen, die Bedeutung von Worten und Geschichten nicht zu überschätzen, sondern mit Umsicht eine Distanz zu ihnen aufzubauen. Hilfreich ist hier die Einrichtung von Filtern an den Sinnestoren (vor allem Augen, Ohren, Mund), um selbst über den Input zu bestimmen (und beim Reden auch über den Output). Die Namen dieser Wächter: »Samatha« (Entschleunigung, Ruhe, Präsenz) und »Vipassana« (gesunder Klarblick in alle Richtungen). Mit diesen Filtern kann »genug« als »wissen, was wesentlich ist« wahrgenommen werden.

Um unbewusste und fremde Einflüsse zu identifizieren, ist ein kritischer Umgang mit den Hör-, Seh- und Sprechgewohnheiten nötig. Das Zeitalter der Kommunikation, das immer mehr Möglichkeiten für blitzschnelle Kontakte eröffnet, erschwert mit seiner Informationsflut und den vielfältigen Interpretationen alle Versuche, eine Wende zu veranschaulichen und ihr zu vertrauen. Es gilt, die begrüßenswerte Vielfalt medialer Angebote mit Vorsicht zu genießen und den Ausknopf und die Löschtaste als Filter zu nutzen.

Dieses Vorgehen wird seit Jahren vermehrt praktiziert. So setzt beispielsweise die »Gewaltfreie Kommunikation« (GfK) das Vipassana-Konzept »Tiefes Schauen« um, indem sie eine Vier-Schritte-Strategie (Beobachtung – Gefühl – Bedürfnis – Bitte) im Alltag anwendet. Um zu verhindern, dass die sich ständig wandelnde Welt mit einer statischen Sprache beschrieben wird, empfiehlt die GfK ein Vorgehen, das sich konkret auf die Zeit und den Handlungsablauf bezieht. Auch das Streitschlichtungsverfahren »Mediation« versucht, Kontrahentinnen und Kontrahenten zu einer klaren Formulierung ihrer Bedürfnisse und Interessen zu bewegen. Indem sich die beteiligten unabhängigen Dritten rhetorisch zurückhalten, schaffen sie einen Raum, der den Prozess zwischen den Konfliktparteien hin zu einer gemeinsamen Vereinbarung wesentlich erleichtert.

Im Umgang mit Sprache sind der Fantasie kaum Grenzen gesetzt. Das belegen nicht nur die Werke der Literatur. Auch kleinere kreative Impulse können erhellend wirken. So lässt sich mit einer Null vor jeder Jahreszahl (z. B. 02020) der nächste 10.000-Jahre-Schritt in die Gegenwart holen. Und wer Ausdrücke wie »man muss« oder »wir müssen« meidet, weist auf den Aspekt der »Freiwilligkeit« in allen Angeboten hin, Menschen zu einem anderen Denken, Sprechen und Handeln zu bewegen.

Diese Angebote sollten erweitert werden – insbesondere was Narrative angeht, also große Erzählungen, die eine l(i)ebenswerte menschliche Zukunft in die Gegenwart holen. Solche Narrative sind hilfreich, um dem Damoklesschwert eines »bösen Endes« zu entkommen. Sie können aufzeigen, dass eine Abkehr von der Wachstumsdoktrin nicht nur als Befreiung erlebt, sondern auch als längst überfälliger zivilisatorischer Fortschritt verstanden werden kann.

Bei einem grundsätzlichen kulturellen Wandel darf die Bedeutung eines achtsamen Umgangs mit Sprache nicht unterschätzt werden. Einerseits lassen sich schlechte Gewohnheiten und alte Motive leicht hinter schönen Worten verstecken. Gleichzeitig können Worte die Stimmen der Mitwelt und zukünftiger Generationen sowie Vorausschau, Mitgefühl und Zuversicht mit einer nachvollziehbaren und deshalb nachhaltig belastbaren Ethik verbinden.

Handeln:
Nicht-Handeln?

*Sollten wir unsere Lust am Neuen einmal
vergessen oder versuchen, gar ohne auskommen zu wollen,
sind schnell jede Menge pfiffiger Werber und Vermarkter,
Investoren und Politiker zur Stelle, um uns wieder daran
zu erinnern. Um uns – in ganz einfachen Worten –
dazu zu bringen, von dem Geld, das wir nicht haben,
Dinge zu kaufen, die wir nicht brauchen, um bei
Leuten, die uns eigentlich egal sind, Eindruck
zu hinterlassen, der nicht anhält.*

Tim Jackson

Ein ethisch geprägter Umgang mit Sprache ist das Ergebnis einer geistigen Erneuerung, die angesichts der immensen Beharrungskraft von Gewohnheiten unumgänglich scheint, wenn ein Umschwung gelingen soll. Dennoch führt erst ein konkretes Handeln zu einer veränderten Lebensgestaltung.

Der perspektivisch zerstörerische Ist-Zustand unseres Handelns wurde bereits ausführlich beschrieben. Ihm ist nur dann auf heilsame Weise zu entkommen, wenn sich viele einzelne Menschen entschließen, ihr Alltagsverhalten zu überprüfen, es neu auszurichten und entsprechend zu verwirklichen. Diese Transformation hat individuell zu erfolgen, da sich jeder Mensch in einer einzigartigen Lebenssituation befindet. So werden junge Menschen andere Optionen entwickeln als Alte, Reiche andere als Arme, Afrikaner andere als Asiatinnen, Männer andere als Frauen, Gesunde andere als Kranke.

Aus diesem Grund ist es kaum möglich, konkrete Ratschläge zu geben, die von allen Menschen gleichermaßen umgesetzt werden können. Deshalb sind die wenigen nun folgenden Fragestellungen eher als Anregungen aufzufassen, mit deren Hilfe jeder und jede die passenden Schlussfolgerungen für das eigene Handeln ziehen kann. »Möchte ich ständig das Neueste besitzen (Auto, Handy, Mode …)? Wie viel Energie verbraucht meine Mobilität (Einkauf, Flüge, SUV, Hobbys)? Wie gehe ich mit Nahrungsmitteln um (im Restaurant, beim Kochen, im Geschäft)? Ist meine Wohnung eigentlich zu groß? Gehe ich achtsam mit Dingen um, die der Allgemeinheit gehören? Ist mein Kontakt zur Nachbarschaft von gegenseitiger Hilfe geprägt? Spreche ich mit anderen Menschen über mein und ihr Konsumverhalten, über Umweltkrisen, Genügsamkeit, Politik, Spiritualität etc.?«

Viele selbstsüchtige und verschwenderische Gepflogenheiten werden beflügelt von einer Ideologie, die sich am besten mit dem Begriff »Hyper-Individualismus« überschreiben lässt. Das an sich selbstverständliche Ziel einer persönlichen Vervollkommnung hat sich – vor allem in begüterten Regionen – zu einer Orientierung verdreht, die den Fokus auf den materiellen Aspekt lenkt und irrigerweise davon ausgeht, dass sich Selbstverwirklichung, Glück und Harmonie auf diese Weise erhöhen lassen. Das Motto »Alle denken an sich – nur ich denke an mich!« soll dann nicht nur Vereinzelung und Isolation rechtfertigen. Mit dieser These kann auch verschleiert werden, dass ein derartiger Eigensinn, der manchmal sogar mit »Freiheit« verwechselt wird, nur auf Kosten anderer Menschen und der Mitwelt angestrebt werden kann.

Allerdings praktizieren bereits überall auf der Erde viele Menschen ein solch anderes Handeln. In einigen Regionen können sie dabei auf noch vorhandene Traditionen zurückgreifen, etwa auf Selbstversorgung in der Landwirtschaft,

Nachbarschaftshilfe, Straßengemeinschaften, Selbsthilfegruppen, Genossenschaften, ehrenamtliches Engagement, Gewöhnung an einen niedrigen ökologischen Fußabdruck, eine Wertschätzung der Stille etc.

In den von Industrialisierung, Konsumismus und Selbstbezogenheit beherrschten Regionen ist diese Suche ungleich schwieriger, da hier viele dieser Traditionen verloren gegangen sind. Angesichts wachsender Umwelt-, Ressourcen- und sozialer Probleme bemühen sich jedoch immer mehr Menschen um eine Lebenshaltung, aus der konkrete Projekte entstehen können, die sich als naturschonend und zukunftsfähig erweisen. Obwohl sie zum Teil ein Nischendasein führen, verdienen diese Experimente eigentlich mehr als eine kurze Erwähnung, denn sie ermöglichen einen Blick in die Nachwendezeit: Gemeinschaftssiedlungen; Tiny Houses; Sharing- und Reparaturgruppen; Mehrgenerationenhäuser; Ökodörfer; biologische und solidarische Landwirtschaft; regionale Versorgung; Gebrauchtwaren- und Verschenkmärkte; Lebensmitteltafeln; Transition-Town-Gruppen; vegetarische und vegane Ernährung und vieles mehr. Hierzu gehören auch meditative, also eher direkt »auf den Geist gehende« Praktiken wie Yoga, Taijiquan, Qigong, Sitzmeditation. Viele weitere Initiativen, Projekte und Ideen sind in einigen der in den Literaturanregungen gelisteten Bücher enthalten.

Eine wichtige Motivation für diese Neuerungen ist der Versuch, hinsichtlich Besitz, Freiheit, Persönlichkeitsbildung und Zufriedenheit herauszufinden, was »genug« heißt oder ist. Für die Durchführung eines gesellschaftlichen Wandels ergibt sich daraus unter anderem die Konsequenz, einige Tätigkeiten einfach zu unterlassen. Diese Haltung führt keineswegs zum Stillstand, sondern zu einer Rückbesinnung auf das doppelte Mögen und einer Art absichtslosem, quasi nicht-eingreifendem Tun. Dieses »Handeln durch Nicht-Handeln« (in der chinesischen Kultur als »Wuwei« bezeichnet) enthält den Versuch, die Natur und die Zukunft ungestört wirken zu lassen und ihnen eine Stimme zu geben. Allein das Wissen, dass es für jeden Menschen in jedem Augenblick die Option »Nicht-Handeln« gibt, sollte nicht unterschätzt werden. Wenn Verlangen, Eile und Spontanität keine Rolle mehr spielen, zeigen sich mit dieser Einstellung eine Menge Lösungen wie von selbst. Besonders prägnante Hinweise haben bereits vor 25 Jahren Maria Mies und Vandana Shiva in ihrem Buch *Ökofeminismus* formuliert:

> Eine neue Definition von ›gutem Leben‹ wird nicht einfach Verzicht predigen, sondern die Werte hervorheben, die in unserer Konsum- und Leistungsgesellschaft auf der Strecke bleiben, z. B. Kooperation statt Konkurrenz, (...), Selbstversorgung (self-sufficiency) anstatt Abhängigkeit von externen Märkten, Absage an Ausbeutung und Kolonisierung als Grundlage für eigene Vorteile, Gesellschaftlichkeit statt Verfolgung privater und egoistischer Einzelinteressen, Kreativität, Souveränität und Würde statt dauerndes ›Schielen nach oben‹, Befriedigung in der eigenen Arbeit statt imitativem und kompensatorischem Konsum und, statt eines stets steigenden quantitativem (?) Lebensstandards, Lebensfreude und Glück, die aus der Zusammenarbeit mit anderen und einer sinnvollen Tätigkeit entspringen.[2]

Buddha hat in dieser Hinsicht einen »Mittleren Weg« propagiert: weder an Sinnesfreuden anhaften noch sich selbst quälen; weder Luxus noch Askese, sondern die Versöhnung von Gegensätzen und Gleichmut anstreben. Er traute jedem Menschen zu, Verantwortung für sich und das gesamte Leben um sich herum zu übernehmen. Hinsichtlich der geschilderten Probleme bedeutet dies: Alle haben sich an die eigene Nase zu fassen. Alle haben einen Anteil beizutragen. Jeder und jede ist wichtig. Weil jeder einzelne Mensch ein Teil der Probleme ist, ist er auch ein Teil der Lösungen.

Dabei darf allerdings nie vergessen werden, dass ein Kollaps droht, wenn nicht rechtzeitig eine Wende durchgeführt wird. Wenn sie zu spät erfolgt, wird sie der Menschheit ohne eigene Einflussmöglichkeiten verordnet. Noch ist es jedoch möglich, dass diese Veränderungen aus Motiven heraus entstehen, die eigene Überlegungen und Entscheidungen enthalten.

Wirken:
Genug ist genug

*Zum ersten Mal in der Geschichte hängt das
physische Überleben der Menschheit von einer radikalen
seelischen Veränderung des Menschen ab. Dieser Wandel
im ›Herzen‹ des Menschen ist jedoch nur in dem Maße
möglich, in dem drastische ökonomische und soziale
Veränderungen eintreten, die ihm die Chance geben,
sich zu wandeln, und den Mut und die Vorstellungskraft,
die er braucht, um diese Veränderung zu erreichen.*

Erich Fromm

Es kommt jetzt darauf an, die nicht mehr allzu lange vorhandene Chance eines selbst gestaltbaren Umschwungs zu nutzen. Um ihn vorsichtig und mit Erfolg versprechenden Perspektiven durchführen zu können, bedarf es eines Rahmens, der dem umfassenden Charakter dieser Veränderungen entspricht. Dieser große Rahmen hat zu berücksichtigen, dass die Versuche, soziale und ökologische Probleme direkt zu lösen beziehungsweise zu reparieren, zwar richtige und wichtige Begleitmaßnahmen sind, aber zu keiner Beseitigung ihrer Ursachen und damit zu keinen tatsächlich nachhaltig wirksamen Ergebnissen führen. Gebraucht werden Umstellungen, die auch einen Wandel der Beweggründe der Menschen und ihres Verständnisses eines ethischen Verhaltens miteinschließen.

Ausgangspunkt dieser Konzepte sollte eine Analyse der strukturbildenden Kräfte der gegenwärtigen Zielsetzungen sein. Wie in den Kapiteln 5 bis 8 ausführlich erläutert wurde, beruht diese Struktur vor allem auf wirtschaftlichen Kriterien. Auf eine Kurzformel gebracht, sind dies die aus den menschlichen Motiven Verlangen (1), Gegeneinander (2) und Täuschung (3) entstandenen ökonomischen Dogmen Wachstum (1), Wettbewerb (2) und Folgenleugnung (3). Diese drei Peitschen haben zwar die Entstehung des Goldenen Zeitalters vorangetrieben, bereiten mittlerweile aber dessen Zerstörung vor. Sie sind die eigentlichen Auslöser der momentanen Bedrohungslage. Sie sind zu ersetzen.

Hauptaufgabe für diejenigen, die sich um eine rechtzeitige Wende bemühen, ist deshalb das Auffinden von Leitlinien eines neuartigen ökonomischen Modells. Gesucht werden Wirtschaftsformen, die nicht mehr vom Mehrungswesen (1), Konkurrenz (2) und Ignoranz (3) bestimmt und gesteuert werden, sondern in der Lage sind, alle wichtigen kulturellen Errungenschaften zu erhalten und zu pflegen, die jetzt von der Gier-Wirtschaft abhängig zu sein scheinen.

Auf allgemeiner Ebene geht es dabei vorrangig um Resilienz, also um die Stärkung von Überzeugungen, die die Planung und Durchführung eines Umschwungs und die Zeit danach stabilisieren. Zu diesen Stärkungsmitteln gehören Integrität, Verantwortung und die Suche nach Glück und Harmonie, aber auch nach Gerechtigkeit, Geschwisterlichkeit und ein Leben in Würde und Freiheit. Die meisten dieser Bestrebungen werden auch von der Gier-Wirtschaft gern als Ziele und Einstellungen genannt, aber den ökonomischen Vorgaben untergeordnet. Im Zweifelsfall sind ihr Maximierung, Kommerzialisierung, Monopolstreben, Expansion, Privatbesitz, Rendite etc. wichtiger.

Einer der ersten Schritte in Richtung Wende besteht also darin, die genannten Geisteshaltungen aus dem Würgegriff der drei Dogmen der Wachstumswirtschaft zu befreien, damit sie endlich konsequent beherzigt werden können. Es ist die Ökonomie, die sich unterzuordnen hat – und nicht umgekehrt.

Aber wie lassen sich derartige Fähigkeiten im Alltag verwirklichen, wenn die ökonomischen Prinzipien Mehrung (1) und Gegeneinander (2) als zentrale Handlungsanreize wegfallen und ökologisch und sozial schädliche Folgen (3) bei der Gestaltung der Nach-Wende-Zeit ausgeschlossen werden sollen? Für (2) und (3) lässt sich eine mögliche Lösung kurz und allgemein einkreisen: konsequentes solidarisches Miteinander unter Einbeziehung der Erde und der Zukunft. Bei (1) fällt diese Antwort nicht so leicht, denn die Suche nach Alternativen zum Wachstumsprinzip ist ein anspruchsvolles Projekt.

Ein Umschwung hat sowohl bei den Einzelnen als auch auf gesellschaftlicher Ebene anzusetzen, wobei die Kategorie »genug« eine Schlüsselrolle einnimmt. Im individuellen Bereich kann sie der in der materiellen Orientierung verankerten Unzufriedenheit ein Ende bereiten. Vorrangig ist dann nicht mehr der Wunsch nach »mehr«, sondern eine befriedigende Mischung aus »zur Ruhe kommen«, »ich habe alles, was ich brauche« und »vom Mehrungsdruck befreit sein«. Wenn sich diese Türen zum »genug« öffnen, zeigen sich gleichzeitig Wege zu Handlungsweisen, die sich aus der Fülle des Seins speisen und dadurch auch Türen zum »weniger« öffnen können.

Im ökonomischen Bereich lautet die zentrale Frage: »Wie funktioniert eine Wirtschaft ohne Gier- und Wachstumsprinzip?« Oder: »Kann die Dimension ›genug‹ den Kurswechsel stabilisieren, wenn das Phänomen ›Wachstum‹ seinen Mehrungsaspekt verliert und auf seinen natürlichen Ursprung zurückgeführt wird?«

Heutzutage wird Wachstum häufig mit Entwicklung gleichgesetzt und beiden der Vorgang »mehr werden« zugeordnet. In der Natur geschehen Wachstum und Entwicklung jedoch ohne Mehrung. Aus einer Tonne Steinkohle entwickeln sich beispielsweise etwa drei Tonnen Kohlendioxid, aber nur dann, wenn zwei Tonnen Sauerstoff hinzugefügt werden. Wenn sich aus einer Eichel ein Baum entwickelt, werden eine Menge Zutaten benötigt (unter anderem Sonnenenergie, Wasser und Luft). Noch mehr Zutaten werden gebraucht, wenn aus dem Holz einer Eiche ein Parkettfußboden entsteht und dieser in einer Wohnung verlegt wird.

Wachstum und Entwicklung entsprechen also eigentlich dem Daseinsmerkmal »Anitya«: Alles wandelt sich ständig. Diese Art des Wachstums bedeuten keineswegs, dass etwas dadurch mehr wird. In wechselseitiger Abhängigkeit verändert sich alles und jedes im Austausch mit etwas anderem (und umgekehrt) und folgt damit den Gesetzen der Massen- und Energieerhaltung. Es geschehen qualitative, aber in der Gesamtsumme keine quantitativen Veränderungen. Insofern sind Vermehrung, Gewinn und Maximierung Illusionen, die ausblenden, dass diese Phänomene an anderer Stelle gleichzeitig zu Verminderung, Verlust und Dezimierung führen.

Wenn ein ökonomisches Konzept nicht mehr von falsch verstandenen Prinzipien wie Wachstum, Expansion und Steigerung beherrscht werden soll, bietet das Kriterium »genug« eine praktikable Ausgangsbasis an. Dieses Fundament steht nicht nur mit den Naturgesetzen im Einklang, sondern kann auch die Kriterien Nachhaltigkeit und Zukunftsfähigkeit einhalten.

Dennoch ist es schwierig, auf ökonomischer Ebene neuartige Modelle aufzubauen. Schließlich wird nicht nur ein Ersatz für das Gier-Prinzip gesucht, sondern ein System, das die Kraft hat, innerhalb der ökologischen Grenzen alle Errungenschaften fortzusetzen, die sich im Goldenen Zeitalter gebildet haben, zum Beispiel Mobilität, Handel, Arbeitsteilung, Bildung, Technologie, Wissenschaft, Kommunikation, Kinderbetreuung, Altersversorgung, Produktion und Verteilung von

Nahrung, Krankenbetreuung, Landschaftspflege etc. Bei einer möglicherweise durch den Kurswechsel notwendigen Begrenzung einiger dieser Kulturgewohnheiten ist zu beachten, dass viele von ihnen nur aufgrund der Hemmungslosigkeit entstehen konnten, mit der die Gier-Wirtschaft die Erde und die Zukunft ausgebeutet hat.

Gleichzeitig darf nicht vergessen werden, dass nur der einzelne Mensch den Zustand »genug« erreichen kann – die Wachstums- und Konkurrenzwirtschaft ist dazu nicht in der Lage. Aus diesen und anderen Gründen wird die Rückkehr zum menschlichen Maß das wichtigste Kriterium für eine quantitative und qualitative Bestimmung dessen sein, was »genug« ist.

Zahlreiche alternative ökonomische Konzepte (z. B. Gemeinwohl-, solidarische, ökologische, achtsame, nachhaltige und Postwachstumsökonomie) schlagen veränderte Formen von Arbeitszeit, Selbstversorgung, Steuerregelungen, Mobilität, Zusammenarbeit, Gemeinschaftsleben und Eigentumsverhältnissen vor oder befürworten einen Bevölkerungsrückgang, einen kleineren ökologischen Fußabdruck, ein Grundeinkommen für alle, eine neue Wertschätzung der Handarbeit, die Stilllegung bestimmter Maschinen etc. Entscheidend für die Belastbarkeit einer Wende werden jedoch nicht diese (zweifelsohne guten) konkreten Vorschläge sein, sondern die Beweggründe und Überzeugungen für ihre Gestaltung. Aber reichen die goldene Regel, der gesunde Menschenverstand und eine angemessene Anwendung von Wissenschaft und Technik aus, um rechtzeitig und dauerhaft der gegenwärtigen ökonomischen Sackgasse zu entkommen?

Üben:
Kein Mehr mehr

Eines Tages fällt dir auf, dass du 99 % nicht brauchst.
Du nimmst all den Ballast und schmeißt ihn weg,
denn es reist sich besser mit leichtem Gepäck.

Silbermond

Die Gier-Wirtschaft steht mit dem Rücken zur Wand. Sie erstickt an den Folgen ihrer Erfolge. Sie steckt in der Klimawandelfalle, der Ressourcenmangelfalle, der Schuldenfalle, der Bevölkerungsexplosionsfalle, der Rationalisierungsfalle, der Effizienzfalle, der Spekulationsfalle, der Vereinzelungsfalle. Vor allem aber steckt sie in der Wachstumsfalle, denn ohne eine ständige Erhöhung der Produktion und Zirkulation von Waren und Werten ist sie nicht funktionsfähig. All das macht sie zu einem ebenso fragilen wie gefährlichen System, das mit allen Mitteln darum kämpft, seinen Zusammenbruch hinauszuzögern.

Deshalb wird das Mehrungssystem niemals eine echte Wende unterstützen. Stattdessen wird sie alle Versuche, die Mitwelt und die Zukunft gegenüber dem Wachstum zu bevorzugen, für ihre Zwecke einspannen, zum Beispiel durch Reboundeffekte (Einsparungen durch verbesserte Effizienz führen zu einer häufigeren Nutzung), Bioökonomik (indem Geschäftsinteressen bei der Erzeugung von Bioenergie wichtiger sind als die Schonung von Ressourcen wie Boden und Wasser), einen Green New Deal (innerhalb der Gier-Ökonomie stabilisiert dieses Projekt einer ökologischen Orientierung der Industriegesellschaft eher das Wachstumswesen, als dass es dessen Überwindung vorbereitet).

Diese Strategie wird erfolgreich sein, solange es Menschen gibt, die sich mit materiellen Anreizen ködern und vom Knopf-druck-Konsumismus verführen lassen. Da dieses Verhalten immer noch üblich ist, warten auf diejenigen, die sich vom Steigerungsspiel abkoppeln und kein »mehr« mehr anstreben, viele Anfechtungen. Sie zu überwinden erfordert neben geistiger Unterfütterung und Mut vor allem eine Bewältigung der Verzichtsproblematik.

In den wohlhabenden Erdregionen ist eine alternative Gestaltung des Alltags unter anderem deshalb so schwierig, weil die Widersprüche des Systems mitten durch jeden und jede hindurchgehen. Viele Menschen möchten gern verantwortlich und enkeltauglich handeln, aber wer die eigenen Inkonsequenzen leugnet, ist nicht authentisch und stößt schnell an die Grenzen der Belastbarkeit. Wer sich vom Mehr-haben-Wollen verabschieden möchte, hat sich zunächst einzugestehen, selbst vom Gier-Syndrom infiziert zu sein und etwa seinen ökologischen Fußabdruck permanent um ein Vielfaches zu übertreten.

Die Arbeit an der Umstellung persönlicher Gewohnheiten kann nicht delegiert werden, sondern ist eine Aufgabe für jeden einzelnen Menschen. Entsprechend zurückhaltend sollten alle Versuche sein, hier von außen direkt einzugreifen. Aber mit einer Haltung des doppelten Mögens und als eine Art Hilfe zur Selbsthilfe sind Anregungen durchaus erlaubt und sinnvoll. Alternative Wirtschaftsmodelle und deren Begründungen enthalten zwar jede Menge Vorschläge für mögliche Auswege – entscheidend bleibt aber deren reale Umsetzung durch viele Einzelne beziehungsweise letztlich alle Menschen. Der Auftrag lautet dabei für alle gleich: üben, üben, üben. Und sich öffnen für alle Tipps, die auf die Handlungsmotive, auf Gleichgesinnte und auf den Logenplatz des Universums hinweisen.

Eine weitgehend unterschätzte Methode, sich den eigenen Widersprüchen und Stärken zu widmen, ist die Meditation, die prinzipiell von jedem und jeder gelernt und geübt werden kann. Aufgrund ihrer Gewöhnung an Eile, Stress und Ablenkung reagieren zwar viele Übende zu Beginn mit einer Abwehrhaltung, denn Stille, Konzentration und Präsenz fühlen sich für sie oft fremdartig an. Mit der Zeit jedoch wertschätzen sie diese Phänomene häufig als Rückhalt und Anker. Doch was erleben Meditierende, wenn sie zur Ruhe kommen und sich intensiv der Gegenwart zuwenden? Sie stoßen zunächst auf ihre Basisfähigkeiten wie Atmung, Körperfunktionen, Emotionen und die Flut der Gedanken. Nach längerer Praxis lassen sich diese Wahrnehmungen zu einer bewussten Betrachtung des gesamten Seins erweitern. Im Idealfall führen meditative Übungen – wie beim Buddha – zum wissenden Gefühl des uneingeschränkten Eingebunden-Seins in die Entfaltung des Universums.

Diese Erfahrung ist ein guter Ausgangspunkt für den Umgang mit Suffizienz. Bei den Bemühungen um einen verringerten Material- und Energieverbrauch stellt sich nämlich die Frage, was ausreichend (lateinisch: *sufficere*) ist. Die Antwort ergibt sich aus einer persönlichen Balance des Strebens nach Glück und der Einsicht, Teil des Ganzen zu sein.

Da die Gier-Wirtschaft den Zustand »genug« nicht kennt, wird Suffizienz von ihr in der Regel in eine Schublade mit der Aufschrift »Verzicht« eingeordnet. Mit der Vorgabe Wachstum kann sie alle Menschen, die das Hamsterrad verlassen wollen, abwerten und als Nichtsnutze oder Saboteure behandeln. Wer sich auf eine Diskussion über Verzicht einlässt, hat deshalb von vornherein verloren – auch persönlich, denn jede Anwendung dieser Kategorie führt direkt zu einem Gefühl von Unzufriedenheit. Dieses wird verursacht durch die Fehlannahme, die eigene Genügsamkeit bedeute automatisch einen Gewinn für andere. Es gilt, sich von dem in der Verzichtsproblematik verborgenen Bewertungsschema zu befreien. Wer sich – etwa mithilfe von Meditation – dem Mehrungs- und Vergleichsdruck entzieht, öffnet das Tor zur Zufriedenheit.

Als besonders motivierend erweist sich hier ein Vorschlag aus dem Dharma, der vier menschliche Eigenschaften hervorhebt: liebende Güte, Mitgefühl, Freude und Gleichmut. Kombiniert mit Klarblick und dem Mittleren Weg, können diese Vier Brahmaviharas eine fruchtbare Basis für das Üben der Haltung »genug« bilden.

Zwar sind diese vier Geisteszustände auch heutzutage populär, werden jedoch häufig vom Leistungsdruck, vom Effizienzdenken und vom Streben nach einem persönlichen materiellen Gewinn überlagert. Diese Tendenz der Wachstumsökonomie, auch heilsame Handlungsweisen für ihre Zwecke zu missbrauchen (sogar Meditation, Achtsamkeit, Nachhaltigkeit, Suffizienz, Resilienz etc. lassen sich kommerziell verwerten), erschwert es, konkrete Projekte zu realisieren, die dem Steigerungsspiel entgegenwirken.

Zudem sind regionale, kulturelle und vor allem individuelle Unterschiede bei der Umsetzung von Genügsamkeit zu beachten. Deshalb ist ständig daran zu erinnern, dass schon jetzt viele Menschen aufgrund ihrer Herkunft, Arbeit oder Arbeitslosigkeit, Entlohnung, Rente etc. zu Einschränkungen oder zu einer Art »genug« gezwungen werden. Wichtig ist auch der Hinweis, dass das reichere Zehntel der Erdbevölkerung den ökologischen Fußabdruck pro Kopf um das Zehn- bis Hundertfache (und in der Spitze weit mehr) übertrifft. Was für wen »genug« ist und wie weit der Weg dorthin ist, ist also durchaus unterschiedlich.

Vor diesem Hintergrund kann auf eine Menge aktuelle Vorhaben und Maßnahmen hingewiesen werden, mit denen versucht wird, sich einem »genug« anzunähern, ohne in Lebensgrundlagen einzugreifen. So wird über ein Verbot von Gasheizpilzen gestritten; die intensive (Massen-)Tierhaltung wird heftig kritisiert; Lebensmittelverderb und Flächenverbrauch werden angeprangert; es gibt den Wunsch nach einer Einschränkung der öffentlichen Werbung. Die Einführung neuer Steuerarten ist möglich, zum Beispiel auf Flugbenzin, Fleischprodukte und Finanztransaktionen. Entfallen können Nachlässe bei hohem Stromverbrauch und die Subventionen für die Förderung fossiler Energien. Auch Obergrenzen für Privatbesitz, Einkommen, Fernreisen etc. sind denkbar. Steuer-»Paradiese« sollte es nirgends geben. Diese und viele andere Vorschläge bestimmen bereits zunehmend die Programme politischer Parteien und die Inhalte der Gesetzgebung.

Doch selbst diese eher kleinen Maßnahmen enthalten häufig eine Brisanz, die sofort zu einer massiven Ablehnung seitens der Gier-Wirtschaft führt. Jede Kontrolle der Finanzzirkulation und alle Regulierungen des Expansionsstrebens werden von ihr als Eingriff in die unternehmerische Freiheit angeprangert und mit der Aussicht auf einen möglichen Zusammenbruch in Verbindung gebracht.

Das System des globalen Kommerzes ist mittlerweile derart instabil, dass es nur noch mit weit geöffneten Geldschleusen zu funktionieren scheint. Ob Schwarz- oder Drogengeld, ob »gewaschenes« oder aus der Zukunft importiertes Geld – alles wird gebraucht, um die Zirkulation des Hamsterrades am Laufen zu halten. Alle Vorschläge, die die Wachstumsökonomie überwinden möchten, stecken deshalb in einer Zwickmühle. Einerseits reichen einige kräftige Nadelstiche aus (z. B. der Zusammenbruch einiger Großbanken wie vor zehn Jahren), um das Kartenhaus des Steigerungsspiels zum Einsturz zu bringen. Andererseits behindert diese Fragilität die Suche nach einem Alternativmodell.

Von der Gier-Wirtschaft ist in dieser Hinsicht allerdings kein Beitrag zu erwarten, denn sie hat keinen Plan B. Obwohl sie am Abgrund steht, sucht sie nicht einmal danach. Sie sieht sich weiterhin ohne Alternative.

Achten:
All you need is less

Diesen Plan B zu entwickeln sollte zum Hauptarbeitsfeld der Wirtschaftswissenschaften werden. Indem sie die aus den Motiven Gier, Gegeneinander und Täuschung entstandenen Prinzipien Mehrung, Konkurrenz und Folgenleugnung ins Zentrum stellt, erhält die ökonomische Forschung eine klare Ausrichtung: die Suche nach anderen Antriebskräften und deren Anwendung.

Im Grunde sind diese Kräfte bekannt: Verantwortung, Solidarität und das Streben nach Glück sind schon lange wichtige Teile einer weltzugewandten Ethik, werden im Rahmen der Gier-Wirtschaft jedoch materiell interpretiert beziehungsweise zweckentfremdet. Eine oberflächliche Aufwertung dieser Motive wird deshalb ohne dauerhafte Wirkungen bleiben. Ein solches Ansinnen erfordert eine tiefgehend begründete und konsequent durchgeführte Umorientierung.

Phänomene wie Wachstum und Wettbewerb speisen sich aus einem oftmals alle anderen Regungen überlagernden Gefühl, nämlich Angst. Angst vor Leid. Angst vor Verlust. Angst vor dem Verpassen angepeilter Ziele. Indem sich die Antriebskräfte des Mehrungswesens äußerlich hinter vermeintlichen ökonomischen Sachzwängen und innerlich hinter der Furcht vor Versagen und Unglück verbergen, schaffen sie sich eine doppelte Tarnung, die zu durchschauen und dauerhaft zu überwinden eine Menge Bewusstheit, Kreativität und Beharrlichkeit erfordert.

Für diese Absicht erweist sich abermals Meditation als hilfreiche Praxis. Wer sich in Ruhe um Klarblick bemüht, wird die eigene Motivation bei der Suche nach dem Plan B finden. Als Grundlage für diese Art des Hinschauens bietet sich Achtsamkeit im Sinne des englischen Wortes *mindfulness* an, das die Fähigkeit des menschlichen Geistes hervorhebt, die Fülle im Blick zu behalten. Mit einer solchen Geisteshaltung lässt sich nicht nur das Getriebe der Gier-Wirtschaft verstehen, sondern auch ein zentraler Trugschluss des 21. Jahrhunderts entlarven: Wenn mithilfe des (auch im Dharma angewendeten) Ursache-Wirkungs-Prinzips die ökonomischen Beweg- und Hintergründe der sozialen und ökologischen Krisen erkannt worden sind, rücken die unmittelbaren Folgen der Nutzung dieser Antriebskräfte an die zweite Stelle.

Umweltprobleme und Ressourcenmangel machen sich zwar schon heute vielerorts unangenehm bemerkbar – wirklich unbeherrschbar werden sie erst in einigen Jahrzehnten sein. Weit früher wird jedoch ihre Ursache, nämlich die gegenwärtige Form des Wirtschaftens, nicht mehr funktionieren. Die meisten der heute lebenden Menschen werden das Ende der von der Plünderung der Erde und der Verpfändung der Zukunft abhängigen Ökonomie noch erleben. Wenn die weltfremde Hoffnung, auf einem endlichen Planeten ein unbegrenztes Wirtschaftswachstum erzeugen zu können, freiwillig oder unfreiwillig ad acta gelegt wird, ergibt sich – so oder so – eine Neuausrichtung der Ökonomie. Im Wechselspiel von Ursache und Wirkung führen veränderte Umstände und Perspektiven automatisch zu einem Austausch der Beweggründe.

Bei einer die Erde und die Zukunft einbeziehenden Umorientierung kann sich das Wachstumsprinzip in ein von Ausgewogenheit und Nachhaltigkeit geprägtes »genug« (Suffizienz) verwandeln. Ohne Zinssystem, ohne Renditeerwartungen und ohne Streben nach Expansion und Maximierung wird sich ein Mittlerer Weg ergeben, der Maßhalten und Vielfalt in Einklang bringt. Wenn das Konkurrenzprinzip vom Leistungs- und Wettbewerbsdruck befreit ist und sich nicht mehr dem Kampf um Marktanteile widmet, können Gemeinsamkeit und gegenseitige Wertschätzung zu einer Kooperation führen, die die Tatsache »Wir leben alle auf demselben Planeten« auf lokaler Ebene umsetzt. Und wenn die Leugnung der Folgen der Gier-Wirtschaft sich zu einem von Geduld und Einfühlungsvermögen geprägten Umgang mit den natürlichen Grenzen des Planeten Erde verwandelt, werden die Stimmen zukünftiger Generationen endlich die ihr zustehende Rolle spielen können. Möglichst bald sollte es Aufgabe der Volks- und Betriebswirtschaftslehre sein, auf Basis dieser Umstellungen ein funktionsfähiges ökonomisches Konzept zu kreieren.

Dabei darf niemals vergessen werden, dass es immerzu einzelne Menschen sind, die diesen Wandel zu gestalten haben. Für sie sollten alternative Antriebskräfte nachvollziehbar und von Vertrauen durchdrungen sein. Nur dann wird sich Selbstbezogenheit in Wohlwollen, Besitzstreben in Großzügigkeit, Statusdenken in Natürlichkeit und Sehnsucht in Zufriedenheit verwandeln lassen. Ähnliches gilt für Aggression, Hass und Neid. Das ständige Gegeneinander, das Freund-Feind-Denken, Vereinzelung, Stolz und Abneigung können nur überwunden werden, wenn sich das wissende Gefühl der grundsätzlichen Verbundenheit mit einer gewohnheitsmäßigen Praxis der Fürsorge und Freundlichkeit füllt. Und Unwissenheit und Verblendung, die sich gegenwärtig vor allem in Form von Gleichgültigkeit, Engstirnigkeit und Resignation zeigen, werden nur überwunden, wenn sich Präsenz und Vernunft zu einer Achtsamkeit verdichten, die resilient ist, sich also stabil zeigt gegenüber den Anfechtungen durch alte, unheilsam wirkende Sehnsüchte. Entsprechend sollten alle Therapieansätze (nicht nur im Bereich Psychologie) in ihren Klientinnen und Klienten immer auch sozial, ökologisch und ökonomisch aktive Wesen sehen.

Weil der Alltag der heute lebenden Menschen sehr individuell und facettenreich ist, stoßen konkrete Vorschläge zwar häufig auf Widerspruch, sie können jedoch Anstöße geben und die Tiefenwirkung der nahenden Wende verdeutlichen. Hier seien stichwortartig zwei Bereiche zum Weiterdenken und -handeln genannt:

A. *All you need is less*

Weniger Eile. Weniger Verdichtung. Weniger Entfremdung und Burn-out. Weniger Fast Food. Weniger Ablenkung. Weniger Verlangen. Weniger Gegeneinander. Stattdessen slow down. Entschleunigung. Authentizität. Entdeckungen durch Langsamkeit. Stille. Nähe. Gemeinsamkeit. Gut Ding will Weile haben. Muße. Gleichmut. Logenplatz.

B. *Allein geht gar nichts – gemeinsam geht alles besser*

Um sich von der Illusion des Hyper-Individualismus zu befreien, bietet die Lehre des Buddha zwei Hilfen an: einerseits die Einsicht, ohne eigenständiges Selbst und deshalb ungetrennter Bestandteil des Daseins zu sein. Andererseits einen Aufruf zur »Sangha«-Bildung: das Erleben von Gemeinsamkeit durch das Üben in Gruppen. Buddhas Dharma zeigt sich erst in der Kommunikation mit anderen Menschen. »Sangha heute« bedeutet Nachbar- und Gemeinschaftspflege (möglichst mit Meditation und Gesprächen über Spiritualität und gesellschaftliches Engagement). Regionale Vernetzung. Nichtkommerzielles Sharing. Reparaturteams. Teilhabe in allen Bereichen. Tauschringe. Genossenschaften. Ökodörfer. Und alle Gruppen, die das 22. Jahrhundert ins Blickfeld nehmen (»Agenda 22«).

Als eine weitere wichtige, gleichzeitig aber sehr schwierige Aufgabe für den Vollzug einer umfassenden Wende erweist sich der Umgang mit Spontaneität beziehungsweise Impulsivität. Diese heutzutage äußerst populäre Art des Handelns (»aus dem Bauch heraus«) wird im ökonomischen Bereich von einer häufig unreflektierten Anwendung verinnerlichter Gewohnheiten und Motive (letztlich Begehren, Neid und Täuschung) gesteuert. Eine Veränderung dieses Verhaltens erfordert eine Aufmerksamkeit, die in jedem Moment eine sofortige unüberlegte, »spontane« Reaktion verhindert oder hinauszögert. Für die Aufgabe, eine winzige Pause zwischen einem Reiz und einer Reaktion herzustellen, sind die »Wächter an den Sinnestoren« zuständig. Im Rahmen einer Gier- und Neidgesellschaft sollte eine Impulsverzögerung vor allem vor Meinungsäußerungen, beim Umgang mit Wünschen, vor dem Supermarktregal, bei der Auswahl von Medienangeboten, bei allen Knöpfen des Knopfdruck-Konsumismus beherzigt werden.

Dieses selbstständige Programmieren eines Miniabstands zu den bisherigen Gewohnheiten und das gleichzeitige Einüben einer bewussten Lebensgestaltung unterstützen den Versuch, aus einem Homo oeconomicus eine in jeder Hinsicht präsente, also aufrichtig und heilsam agierende Persönlichkeit zu entwickeln.

Im Dharma wird diese ethische Ausrichtung in fünf Bereiche (»Silas«) aufgeteilt, die auf den ersten Blick den Zehn Geboten des Christentums gleichen, jedoch eher als Trainingsfelder (Achtsamkeitsübungen) verstanden werden können. Neben dem Achten allen Lebens, einem von Mitgefühl geprägten Streben nach Glück und einer von Verantwortung durchdrungenen Sexualität sind es das aufmerksame Zuhören und Sprechen und ein angemessener Umgang mit Konsumgütern, die zum Übungsfeld eines achtsamen Alltags gehören.

Die Abkehr von der Gier-Ökonomie und die Entwicklung einer von Wohlwollen und Solidarität bestimmten Wirtschaft erfordern einen inneren Wandel. Um den Spagat zwischen den alten Gewohnheiten und den neuen Orientierungen zu meistern, ist es notwendig, sich weder von Habe-Stolz noch von Habe-Nichtsen irritieren zu lassen. Wer sich dem Vergleichsdenken entzieht, kann die grundsätzliche Verbundenheit alles Seienden im Zusammenleben mit anderen Menschen praktisch umsetzen, indem sich etwa Gleichmut mit Vorausschau und Präsenz mit Anteilnahme verbünden. Dabei hilft die Erfahrung, dass sich Freude und Glück nicht vermindern, wenn sie geteilt werden.

Vor diesem Hintergrund können einige Schlagzeilen aus dem Frühjahr 02018 einige verhängnisvolle Entwicklungen des Wachstums- und Wettbewerbswahns verdeutlichen: »Die Flugzeugindustrie gibt einen Anstieg ihrer Tagesproduktion bekannt.« »Die chinesische Regierung verkündet das Ende der Ein-Kind-Familien-Politik.« »Weitere große Öl-Sand- und Öl-Schiefer-Vorkommen wurden entdeckt.« »Am Persischen Golf wurden noch mehr Meerwasserentsalzungsanlagen in Betrieb genommen und künstlich bewässerte Rasengolfplätze eröffnet.« »Die Zahl der Flüchtlinge ist auf über 60 Millionen gestiegen.« »Die weltweite Gesamtverschuldung liegt nach Schätzungen des Internationalen Währungsfonds gegenwärtig bei 164 Billionen (164.000.000.000.000) Dollar.«

Diesen Nachrichten sollen einige angenommene Meldungen aus der Wende- und Nachwendezeit gegenübergestellt werden: »Die Steuern auf Benzin haben sich global angeglichen (die Mehreinnahmen werden für Bildung und regionale Entwicklung eingesetzt).« »Das Renteneintrittsalter ist um ein Jahr hinausgeschoben worden, um diese Zeit als bezahltes ›Frei-Jahr‹ in die Jugend zu verlegen und es als eine arbeits- und stressfreie Phase für eine innere und äußere Orientierung zu nutzen.« »Angesichts der nochmals effizienteren Automatisierung von Arbeitsprozessen durch Digitalisierung und den Einsatz von Robotern wird die Maschinensteuer erneut erhöht.« »Weltweit wird ab jetzt bei jeder Hochzeit vor dem Ja-Wort der Appell verlesen: Im Namen der Menschheit werdet ihr gebeten, euren Kinderwunsch zu begrenzen.« »Videokonferenzen sind weiterhin für alle Bevölkerungsgruppen kostenlos zugänglich.« »Meditation ist Pflichtfach in allen Schulen.« »Virtuelles Reisen ist Standard.«

Wer das Wunder des Lebens auf dem Logenplatz des Universums achten und schützen möchte, hat dem sich nähernden Desaster ins Auge zu schauen. Dieser Blick beflügelt die Lust auf einen Wandel. Die Suche nach behutsameren Formen des sozialen, kulturellen und wirtschaftlichen Miteinanders sollte allerdings nicht aus Furcht vor dem Crash, sondern aus der Attraktivität der neuen Perspektive entstehen.

Wirtschaftswissenschaftler und Wirtschaftswissenschaftlerinnen, die sich um einen Plan B bemühen, sollten nicht nur materielle Aspekte (Grenzen des Wachstums, Suffizienz, Subsistenz usw.) beachten, sondern auch spirituelle und psychische Elemente in ihren Konzepten berücksichtigen, etwa Resilienz, Integrität und Zufriedenheit.

Sein – Samtusta:
Integer leben

Das aber sei dein Heiligtum:
vor dir bestehen können.

Theodor Fontane

Nicht nur Greta Thunberg und die Aktiven in den Bewegungen Fridays for Future und Extinction Rebellion ahnen, dass die heutige auf Geld- und Marktmacht angewiesene Ökonomie ihrem Ende entgegeneilt. Sie werden von Panik ergriffen angesichts der vielen vorhandenen und zu erwartenden Schäden und Widersprüche. Wie die meisten der heute lebenden Menschen werden sie die bevorstehende große Transformation weg von der Gier-Wirtschaft noch erleben. Würde man sie vor die Wahl stellen, ob sie diesen Umschwung abrupt und gewaltsam übergestülpt bekommen (A) oder lieber in einem gemeinsam geplanten Prozess (B) aktiv mitgestalten möchten, würden sicherlich alle Option B wählen.

Ein großes Hindernis für einen solchen geplanten Prozess ist die Tatsache, dass von der Gier-Wirtschaft keine Lösung zu erwarten ist, da sie selbst die Ursache des Dilemmas ist. Eine rechtzeitige, also gut durchdachte, angemessen vorbereitete und systematisch durchgeführte Abkehr von dieser Form des Wirtschaftens wird nur gelingen, wenn eine große Zahl von Menschen freiwillig neue Wege beschreitet.

Noch ist nicht klar, wie eine Postwachstumswirtschaft für 8.000 Millionen Menschen genau aussehen wird und wie sie global und dauerhaft funktionieren soll. Sicher ist aber, dass es ein solches Modell B gibt. Wenn es nicht bald erarbeitet und eingeführt wird, wird der Menschheit durch den ungeregelten Zusammenbruch der alten Ökonomie die wesentlich unangenehmere Variante A aufoktroyiert.

Weil jede und jeder Einzelne von einer individuellen Ausgangssituation aus eine Alternative zu finden hat, kann nicht präzise vorhergesehen oder gar vorgeschrieben werden, wie die Wende konkret zu gestalten ist. Beim Szenarium A wird Zwang der Normalzustand sein. Die Option B ist deshalb vorzuziehen, wofür einige allgemeine Anregungen möglich sind.

Die drei Peitschen der Gier-Wirtschaft, also Mehrungsprinzip, Wettbewerbsdruck und Folgenleugnung, sind zu ersetzen. Alle mit Renditeerwartungen verknüpften Maximierungs-, Zentralisierungs- und Monopolisierungstendenzen sollten aus wirtschaftlichen Entscheidungsprozessen herausgehalten werden. Insbesondere sollte die Kommerzialisierung vieler Lebensbereiche (Kultur, Bildung, Freizeit, Gesundheit etc.) rückgängig gemacht und in Alternativangeboten wie Sharing, Ökodörfern, Genossenschaften etc. gar nicht erst eingeführt werden.

Derart umfangreiche Umstellungen benötigen Konzentration und Beharrlichkeit. An diesem Durchhaltevermögen und der erforderlichen geistig-psychischen Willenskraft mangelt es heutzutage. Haupthinderungsgrund ist das einseitige und verblendende Streben nach immer mehr materiellen Mitteln. Solange dieses Streben aus existenzieller Notwendigkeit erfolgt (Hunger, Suche nach Obdach und Beschäftigung etc.), gibt es kaum Kriterien für eine Kritik. Sobald die Grundbedürfnisse erfüllt sind, schwingt sich diese materielle Orientierung unter den Bedingungen einer industriellen Wachstumsgesellschaft jedoch zum Motor eines rücksichtslosen Steigerungsspiels auf. Mehrung, Eile und Verdichtung definieren mittlerweile erdweit den Way of Life. Eine Abwendung von diesem Mainstream kommt deshalb einem »Nein« zur bisherigen Lebensweise gleich.

Die Gewöhnung an ein Leben, das sich an äußerlichen Werten orientiert, macht es für den reicheren, also überdurchschnittlich viele Ressourcen verbrauchenden Teil der Menschheit im Grunde unmöglich, ohne Irritationen in den Spiegel zu schauen. Jeder ehrliche Blick offenbart eine Mitbeteiligung an der zunehmenden Differenz zwischen den Aktivitäten, die die Wachstumsmaschine einfordert, und denen, die für eine gedeihliche Zukunft vertretbar sind. Der größer werdende Widerspruch zwischen dem tatsächlichen und einem verantwortlichen Handeln weist auf das gestörte Verhältnis zwischen Ethik und Alltag hin. Jeder Blick aus den Fenstern des Frühstücksbuffetsaals eines Viersternehotels auf die Hüttendächer einer Favela zeigt, dass der Gier-Wirtschaft Expansion, Profite und das Recht auf Ausbeutung permanent und systematisch wichtiger sind als Zusammengehörigkeit, Mitgefühl und Gerechtigkeit.

Ohne Eingriffe des menschlichen Geistes ist eine Wende hin zu einer Gesellschaft, die nicht mehr von einem ökonomischen Wachstum abhängt, nicht möglich. Für ein so umfassendes und komplexes Vorhaben ist ein ausgereiftes Zusammenspiel zwischen Spiritualität und Engagement notwendig. Viele Menschen stellen diese Verbindung mit religiösen Vorstellungen her, die sie als Kraftquellen für den Aufbau und die Pflege ihrer Geisteskraft nutzen. Religionen enthalten jedoch im Grunde alle einige Glaubensüberzeugungen, die missbraucht werden und leicht in Fanatismus und Gewalt umschlagen können.

Vor diesem Hintergrund hat sich der in Tibet geborene buddhistische Mönch Tenzin Gyatso (der aktuelle 14. Dalai-Lama) gewünscht, dass es »zwei Arten von Spiritualität geben sollte: eine Spiritualität mit religiösem Glauben und eine Spiritualität ohne religiösen Glauben«, und diesen Wunsch erläutert: »Ethik ist wichtiger als Religion.«[3]

Bereits 01993 hat der Philosoph Hans Jonas angemahnt, »dass die Philosophie eine neue Seinslehre erarbeiten muss, in der die Stellung des Menschen im Kosmos und sein Verhältnis zur Natur im Zentrum der Meditation stehen sollte«.[4] Dieser Wunsch lässt sich mit der Lehre des Buddha erfüllen, die sich in Asien zwar zu einer Religion entwickelt hat, in ihrer Essenz jedoch ohne Annahmen und Prinzipien wie Gott, Seele, Sünde und Paradies auskommt und deshalb als offene und grundsätzlich tolerante Seins- beziehungsweise Geisteslehre aufgefasst werden kann. Da die jederzeit und überall von jedem Menschen erfahrbaren Merkmale Wandel und Verbundenheit das Zentrum des Dharma bilden, lässt sich Buddhas Lehre zu einer ideologie- und glaubensfreien Brücke zwischen Geist und Natur verwenden. Mit ihr werden spirituelle und gesellschaftliche Aktivitäten auf säkulare Weise im Alltag zusammengeführt.

Der im Wechselspiel von Einheit und Bewegung wirksam werdende Umgang mit der Welt lässt sich mithilfe von Meditationsübungen als fließendes Projekt wahrnehmen. Wandel und Verbundenheit sind natürliche Gegebenheiten, von denen aus die bedrohliche Lage der heutigen Zivilisation unvoreingenommen und direkt angeschaut werden kann. Indem Menschen sich immer wieder daran erinnern, keine abgetrennten und vereinzelten Wesen, sondern integrierte Teile des Seins zu sein, wird es für sie immer selbstverständlicher, sich als Stimmen der Natur und deren Zukunft zu verstehen und sie zu schützen.

Diese Einstellung drückt eine Lebensführung aus, die im Dharma mit Samtusta im Sinne von befriedigt (1) und versöhnt (2) überschrieben wird und ein Gefallenfinden am Engagement (3) betont.[5] Diese Ausrichtung lässt sich auch als genug (1), zufrieden (2) und achtsam sein (3) veranschaulichen:

1 Die Haltung »genug« geht von der Einsicht in die Grenzen der Erde aus und erkennt an, dass in etlichen Regionen weit mehr als die Grundbedürfnisse gesichert sind. Für viele Menschen ist dieser befriedigende Zustand ein Grund, Dankbarkeit zu empfinden und umzusetzen, indem sie sich nicht nur um sich selbst, sondern auch um die Umwelt kümmern. Dieser innere Auftrag erleichtert es ihnen nicht nur, das von der Gier-Wirtschaft gepuschte Verlangen nach Besitz zu überwinden, sondern auch zu versuchen, Suffizienz zu verwirklichen, also einen vertretbaren ökologischen Fußabdruck einzuhalten und das Mehrungsprinzip durch Behutsamkeit und Ausgewogenheit zu ersetzen. Auf diese Weise bildet die Einstellung »genug« den Kern einer Wirtschaftsweise, die sich an Subsistenz orientiert und viele Jahrtausende lang bewährt hat, da sie den Wachstumsregeln der Natur gefolgt ist. Subsistenz beinhaltet die Fähigkeit, aus eigener Kraft heraus zu existieren und von dem zu leben, was die Umgebung dauerhaft anbietet. Mithilfe der Errungenschaften der heutigen Kultur (Wissenschaft, Technik, Effizienz etc.) lässt sich eine zeitgemäße Subsistenzwirtschaft entwickeln, die unabhängig ist von Profit, Waren und Zirkulation, weil sie den Homo oeconomicus vom Streben befreit, immer mehr haben zu wollen.

2 Wenn mithilfe von Suffizienz und Subsistenz die Festlegung, wie viel genug ist, von ökonomischen Zwängen abgekoppelt worden ist, verschwindet das Phänomen Verzicht, da Vergleichen und Bewerten keine entscheidenden Rollen mehr spielen. Wer für sich persönlich die Frage nach dem menschlichen Maß beantwortet und sich mit den Grenzen der natürlichen Umwelt versöhnt hat, ist nicht nur leichter zufrieden, sondern kann diese innere Ausgeglichenheit als Kraft erleben, um an der Gestaltung einer von materiellen Sehnsüchten und Ablenkungen befreiten Gesellschaft

mitzuwirken. Wenn es für Neid und Gegeneinander keine materiellen Anlässe mehr gibt, kann im zwischenmenschlichen Bereich eine von Großzügigkeit und Anteilnahme geprägte Kooperation aufblühen, die zu Wohlwollen und Gelassenheit führt.

3 Dieser Blütenweg entspricht der zentralen Eigenschaft, die Menschen von allen anderen Wesen der Natur unterscheidet, nämlich achtsam zu sein. Aufrichtig gepflegt, erweist sich die Fähigkeit, die Vielfalt des Daseins bewusst wahrzunehmen, als ergiebige Kraftquelle. Wer Achtsamkeit praktiziert, öffnet das Tor zu einer Geisteshaltung, die »integral« genannt werden kann. Integrität heißt dann nicht nur, integer zu sein, sondern immerzu das ganze Sein integrieren zu können, also Verbundenheit und Präsenz durch tiefes Schauen, Sensibilität und Weitherzigkeit als Fülle zu erleben. Für Menschen des 21. Jahrhunderts, die mit Wissen und Bildung umfassend versorgt sind, bedeutet Integrität nichts anderes als intellektuelle Redlichkeit auf Grundlage eines tief durchdachten gesunden Menschenverstands (*Common Sense*).

Wer diese drei Aspekte von Samtusta noch weiter verinnerlicht, erarbeitet sich ein umfassendes und von Ganzheitlichkeit geprägtes Selbstmitgefühl:

1 Befriedigt sein bedeutet dann mehr als das Akzeptieren der Wirklichkeit. Es ist offensichtlich, dass das Universum genügend Bedingungen bereitstellt, um einen menschlichen Körper hervorzubringen. Genug im Sinne von Substanz und Subsistenz beschränkt sich jedoch auf den materiellen Bereich. Dieser Körper enthält darüber hinaus aber die Fähigkeit, sich seiner Existenz gewahr zu werden und sie wertzuschätzen. Befriedigung ergibt sich erst durch das

wachsame Erleben, dass ständig alle Bedingungen vorhanden sind, um glücklich zu sein. Dieser Blick aufs Ganze enthält auch die Einsicht, dass die Haltung »genug« kein »Nein«, sondern ein »Ja« ausdrückt.

2 Dieses wissende Gefühl führt zur grundsätzlichen Versöhnung mit der eigenen Anwesenheit. Als menschliches Wesen in dieser Welt zu erscheinen und (!) sich dessen bejahend bewusst zu sein ist eine einzigartige Angelegenheit und ein ständiger Grund zur Freude. Eine weitere Stufe der Freude ergibt sich, wenn diese beiden Ebenen wiederum bewusst wahrgenommen werden. Diese dritte Ebene entspricht nicht nur den Möglichkeiten eines mit Geist ausgestatteten Wesens, sondern ist der Ursprung von Friede und Gleichmut, von Verständigung und Transformation. Wenn eine derartige Bewusstheit den Alltag durchdringt, wird es wesentlich leichter, sich den eigenen Widersprüchen zu stellen und einen Weg zu beschreiten, der ausgewogen und integer ist. Wer diese Fähigkeit in jedem Moment übt, braucht keine Blicke in den Spiegel mehr zu scheuen. Wenn sich das Tor zu einer Persönlichkeit geöffnet hat, die bereit ist, Verlangen, Anhaften und Voreingenommenheit genau anzuschauen und sich von diesen einengenden Antrieben zu befreien, verlieren die Peitschen der Gier-Wirtschaft ihre Wirkungskraft. Statt die Qualität des Lebens mit Kriterien wie Geld, Ruhm und Macht zu messen, beweist sich ein gutes Leben durch Entschleunigung, Ausgewogenheit und dem Einhalten von Grenzen. Wer mit sich und der Welt im Reinen ist, kann diese Mischung aus Selbstmitgefühl und Lebens- und Weltbejahung als Aufforderung für liebende Güte, Transparenz und Kooperation auf Augenhöhe verstehen.

3 Auf diese Weise ist es kaum noch möglich, sich selbst zu belügen oder ausgetrickst zu werden. Wer eine Art Dauerachtsamkeit praktiziert, gibt sich mit Täuschungen nicht

mehr zufrieden. Dieses Gefallenfinden am Engagement kann sich authentisch und auf persönliche Weise in allen Lebensbereichen konkretisieren. Schließlich bedeutet spirituelle Präsenz keineswegs, sich klein zu machen und dem nahenden Systemcrash tatenlos entgegenzusehen. Im Gegenteil. Ein achtsames Leben kann sich jederzeit auf ein belastbares Fundament berufen: die Ethik des Genug. Inmitten von Wandel und Verbundenheit ist sie die Basis für einen behutsamen Umgang mit der Fülle des Seins. Zufrieden sein und achtsam handeln bedeutet dann nichts anderes als ein Gelingen der Versuche, ein Bodhisattwa bzw. ein Buddha zu sein.

Auf diesem Hintergrund lassen sich die Alternativen zu den drei Peitschen des Mehrungssystems zusammenfassend darstellen:

1 Durch genaues Hinschauen lässt sich Gier in eine Haltung des »genug« verwandeln, von der aus sich Suffizienz und Subsistenz verwirklichen.
2 Von einer grundsätzlichen Zufriedenheit ausgehend, kann sich Konkurrenz zu einer von Toleranz und Solidarität geprägten Kooperation entwickeln.
3 Durch Achtsamkeit lassen sich Täuschung und Verblendung in ein von Bewusstheit und Integrität erfülltes gutes Leben transformieren.

Die Gier-Wirtschaft enthält keine nachhaltigen Orientierungen für die Zukunft der menschlichen Zivilisation, da sie weder Ruhe noch Zufriedenheit, weder Achtsamkeit noch Versöhnung kennt. Um das Ende der auf Wachstum und Wettbewerb angewiesenen Ökonomie nicht als Zusammenbruch zu ertragen, sondern erhobenen Hauptes eine rechtzeitige

Wende zu vollziehen und auf dem Logenplatz des Universums die nächsten Schritte der Geschichte der Menschheit zu erleben, ist eine geistig-spirituelle Unterfütterung nötig. Für dieses Ansinnen eignet sich die Lehre des Buddha. Sie ist einfach und tiefgründig zugleich und bietet überzeugende Motive für eine gedeihliche Transformation an. Bodenständig und vernunftorientiert, vertraut sie auf die spirituelle Kraft des Menschen. Sie geht von der Selbstverantwortung der Einzelnen aus. Sie enthält weder Glaubenssätze, noch predigt sie. Sie lässt jede und jeden selbst auf Einsichten kommen und ist ständig überprüfbar. Deshalb sind die Methoden des Dharma auch im 21. Jahrhundert erfolgreich anwendbar.

Diese Praxis führt zu Begründungen, warum es gut ist, Liebe und Mitgefühl zu entwickeln und den Geist zu schulen. Schon der Buddha hat auf diese Weise eine vollständig bewusste Anwesenheit als Mensch realisiert und aus diesem Erleben eine Lehre entwickelt, deren ethischer Gehalt sich mit einem Satz zusammenfassen lässt: »Das Heilsame tun, das Unheilsame lassen.«

Im Hinblick auf eine Überwindung der Gier-Wirtschaft und den Aufbau einer Postwachstumsgesellschaft sind jedoch zwei Hinweise angebracht: Der Umschwung wird zwar von Individuen vollzogen, aber erst im gemeinsamen Handeln erfolgreich sein. Und er findet immer heute und »auf dem Markt« statt, also mitten im Alltag in dieser Gesellschaft – mit behutsamen Händen und einem offenen Geist in diesem Leben auf dieser Erde. So'st's.

Mögen alle Wesen achtsam, integer und zufrieden sein.

Niko Paech

Suffizienz als Antithese zur modernen Wachstumsorientierung

Einleitung

Kein Reformprojekt der späten Moderne dürfte jemals auf derart einhelligen Zuspruch gestoßen sein wie die Idee einer nachhaltigen Entwicklung. Das damit anvisierte Transformationsvorhaben, mit dem nichts Geringeres als die Rettung der irdischen Lebensgrundlagen verbunden ist, muss jedoch als spektakulär gescheitert betrachtet werden – ganz gleich ob auf politischer, technologischer oder kultureller Ebene. Die kaum überschaubaren Versuche, mittels technischen oder institutionellen Fortschritts eine ökologisch vertretbare Variante des zeitgenössischen Wohlstandsmodells zu erschaffen, haben mehr zusätzliche Schäden verursacht, als damit an Nachhaltigkeitsdefiziten beseitigt oder vermieden werden konnte.[1]

Nicht minder versagt hat die sozialwissenschaftliche Nachhaltigkeitsforschung. Ihre Vertreter haben vermeintlich endogene Potenziale eines sozialökologischen, vernunftgeleiteten Wandels herausgearbeitet, der durch Kommunikationsstrategien, Lernprozesse, Management- oder Bildungskonzepte (BNE – Bildung für nachhaltige Entwicklung) hätte vermittelt werden sollen. Nichts davon hat vermocht, auch nur ansatzweise das ohnehin dürre Geflecht nachhaltigkeitskompatibler Lebensstile und Praktiken zu stabilisieren, die Ende der Siebziger und Anfang der Achtziger vorübergehend erkennbar wurden. Ehemals Hoffnung stiftende Ökonischen sind zu Komfortzonen mutiert, die von materieller Aufrüstung, industriell gefertigter Bequemlichkeit, Digitalisierung und einem nie da gewesenen Flugreisenboom überformt wurden. Hätten jene, die sich seinerzeit am Startpunkt eines »grünen« Aufbruchs wähnten, erahnen können, welche Exzesse an ökologisch rücksichtslosen Handlungsroutinen noch bevorstehen – und das absurderweise begleitet von einem geradezu dröhnenden Nachhaltigkeitstrubel –, sie hätten die seinerzeit gebräuchlichen Dramatisierungen wie »Wegwerfgesellschaft«, »Wohlstandsfalle«, »Konsumterror« und Buchtitel wie *Homo consumens*[2] oder *Ein Planet wird geplündert*[3] für später aufgespart, um ihr rhetorisches Pulver nicht vorzeitig zu verschießen.

Existiert denn überhaupt ein einziges nennenswertes Handlungsfeld, in dem während der letzten vier Jahrzehnte etwas anderes als eine stetige Verschlechterung der ökologischen Bedingungen eingetreten ist, zumindest wenn alle Reboundeffekte der vermeintlichen Nachhaltigkeitsfortschritte eingerechnet werden? Alles läuft mit zunehmender Schubkraft auf jenen Fluchtpunkt hinaus, um dessen Vermeidung sich alle Intellektuellen und Nachhaltigkeitsbewegten seit Beginn der Umweltdiskussion lautstark bemühen. Dieses Weltrettungsbemühen war, wie sich in der Rückschau herausstellt, nichts anderes als ein Fanal an symbolischen Ersatzhandlungen. Immer stand es unter der Bedingung, keine der sich seit Jahrzehnten steigernden Konsum- und Mobilitätsfreiheiten, die unreflektiert zum Maßstab des Normalen erhoben werden, aufgeben zu müssen.

Um zu vermeiden, dass dieser Wohlstandsvorbehalt primitiv oder eigennützig erscheinen könnte, wurde und wird der schöngeistige Anspruch vorgeschoben, Nachhaltigkeit dürfe sich nicht zulasten der sozial Schwachen oder gar »Armen« auswirken. Indes scheint das materielle Niveau, dessen Unterschreitung mit Armut gleichgesetzt wird, in Deutschland wöchentlich zu wachsen. Die beständige Aufdeckung (oder Erfindung) neuer Tatbestände, die auf Armut, Ausgrenzung und soziale Benachteiligung schließen lassen, bilden einen Schutzwall für die Konsum- und Mobilitätsroutinen der prosperierenden Mehrheit. Auf dem Abschlusspodium des 2011 von Attac veranstalteten Kongresses »Jenseits des Wachstums« etwa verwahrte sich der teilnehmende Gewerkschaftsvertreter gegen allzu harsche Nachhaltigkeitsmaßnahmen. Er begründete dies sinngemäß damit, dass es unsozial sei, der Lidl-Verkäuferin den sauer verdienten Mallorcaurlaub, den auch sie sich neuerdings leisten könne, zu vermiesen.

Deutlicher ließe sich die Zwickmühle kaum zuspitzen. Zum einen: Wenn alle technischen Versuche, die zeitgenössische Wohlstandsarchitektur von ökologischen Schäden zu entkoppeln, systematisch zum Scheitern verurteilt sind, dürfte es weniger einer moralischen Bevormundung als simpelster mathematischer Logik entspringen, dass die menschliche Zivilisation nur noch durch eine Senkung jener materiellen Ansprüche zu retten ist, die global und intertemporal nicht übertragbar sind. Zum anderen: Ausgerechnet in einer aufgeklärten, sich bei jeder sonstigen Gelegenheit moralisch überlegen darstellenden Gesellschaft, die obendrein ein nie gekanntes Wohlstandsniveau erreicht hat, werden überlebenswichtige Akte der Selbstbegrenzung selbst dann vermittels Gerechtigkeits- und Verzichtslamenti zurückgewiesen, wenn sie hedonistischste, noch vor Kurzem undenkbare Ausschweifungen darstellen.

Das eigentliche Nachhaltigkeitsdefizit liegt in einer sich progressiv wähnenden Kultur, die dem noch vor seiner Einführung zum Menschenrecht erklärten 5G-Netz mehr Sorge und Aufmerksamkeit widmet als dem Insektensterben. Hier drängen sich Parallelen zur Heroinsucht auf, zumal auch Schwerstabhängige ihr selbstzerstörerisches Handeln wider besseres Wissen ausführen. Deshalb widmet sich dieser Text einem überlebenswichtigen Entzugsprogramm, das als »Suffizienz« bezeichnet wird.

Zunächst soll dieses Nachhaltigkeitsprinzip präzisiert und abgegrenzt werden, da es häufig missverständlich verwendet und zunehmend verwässert wird. Danach will ich auf Wachstumsgrenzen und moderne Paradoxien eingehen, die nicht in der materiellen oder ökologischen Sphäre, sondern in der Konstitution des Homo sapiens selbst begründet sind und nur über den Ausweg einer genügsamen Lebenspraxis zu meistern sind.

Schließlich will ich eine problematische und oft missachtete Besonderheit der Suffizienz beleuchten, nämlich dass ihre Umsetzung – vollkommen diametral zu Effizienz- oder Konsistenzmaßnahmen – parlamentarisch-demokratische Entscheidungsinstanzen restlos überfordert. Suffizienz kann nur aus subkulturellen Praktiken hervorgehen und von Individuen oder Netzen verbreitet werden, die bereit sind, individuelle Verantwortung zu übernehmen, statt auf einen politischen Godot zu warten. Diese Pioniere können die technikaffine, konsum- und mobilitätsorientierte Mehrheit mit Gegenkulturen konfrontieren, um sie unter Rechtfertigungszwang zu setzen. Politisch korrekte Forderungen oder Symbolhandlungen wie die von Fridays for Future oder Extinction Rebellion laufen demgegenüber Gefahr, wirkungslos zu bleiben, denn an Betroffenheitsbekundungen bestand nie Mangel – im Gegenteil: Sie sind längst zu einer Ersatzhandlung gediehen und stabilisieren damit den Status quo. Was hingegen fehlt, ist ein Aufstand der konkret Handelnden und sich Verweigernden, die mit offen praktizierter Selbstbegrenzung die Gesellschaft herausfordern.

Effizienz, Konsistenz und Suffizienz

Um den Nachhaltigkeitsdiskurs zu strukturieren, wird oft die Unterscheidung zwischen Effizienz,[4] Konsistenz[5] und Suffizienz[6] herangezogen. Steigerungen der ökologischen **Effizienz** zielen darauf, den materiellen Aufwand zu minimieren, der nötig ist, um ein bestimmtes ökonomisches Ergebnis zu erzielen, also das Verhältnis zwischen Ressourceneinsatz und Güterproduktion zu verbessern. Die dabei entstehende Ressourceneinsparung kann genutzt werden, um das Wohlstandsniveau unter verringerter ökologischer Belastung zu erhalten oder bei konstanter Umweltbelastung ein höheres Versorgungsniveau zu erreichen. Wer beispielsweise ein Auto kauft, das drei Liter Benzin pro 100 Kilometer verbraucht, fährt damit um den Faktor zwei ökologisch effizienter als mit einem sechs Liter verbrauchenden Pkw. Würde dieselbe Gesamtstrecke wie bisher zurückgelegt, ergäbe sich eine ökologische Entlastung. Wenn hingegen die gefahrene Strecke verdoppelt wird oder mehr Menschen zu Autofahrern werden, wird bestenfalls bei unveränderter ökologischer Belastung die Mobilitätsleistung erhöht. Politisch attraktiv erscheint es, die Einsparung auf beide Zielgrößen aufzuteilen, etwa gemäß dem Titel des Bestsellers *Faktor vier – doppelter Wohlstand, halber Naturverbrauch.*[7]

Ökologische **Konsistenz** setzt an der Schadensintensität und Umweltverträglichkeit der genutzten Ressourcen an. Statt deren Menge zu verringern, soll ihre Beschaffenheit oder das Produktdesign dahingehend optimiert werden, dass keine Emissionen oder Abfälle entstehen, unabhängig vom Verbrauchsniveau. Dies soll dadurch ermöglicht werden, dass alles Verwendete entweder biologisch abbaubar ist oder verlustfrei in geschlossenen technischen Stoffkreisläufen verbleibt. Erneuerbare Energieträger sind ein weiterer Baustein des Konsistenzkonzeptes. Würden Pkws neuerdings mit klimaneutralem Biosprit betrieben oder hätten einen Elektroantrieb, der wiederum mit Elektrizität aus Wind- oder Solarenergie gespeist wird, ließe sich – unabhängig von der zurückgelegten Strecke – ein emissionsfreier motorisierter Individualverkehr vorstellen. In Deutschland wird die Konsistenzstrategie besonders prominent durch die sogenannte Energiewende verkörpert. Sie fußt darauf, das Elektrizitätssystem CO_2-neutral werden zu lassen, ohne die für Endnutzer verfügbare Energie verringern oder verteuern zu müssen.

Effizienz und Konsistenz können kombiniert werden, etwa wenn der Energieverbrauch eines Autos im Sinne der Effizienz zunächst minimiert und der verbleibende Rest an benötigter Energie dann durch einen möglichst klimaneutralen Treibstoff bereitgestellt wird. Beide Konzepte bilden die Basis des sogenannten grünen Wachstums oder einer »ökologischen Modernisierung«. Demnach soll durch fortschrittlichere Technologien, Produktlösungen oder innovative Nutzungsformen (etwa Sharing) der Güterwohlstand von ökologischen Schäden entkoppelt werden, sodass dessen Niveau entweder erhalten oder gar ausgedehnt werden kann. Allerdings wäre der Umkehrschluss, nämlich dass die Anwendung von Effizienz oder Konsistenz notwendigerweise eine Green-Growth-Strategie impliziert, verfehlt. Schließlich wäre auch eine »Postwachstumsökonomie«[8] oder »Degrowth«-Strategie[9] nicht ohne ein Minimum an industrieller Produktion darstellbar, die sich durchaus effizient und/oder konsistent optimieren ließe.

Demgegenüber begnügt sich das **Suffizienz**prinzip weder mit verringertem Ressourceninput noch mit einer ökologischeren Qualität der genutzten Mittel, sondern adressiert und hinterfragt direkt den eigentlichen Zweck ökonomischer Aktivitäten. Zur Disposition gestellt wird das Ausmaß des erzeugten Outputs oder Produktionsergebnisses. Dessen Reduktion oder Begrenzung würde sich zwangsläufig auf Konsummuster auswirken.

Auch eine Effizienz- oder Konsistenzstrategie, die im Kontext eines »grünen« Wachstums angewandt würde, müsste den Menschen bestimmte Anpassungsleistungen in Form eines »nachhaltigen Konsums« abverlangen. Schließlich bewirken Effizienz- und Konsistenzinnovationen nichts, wenn die entsprechenden Produkte und Dienstleistungen nicht nachgefragt werden. Aus diesem Grund kommt es nicht selten zu einer unscharfen oder missverständlichen Begriffsverwendung, indem alle Maßnahmen, die ein verändertes Konsum- oder Nachfragehandeln bezwecken, mit Suffizienz assoziiert werden. Allerdings handelt es sich bei effizienten oder konsistenten Veränderungen im Gegensatz zur Suffizienz nicht um Reduktion, Entsagung oder Selbstbegrenzung, sondern lediglich um eine Verlagerung der Nachfrage zu nachhaltigen Substituten.

Die im Folgenden schrittweise entwickelte Suffizienzdefinition folgt weniger einer Begriffsgenealogie als vielmehr der Notwendigkeit, dieses Prinzip vom nachhaltigen Konsum abzugrenzen.

Als y soll dabei das quantitative Niveau einer ökonomischen oder physischen Leistung bezeichnet werden. Der pro Leistungseinheit erforderliche materielle Ressourcenaufwand sei x, und der pro Ressourceneinheit verursachte ökologische Schaden sei s. So aufgeschlüsselt, lassen sich die drei bereits genannten Nachhaltigkeitsprinzipien einfach erläutern.

Beispiel 1

Der Besitzer eines Pkw legt pro Woche eine bestimmte Strecke zurück. Sie entspricht dem Leistungsniveau y, gemessen in Kilometern. Das Auto verbraucht pro Kilometer eine durchschnittliche Energiemenge x. Diese umfasst nicht nur den variablen Treibstoffverbrauch, sondern auch die bei der Produktion und Entsorgung des Pkw anfallende Energie. Letztere wird auch oft als »graue« oder »indirekte« Energie bezeichnet. Sie lässt sich einfach berechnen, indem der zur Herstellung und späteren Entsorgung eines Pkw notwendige Energiebedarf durch die Gesamtstrecke an Kilometern dividiert wird, die als Leistung des Autos während seiner durchschnittlichen Lebensdauer erwartet werden kann. Wie viel CO_2-Äquivalente (s) eine Einheit des benötigten Energieinputs verursacht, ist hinlänglich bekannt.

a) Eine Zunahme des Quotienten y/x entspräche einer erhöhten *Energieeffizienz*. Dies könnte technisch bedingt sein, etwa weil ein sparsamerer Antrieb genutzt wird, der die pro Kilometer erforderliche Treibstoffmenge reduziert. Eine andere Möglichkeit bestünde darin, durch eine Gemeinschaftsnutzung (z. B. Carsharing) jenen Anteil des Energieverbrauchs zu senken, der als »graue« Energie im Pkw gebunden ist. In diesem Fall würde dieselbe Fahrleistung y mit einem geringeren Bedarf an Pkws erzielt.

b) Das *Konsistenzprinzip* ginge mit einer Erhöhung des Quotienten x/s, also einer verringerten Schadensintensität der verwendeten Ressource, einher. Dies ließe sich dadurch erreichen, dass ein anderer Energieträger eingesetzt wird, etwa Biokraftstoff, Autogas oder Elektrizität aus Wind, Sonne, Wasserkraft oder Biomasse.

c) *Suffizienz* hieße schlicht, weniger zu fahren, also y zu senken.

Beispiel 2

Eine Gruppe von vier Personen möchte sich ein Einfamilienhaus mit 140 Quadratmeter Wohnfläche (y) bauen lassen. x wäre dabei der Energieverbrauch pro Quadratmeter Wohnfläche (Wärme und Strom) und s der pro Energieeinheit verursachte ökologische Klimaschaden, gemessen in CO_2-Äquivalenten.

a) Die *Energieeffizienz* $1/x$ ist in diesem Fall abhängig von der Dämmung der Gebäudehülle, dem technischen Zustand der Heizung sowie vom Energieinput (graue Energie), der zur Produktion und Bereitstellung der Baustoffe erforderlich ist. Ähnliche Maßnahmen lassen sich auf den Stromverbrauch anwenden, etwa LED-Leuchtmittel.

b) Das *Konsistenzprinzip,* abgebildet durch die Schadensintensität $1/s$, lässt sich über die Wahl des Energieträgers für die Heizungsanlage (Gas, Solarthermie, Geothermie, Holz) sowie für die Stromerzeugung verändern.

c) *Suffizienz* würde in diesem Beispiel bedeuten, mit weniger Wohnfläche auszukommen und weniger Lampen zu verwenden oder diese seltener anzuschalten, also y zu verringern.

Die Variable x kann anstelle des Energieverbrauchs auch Fläche, Abfall, Metalle, seltene Erden, Wasser etc. als ökologisch relevanten Ressourceninput abbilden. Ebenso könnte s jede beliebige andere Schadenskategorie repräsentieren. Zudem kann auch die Zielvariable y vollkommen andere Ausprägungen annehmen. Würde beispielsweise die Reinigung von Wäsche unter Nachhaltigkeitsaspekten betrachtet, könnte y das in Kilogramm gemessene Quantum an gewaschenen Textilien oder die in Zeiteinheiten gemessene Verfügbarkeit sauberer Wäsche oder des Zugangs zu einer Waschmaschine darstellen.

Diese Beispiele zeigen bereits, dass Effizienz und Konsistenz Gemeinsamkeiten aufweisen. Einige von ihnen sind:

~ Beide Vorgehensweisen sind insofern ambivalent, als die Einsparung an Ressourcen (Effizienz) bzw. Schäden (Konsistenz) sowohl dazu genutzt werden kann, das bisherige Leistungsniveau mittels geringeren Umweltverbrauchs zu gewährleisten, als auch umgekehrt dazu, auf Basis des bisherigen Niveaus an Umweltverbrauch einfach nur ein höheres Leistungsniveau zu erzielen. Daraus folgt erstens, dass die dringend nötige Umweltentlastung durch diese Prinzipien selbst dann nicht sichergestellt wäre, wenn ihre Funktionsweise frei von ökologisch konterkarierenden Nebenwirkungen (Reboundeffekten) wäre. Zweitens stellen beide Vorgehensweisen in Aussicht, das bisherige Wohlstandsniveau mindestens beibehalten, wenn nicht gar steigern zu können, ohne dabei die ökologische Belastung zu erhöhen. Wenn dieses Versprechen sich einerseits als Vorbedingung jeglicher nachhaltigen Entwicklung etabliert und sich andererseits als unerfüllbar entpuppt, droht umweltpolitischer Stillstand auf steigendem Schadensniveau. Genau diese Situation lässt sich in Deutschland seit Jahrzehnten beobachten.

~ Bis heute fehlt nicht nur jede empirische Evidenz, sondern auch eine theoretisch schlüssige, also widerspruchsfreie Begründung dafür, wie mittels beider Prinzipien eine Entkopplung des ohne Wachstum nicht zu stabilisierenden Wohlstandes an industriell erzeugten Gütern möglich sein kann – zumindest wenn alle zeitlich, räumlich, systemisch und stofflich verlagerten Nebenwirkungen einbezogen werden. Diese Problematik ist in Verbindung mit sogenannten Reboundeffekten andernorts hinreichend behandelt worden und soll hier deshalb nicht weiter vertieft werden.[10] Sie bildet einen der elementarsten Begründungszusammenhänge dafür, dass eine Hinwendung zur Suffizienz unumgänglich ist.

~ Abgesehen von vernachlässigbaren Ausnahmen, fügen sich beide Prinzipien perfekt in zeitgenössische Modernisierungsprogramme ein. Sie versprechen, individuelle Freiheiten unangetastet zu lassen, indem Nachhaltigkeitsdefizite durch eine Addition technischer oder institutioneller Mittel kuriert werden. Überdies werden damit zusätzliche Handlungsoptionen, Einkommensquellen, Märkte und sonstige Entfaltungsspielräume in Aussicht gestellt, etwa Berufe und Tätigkeitsfelder im nachhaltigkeitsorientierten Projektmanagement oder in der Nachhaltigkeitskommunikation bzw. -bildung.

~ Beide Konzepte minimieren jegliche individuelle Verantwortung, indem die Zuständigkeit für Nachhaltigkeitsmaßnahmen zuvorderst an die technologische, ökonomische oder politische Entwicklung delegiert wird. Konsumenten wird lediglich abverlangt, die eigene Nachfrage auf andere (aber nicht weniger) Güter zu lenken und gegebenenfalls die dafür erforderliche höhere Zahlungsbereitschaft aufzubringen. Manche Nachhaltigkeitswissenschaftler halten selbst dieses Minimum an eigener Mitwirkung für eine Überforderung und verlangen daher zusätzliche umweltpolitische Maßnahmen.

~ Insoweit Effizienz- und Konsistenzmaßnahmen nicht intendieren, Schaden verursachende Prozesse und Objekte ersatzlos zu subtrahieren, sondern durch nachhaltigere Alternativen zu ersetzen, sind sie innovationsabhängig. Sie bedürfen der Erschließung neuer technologischer oder institutioneller Wirkungszusammenhänge, die bislang noch nicht verfügbar sind, folglich nicht in der Praxis erprobt werden konnten. Es zählt zu den unausweichlichen Charakteristika einer Innovation, dass der Nettoeffekt aller beabsichtigten und unbeabsichtigten Effekte im Vorhinein nicht bekannt sein kann, sondern erst im Verlauf ihrer Umsetzung offenbart wird. Da sich die unvermeidbare Unsicherheit somit erst mit der Schaffung vollendeter Tatsachen auflöst, ist es für etwaige notwendige Gegenmaßnahmen oder Korrekturen dann zu spät. Durch das Eingehen derartiger Modernisierungsrisiken tritt an die Stelle sicheren Wissens oder brauchbarer Erfahrungen der Glaube daran, dass die Vorteile der Neuerung am Ende sämtliche Nachteile (unter anderem Reboundeffekte) überwiegen.[11]

Konsum und
moderne Freiheit

Konsum bildet das zentrale Heiligtum der Moderne. Ohne Konsum keine Freiheit: Was nützt es, Adel und Klerus zu überwinden sowie ein umfängliches Programm der Aufklärung anzustrengen, wenn die damit errungene, formal verfasste Freiheit der Gebrauchsanweisung einer inhaltlosen Verpackung entspricht? Sich neuerdings zwar ungehindert, jedoch weiterhin nur vermittels eigener Arme, Beine und Gedanken entfalten zu können ist so wirkungslos wie ein Vehikel ohne Antrieb. Ein spürbarer Freiheitsunterschied zu autoritären Vorzeiten setzt die erforderlichen materiellen und technischen Mittel voraus. Das gilt auch für die Gegenwart: Nahezu alle Umbrüche der vergangenen Jahrzehnte, die sich vorgeblich gegen undemokratische Bevormundung wandten, mögen politisch-institutionell auf noch so unterschiedliche Weise geglückt oder verunglückt sein – die damit einhergehende Drift zur Übernahme des westlichen Konsumstils war stets dieselbe.

Die damals von DDR-Bürgern ersehnte und schließlich erlangte Reisefreiheit bedurfte nicht nur des Abbaus des Eisernen Vorhangs, sondern in erster Linie des Aufbaus hinreichend vieler TUI-Büros. Die Freiheit *von* etwas – etwa von politischer Unterdrückung – dürfte kaum jemanden motivieren, wenn die materielle Basis fehlt, um sie in erweiterte Handlungsspielräume zu übersetzen. Erst der nach oben offene Korridor einer Freiheit *für* etwas verkörpert modernen Fortschritt, insoweit dieser als individuelle Lebensverbesserung verstanden wird. Ein inhärenter oder immaterieller Wert von Freiheit bildete trotz anders tönender Parolen nie den Antrieb moderner Entwicklungen. Diese beginnen erst, wenn die Negativdefinition von Freiheit in eine Positivdefinition übergeht, sodass sich neue individuelle Steigerungs- und Entfaltungsperspektiven materialisieren können.

Über sich hinauswachsen zu können hängt weniger an formalen Freiheitsrechten als an ökonomischen und technologischen Verstärkern des eigenen Handelns. Genau diese manifestieren sich in der Logik des Konsums. Denn er ist es, der dazu verhilft, aus der physischen Begrenztheit des Jagens, Sammelns oder Selbermachens auszubrechen. Konsumieren heißt, sich Werte und Leistungen anzueignen, deren Herkunft und Ursprung außerhalb der eigenen Leistungsfähigkeit liegen. Konsum beruht darauf, dass die Entstehung und die Inanspruchnahme von Dingen zwei getrennte Sphären bilden. Damit wurde im Zuge der Industrialisierung, des Maschineneinsatzes und der räumlich entgrenzten, über Märkte vermittelten Arbeitsteilung eine neue Daseinsform erschaffen.

Wenn Versorgungsansprüche, die jemand erhebt, um seine Lebenssituation zu verbessern, nicht mehr an die eigene physische Leistung gekoppelt sind, fehlt ihnen jedes begrenzende Regulativ. Sie können sich beliebig verselbstständigen, mithin ungehindert wachsen. An die Stelle einer Legitimation, basierend auf eigener Leistung, tritt der frei flottierende Anspruch. Genau das ist es, was in der fortgeschrittenen, also industriellen Moderne unter Freiheit verstanden wird. Denn eine rein platonische Freiheit, die keiner wie auch immer gearteten Materialisierung bedürftig ist, wäre größtenteils auch unter feudalen und vorindustriellen Bedingungen möglich gewesen. Sie hätte weder Verteilungs- noch Machtverhältnisse tangiert.

Materielle Versorgung, die das eigene Leistungsvermögen überschreitet, lässt sich auf zweierlei Weise aneignen, nämlich durch Gewalt oder den Einsatz von Tauschmitteln; Letzteres basiert zumeist auf einem Geldsystem. Erste Konsumenten, die sich fremder Arbeitsresultate oder Ressourcen bemächtigen konnten, waren Adlige und feudale Herrscher. Sie bedienten sich der Sklavenhaltung, verlangten ihren Leibabhängigen Frondienste ab oder führten Kriege, um andere Länder zu berauben. Mit der Säkularisierung und Demokratisierung setzte (zusätzlich) eine moderne Form der Leistungsaneignung ein, verbunden mit industrieller Produktion und Marktwirtschaft. Davon profitierten während einer kurzen Übergangsphase, die Karl Marx prägnant beschrieben hatte, nur die Eigentümer von Produktionsmitteln, also weiterhin eine gesellschaftliche Minderheit. Aber spätestens mit einer erstarkenden Arbeiterbewegung und demokratischen Parlamentswahlen setzte die Entwicklung des Massenkonsums ein.

An die Stelle menschlicher Sklaven sind längst Energiesklaven getreten. Durch technisch aufgerüstete Produktionssysteme konnte die Arbeitsproduktivität fortwährend gesteigert werden. Dies beruht darauf, menschliche Verrichtungen unter hohem Energie- und sonstigen Ressourceneinsatz durch Automatisierungen zu verstärken oder zu ersetzen. Wenn der verringerte Bedarf an körperlichem Einsatz, der nötig ist, um ein bestimmtes Ausbringungsniveaus zu erzeugen, als gestiegene Arbeitsproduktivität bezeichnet wird, könnte dies zu dem Missverständnis verleiten, die am nunmehr ressourcenintensiveren Wertschöpfungsprozess weiterhin beteiligten Menschen würden mehr leisten als zuvor. Im Idealfall eines automatisierten und zunehmend digitalisierten Wertschöpfungsprozesses betätigen Arbeitnehmer aber bestenfalls Schalter oder lösen physische Vorgänge per Mausklick aus. Paradoxerweise beziehen sie dafür trotz geringerer eigener Beanspruchung zunehmend höhere Einkommen, die sich anschließend als Nachfrage für Produkte, Dienstleistungen und Mobilität materialisieren.

Verbrauch und Entstehung von Versorgungsleistungen werden durch die moderne Ökonomie also zunehmend physisch entkoppelt. Mit anderen Worten: Konsum befreit Menschen davon, materielle Ansprüche an die Begrenztheit der eigenen materiellen Leistungsfähigkeit anzupassen. Der Eintritt in das Konsumzeitalter sprengt damit jede Obergrenze für das, was Verbraucher begehren könnten. An die Stelle reziproker physischer (Gegen-)Leistungen treten symbolische oder kommunikative Handlungen, die mittels Geld, Sichtguthaben oder Bitcoins in Kaufkraftäquivalente übersetzt werden und zum Abruf materieller Güter berechtigen.

Gleichwohl wird simuliert, dass die Zuteilung der wachsenden Gütererzeugung auf Basis adäquater Gegenleistungen erfolgen würde. Diese gehen in einem amorphen Leistungsbegriff auf, der sich zunehmend von produktiver Arbeit entfernt. Graeber hat dieses Phänomen als »Bullshit-Jobs« beschrieben.[12] Leistungsinhalte, die sich in symbolische Verrichtungen hineininterpretieren lassen, können in etwa so unbegrenzt wachsen wie die menschliche Fantasie. Umgekehrt sind die als Gegenwert dafür beanspruchten Konsumgüter mit planetarischen Grenzen konfrontiert. Interessanterweise ist zeitgleich mit der physischen Entkernung menschlicher Arbeit die Güterausstattung der Haushalte auf immer höhere materielle Niveaus geklettert. Die moderne Lebensweise hat sich also keineswegs einem oft beschworenen und vorhergesagten »postmateriellen« Ideal angenähert. Das exakte Gegenteil ist der Fall. Entmaterialisiert haben sich die eigenen Leistungen, nicht aber der dafür in Anspruch genommene Wohlstand.

Die zunehmende Aufgabe materieller Reziprozität zwischen Anspruch und Gegenleistung offenbart sich als Dilemma der

Moderne. Einerseits wäre die Wohlstandsexplosion – und damit die essenzielle Grundvoraussetzung für das vorherrschende Freiheitsideal – niemals ohne die auf individueller Entgrenzung beruhende Konsumlogik möglich. Schließlich könnte die Alternative nur darin bestehen, in Selbstversorgung und Genügsamkeit zu verharren. Andererseits ist die technische und institutionelle Entfesselung beliebiger Ansprüche untrennbar mit der Verursachung sämtlicher Nachhaltigkeitsdefizite verbunden. Denn ohne die Kulturleistung, Menschen zu Konsumenten und Mitwirkenden an arbeitsteiligen Wertschöpfungsprozessen werden zu lassen, wären industrielle Produktion und das Gros aller technologischen Entwicklungen schlicht sinnlos. Was könnte also näherliegen, als alles Erdenkliche zu unternehmen, um den Konsummodus zu wahren und ihn gleichzeitig nachhaltig zu gestalten?

Konsum versus Suffizienz

Wie nachhaltiger Konsum zum
Moralsubstitut wurde

Erneuerungsprozesse, die auf ökologisch effizienten oder konsistenten Lösungen basieren, bestätigen das Konsumprinzip. Das Resultat sind optimierte Produkte und Dienstleistungen, die als nachhaltiger Ersatz für bisherige Güter angeboten werden. Diese Strategie beruht grundsätzlich nicht darauf, die Konsumnachfrage zu reduzieren, sondern nur in eine andere Richtung zu lenken. Dennoch kommt Nachfragern dabei eine neuralgische Rolle zu. Passivhäuser, Solarstrom, E-Mobile, nachhaltige Textilien, Bionade, das Fairphone oder andere Innovationen können trivialerweise keine Umweltentlastung bewirken, wenn sie sich nicht verbreiten, also auf hinreichende Nachfrage treffen. Der hierzu erforderliche Wandel auf der Konsumseite beschränkt sich allerdings darauf, die nötigen Informationen zu beschaffen und zu verarbeiten, sodann die entsprechende Entscheidung für nachhaltige Güter zu treffen, gegebenenfalls Nutzungsroutinen zu wandeln (wenn beispielsweise vom Eigentum am Pkw zum Carsharing übergegangen wird), nötigenfalls den Anbieter zu wechseln – manchmal reicht auch einfach der Griff in ein anderes Regalfach oder ein Mausklick – und schließlich das alternative Warenangebot zu finanzieren. Letzteres wird oft als zentrales Hindernis angesehen, zumal die Kosten- und Preisunterschiede zwischen konventionellen und nachhaltigen Gütern bisweilen beträchtlich ausfallen können.

Dennoch verzeichnen nachhaltige Konsumalternativen fortlaufend Umsatzsteigerungen, ganz gleich in welchen Bedarfsfeldern. Um diese Tendenz zu verstehen, bietet es sich an, auf eine von Priddat angeregte Unterscheidung zurückzugreifen zwischen einer kulturkritisch geprägten »älteren Moral«, die bis ins 20. Jahrhundert hinein anzutreffen war, und einem »neuen Moraldesign«.[13] Erstere habe darin bestanden, Handlungen ursachenadäquat zu unterbinden oder einzuschränken, die in ihren Konsequenzen nicht akzeptiert werden konnten. Verbote und restriktive Freiheitsregulierungen waren für vordemokratische Strukturen typisch und mögen insofern notwendig oder schlicht alternativlos gewesen sein, als es an technischen Möglichkeiten oder Ersatzlösungen mangelte, um die Folgen gesellschaftlich nicht hinnehmbarer Verhaltensweisen zu beseitigen. Gleichwohl existierten Ausnahmen von diesem ursachenadäquaten Prinzip: wenn die betreffende Person imstande war, Schäden zu begleichen, indem sie diese auf eine Weise kompensieren konnte, die als angemessen galt, also sich von Schuld freikaufen konnte. Dies betraf beispielsweise den mittelalterlichen Ablasshandel, durch den sich einschränkende Handlungsregulierungen jedoch nur sehr bedingt umgehen ließen.

Selbstredend ließ sich dieser restriktive Moralmodus im Zuge umfänglicher Modernisierungstendenzen kaum aufrechterhalten. Denn technische und ökonomische Fortschritte brachten Problemlösungen hervor, von denen sich erwarten ließ, dass sie als additives, zumal schmerzloses Therapeutikum für soziale und ökologische Wohlstandsfolgen hinreichend wirksam sein könnten, sodass unbequeme Restriktionen erspart bleiben konnten. Wäre beispielsweise der geregelte Dreiwegekatalysator nie verfügbar oder für Autofahrer nicht finanzierbar gewesen, wären Einschränkungen des motorisierten Individualverkehrs als einzig plausible Problemlösung verblieben. Kaum war diese Technologie ausgereift, verstummten alle Debatten über Geschwindigkeitsbeschränkungen oder autofreie Innenstädte. Durch einen technischen Appendix konnte die moralische Integrität des Autofahrens gewahrt werden.

Ähnlich bezweckt heute das CCS-Verfahren (Carbon Capture and Storage), die Kohleverstromung durch eine Abscheidung und sichere Verbringung des CO_2 weiterbetreiben zu können. Fotovoltaikanlagen sollen verhindern, dass Stromverbräuche reduziert werden müssen. Eine rückstandsfreie Kreislaufwirtschaft soll die Vermeidung von Einwegverpackungen ersparen. Mülltrennung und Energiesparbirnen auf Kreuzfahrtschiffen sollen deren Betrieb gegen kritische Einwände sichern. Der moderne Moralmodus ist dadurch geprägt, dass er keine Freiheiten unterbindet. Im Gegenteil: Infolge seines additiven Charakters lässt er sogar Handlungsspielräume und neue Verdienstmöglichkeiten entstehen, wie die »Energiewende« und andere »grüne« Branchen zeigen.

Weiterhin Tiere essen zu können, die nun aus artgerechter Haltung oder aus nachhaltig zertifizierter Marinewirtschaft stammen, sowie dieselbe Menge an Kaffee zu trinken, jedoch aus fairem Handel, setzt entsprechende Kaufkraft voraus. Für eine solche Fortschrittsdynamik, die von Anpassungszwängen und individuellen Handlungseinschränkungen befreit, fehlte in vormodernen Epochen nicht nur die technische, sondern auch die ökonomische Basis. Diese ist auch heute noch für manche Individuen nicht vorhanden. Kein Wunder, dass die politische Akzeptanz der »Energiewende« darauf baut, die Erzeugung von Ökostrom durch gigantische Quersubventionen zu stützen. Ähnliches gilt für die Förderprogramme der KfW-Bank zum klimaschonenden Bauen. Damit soll die Expansion des Wohnraums gegen ökologische Kritik geschützt werden, ohne den Nutznießern zuzumuten, die Kosten für die moralische Imprägnierung selbst tragen zu müssen. Auch die finanzielle Stützung der Elektromobilität folgt diesem Muster.

Das war Anfang der Siebzigerjahre vollkommen anders: Weil auf den ersten Ölpreisschock niemand technische Antworten parat hatte, konnte sogar eine demokratische Regierung Sonntagsfahrverbote verhängen, was heute undenkbar wäre. Mit der Erfindung technischer und ökonomischer Möglichkeiten, die dazu verhelfen sollen, negative Handlungsfolgen zu kompensieren, einzudämmen oder zu vermeiden, konnte die Überwindung des restriktiven Moralmodus nur eine Frage der Zeit sein, zumal er einer permanenten Steigerung individueller Freiheit zuwiderläuft.

Moderne und somit fortschrittliche Vorgehensweisen, die bezwecken, korrekt erscheinendes Handeln oder die Beseitigung moralischer Verwerfungen nicht durch Beschränkung, sondern umgekehrt durch eine Addition zusätzlicher Freiheiten zu ermöglichen, weisen einen weiteren Vorteil auf: Hohe Einkommen lassen sich damit einer sinnvollen Verwendung zuführen. Moralische Integrität, die sich kaufen lässt, verzeichnet eine atemberaubende Konjunktur. Die Vielfalt an entsprechenden Marktideen hat längst einen Diskurs über »moralischen Konsum« und die »Moralisierung der Märkte«[14] entfacht. Offenbar ist ein Bedarf an käuflichen Ausdrucksformen entstanden, durch die eine an Nachhaltigkeitsbelangen ausgerichtete Gesinnung kommuniziert werden kann. Dies hat eine zusätzliche Steigerungsdimension für Konsumfunktionen und damit korrespondierende Geschäftsfelder entstehen lassen.

Dabei werden nicht nur moralisch verfeinerte Varianten bisheriger Konsumobjekte kreiert, sondern auch Moralzusätze oder -komponenten, die sich einem unveränderten Handlungsmuster oder Objekt hinzufügen lassen. Hier können zwei

Kategorien unterschieden werden: Zum einen lassen sich Güter durch materielle Additionen aufwerten, wie zuvor erwähnt. Inzwischen existiert (mindestens) eine Fluglinie, die ihren Passagieren vegane Mahlzeiten anbietet. Zum anderen können kompensatorische Zahlungen geleistet werden, wie etwa durch »atmosfair«, Spenden für wohltätige Zwecke oder ethisch orientierte Kapitalanlagen. Sich von der Verantwortung für einen nachhaltigkeitsdefizitären Lebensstil durch Substitution und Kompensation freikaufen zu können, die betreffenden Handlungen also gegen den Imperativ einer (reduktiven) Anpassung zu immunisieren, mag insofern fortschrittlich anmuten, als dafür technische und institutionelle Innovationen vonnöten sind. So wird eine auf Ausdehnung und Innovationsdruck gründende Ökonomie zum »Moralsubstitut«[15]: »Was fehlt, muss *hergestellt,* nicht von dem abgezogen werden, was schon hergestellt ist.«[16] So modern ist diese Strategie aber nicht: Der mittelalterliche Ablasshandel gründete darauf, dass es attraktiver ist, sich von Schuld freizukaufen, statt die dafür ursächlichen Handlungen zu unterlassen.

Ein Gedankenexperiment: Angenommen, das Gros aller nachhaltigen Produkte, Dienstleistungen, Technologien und punktuellen Projektaktivitäten würde von jenen Bevölkerungsteilen nachgefragt beziehungsweise ausgeführt, die aufgrund ihres hohen Bildungsniveaus ein überdurchschnittliches Umweltbewusstsein aufweisen. Außer Frage stehen dürfte, dass gerade gebildete Menschen überdurchschnittliche Einkommen beziehen und zu einer mobilen, zunehmend kosmopolitischen und technikaffinen Lebensführung tendieren, deshalb auch einen vergleichsweise hohen ökologischen Fußabdruck hinterlassen. Nicht auszuschließen wäre somit, dass Konsumakte mit einer auffälligen Nachhaltigkeitssymbolik primär dazu dienen, als additives Therapeutikum das Gewissen derjenigen zu beruhigen, die sich einen ökologisch ruinösen Lebensstil

leisten, eventuell sogar ihre Einkommensquelle darauf gründen – aber aufgrund ihres überdurchschnittlichen Umweltbe-
wusstseins unter kognitiver Dissonanz leiden. Diese symbolische Kompensation hätte eine fatale Konsequenz: Je mehr
nachhaltige Konsumoptionen verfügbar sind, desto mehr ökologisch ruinöse Handlungen lassen sich damit aufwiegen. Dann
wäre nachhaltiger Konsum nicht mehr Teil der Lösung, sondern des Problems.

Insgesamt lässt sich der Aufstieg des nachhaltigen Konsums
insbesondere auf vier Tendenzen zurückführen: (1) gestiegene
Freiheitsansprüche, (2) Zuwächse an durchschnittlicher Kaufkraft, (3) Vertrauen in die Fortschritts- und Innovationsdyna-
mik als Quelle für nachhaltige Substitute und Kompensations-
lösungen sowie (4) ein wachsender Bedarf an moralischer An-
sehnlichkeit des eigenen Daseins.

Suffizienz –
eine Kunst der Unterlassung und Verneinung

Die vorangegangenen Ausführungen sollten verdeutlichen,
was Suffizienz gerade nicht sein kann, nämlich nachhaltiger,
ökologisch oder moralisch optimierter Konsum. Andernfalls
ließe sie sich nicht von den beiden anderen Nachhaltigkeitsprinzipien abgrenzen und könnte als eigenständiger Begriff
fallen gelassen werden. Suffizienz ist keine nahe Verwandte
des nachhaltigen Konsums, sondern deren Widerpart. Sie verkörpert den Nichtkonsum. Suffizienz mag unterschiedlichste
Erscheinungsformen annehmen, aber eines ist sie ganz sicher
nicht, nämlich innovativ oder fortschrittlich. Sie erweist sich
als geradezu unmodern, denn kongruent definieren lässt sie
sich nur, indem sie als Reduktions-, Begrenzungs- und Vernei-
nungsprinzip verstanden wird. Suffizienz verkörpert und kon-

kretisiert die Einsicht, dass eine nachhaltige Entwicklung, die diesen Namen verdient, nicht in einer Kunst des zusätzlichen Bewirkens – ganz gleich ob technologisch oder institutionell –, sondern in der gezielten und ersatzlosen Unterlassung besteht, die auf drei Ebenen greift:

1. *Selbstbegrenzung* eines erreichten Versorgungsniveaus, obwohl Optionen auf dessen quantitative oder qualitative Steigerungen vorhanden und finanzierbar wären: beispielsweise eine individuelle Bekleidungsausstattung zu begrenzen, indem weitere Anschaffungen nur dann stattfinden, wenn eines der bislang genutzten Objekte infolge von Schäden ersetzt werden muss, sodass der Bestand an verfügbaren Konsumoptionen erhalten, aber nicht erweitert wird.

2. *Reduktion* eines bestimmten Anspruchsniveaus, ohne die betreffende Aktivität gänzlich zu tilgen: beispielsweise anstatt wie bisher zweimal nur einmal pro Jahr eine Urlaubsreise anzutreten oder die pro Jahr konsumierte Fleischmenge zu halbieren.

3. *Vollständige Entsagung* einer Option: beispielsweise grundsätzlich kein Fleisch zu essen, niemals zu fliegen, kein Smartphone oder kein Auto zu nutzen.

Suffizienz vermeidet die chronische Additionslastigkeit, mit der Nachhaltigkeitsdefizite im Kontext des »grünen« Wachstums, basierend auf Effizienz oder Konsistenz, verarbeitet werden. Sie dringt insofern bis zu den Ursachen vor, als sie sich nicht unter den Vorbehalt stellen lässt, dass unverantwortbare Handlungsmuster und Objekte erst dann aufzugeben seien, wenn für sie ein aus Sicht der betroffenen Akteure und Schadensverursacher adäquater Ersatz geschaffen worden ist. Insoweit dies im Falle von Flugreisen, SUVs, Kreuzfahrten, Einfamilienhäusern, Smartphones etc. schlicht unmöglich ist, müsste der Transformationsimperativ unweigerlich an diesem Vorbehalt scheitern.

Als Prinzip einer ersatzlosen Unterlassung stellt sich Suffizienz gegen eine Innovationsorientierung, die jede Verantwortung bequem an die Abteilung für nachhaltige Ersatzlösungen delegiert. Sie verneint nicht nur die Rechtmäßigkeit, sondern auch den Sinn einer schleichenden Explosion von Mobilitäts-, Konsum- und Bequemlichkeitsansprüchen. Gründe für die Notwendigkeit einer Wende zur Suffizienz finden sich auf diversen Ebenen, von denen hier vier genannt werden sollen:

~ *Verantwortung:* Die ökologisch entlastende Wirkung eines nachhaltigen Konsums hängt kritisch davon ab, dass eine Entkopplung unverminderter Wohlstandsansprüche von Umweltschäden möglich ist. Genau dieses Unterfangen hätte nicht spektakulärer scheitern können, und zwar auf zusehends höheren Schadensniveaus. Dies lässt keine andere logische Schlussfolgerung zu, als dass Reduktion, Selbstbegrenzung oder gegebenenfalls die vollständige Unterlassung ökologisch relevanter Aktivitäten den einzigen Ausweg bieten.

~ *Legitimität:* Der immens gewachsene materielle Wohlstand wirft die Frage nach der Berechtigung seiner Inanspruchnahme auf. Wurde er von seinen Nutznießern »verdient«, »erarbeitet«, also durch adäquate Gegenleistungen erwirtschaftet? Der Mythos des mit eigener Anstrengung erschaffenen Wohlstandes lässt sich leicht entkräften. Tatsächlich ist er nichts anderes als das Resultat einer räumlichen, physischen und zeitlichen Entgrenzung menschlicher Ansprüche.[17]

~ *Resilienz:* Die mit der Globalisierung, Technisierung und industriellen Expansion gleichermaßen gewachsene Fragilität der darauf basierenden Versorgungsmuster weitet sich zu einem neuen Stressphänomen aus. Krisenängste und zunehmender Kontrollverlust wirken sich negativ auf das Vertrauen in die Fortsetzbarkeit einer entgrenzten Ökonomie aus, die keine kulturelle Identität und soziale Sicherheit mehr gewährleistet. Eine Milderung dieses Zustandes ist ohne nachfrageseitige Anspruchsnivellierungen nicht erreichbar.

~ *Sinnhaftigkeit*: Die epochale, das moderne Geschehen prägende Wohlstandsformel, die darauf beruht, dass technische und ökonomische Steigerungen höhere Entwicklungsstufen des menschlichen Daseins – zumeist assoziiert mit Glück, Zufriedenheit, Freiheit etc. – erwirken, hat sich nicht nur überlebt, sondern droht sich teilweise umzukehren.

Suffizienz beschränkt sich dabei nicht auf individuelle Mobilitäts- und Konsummuster. Sie wendet sich darüber hinaus gegen weitere Modernisierungstendenzen, von denen zwei besonders prägnant sind, nämlich erstens das unkontrollierbar gewordene, somit an struktureller Unverantwortbarkeit krankende technisch-industrielle Versorgungssystem[18] und zweitens die räumliche Entgrenzung zeitgenössischer Ökonomien, also den globalen Austausch.[19] Darauf soll an dieser Stelle allerdings nicht weiter eingegangen werden.

Ein grassierendes
Sinnvakuum

Zeitknappheit als modernes Schicksal

Dramatische Zeitknappheit schält sich als Fluchtpunkt einer modernen Epoche heraus, die trotz ihres Versprechens, Menschen von jeglicher Bedrängnis und Fremdbestimmung zu befreien, nun ihrerseits immer schicksalhafter geworden ist. Nicht wahrhaben zu wollen, dass eine Beschleunigung aller Wohlstandsverabreichungen irgendwann eskalieren, nämlich dem originären emanzipatorischen Anspruch zuwiderlaufen wird, erweist sich indes als äußerst zeitgemäß. In fortschrittsgläubiger Verkennung anthropologischer Unabänderlichkeiten werden Individuen wie gefäßartige Gebilde oder leicht erweiterbare Speichermedien betrachtet, die sich beliebig auffüllen beziehungsweise optimal formatieren lassen. Analog zur Tabula-rasa-Hypothese,[20] der zufolge Menschen wie ein unbeschriebenes Blatt durch Bildung und Sozialisation beliebig geformt und konditioniert werden können, scheint die moderne Wachstumsdoktrin vorauszusetzen, Homo sapiens seien grundsätzlich befähigt, jegliche Technik- und Wohlstandssteigerungen kognitiv und kulturell so zu verarbeiten, dass ihnen damit stetig höhere Ebenen der Lebensqualität zugänglich würden.

Andererseits wird die nie da gewesene Beschleunigung aller innerhalb des modernen Daseins relevanten Vorgänge durchaus kritisch diskutiert. Die Rede ist von »Überforderung«,[21] »Erschöpfung«[22] oder »Ermüdung«[23] angesichts einer steigenden Geschwindigkeit, mit der neue Optionen, zugleich aber auch neue Herausforderungen in Erscheinung treten. Dennoch reproduziert das Gros der Reaktionen einen unverhohlenen Fortschrittsfatalismus. Technische, zumal digitale Innovationen – also die Hauptverursacher des Beschleunigungssyndroms – seien ohnehin nicht zu verhindern. Deshalb bestünde nur die Option, sie zum Nutzen aller zu gestalten. Würden ihre Effizienzeigenschaften nicht schnell genug zugunsten eigener ökonomischer Vorteile genutzt, geschähe dies unweigerlich anderswo, sodass die internationale Konkurrenzfähigkeit einer kurzsichtigen Innovationsfeindlichkeit zum Opfer fiele. Natürlich gelte es dabei, die Chancen säuberlich von allen Risiken abzutrennen. Deshalb seien Bildung und Politik gefordert, die Gesellschaft durch entsprechende Rahmenbedingungen oder Fördermaßnahmen für die nächste Fortschrittswelle zu ertüchtigen.

Die digital beschleunigten Lebensumstände sollen somit nicht nur ertragen, sondern im Sinne einer Flucht nach vorn vorteilhaft genutzt werden können. Dazu muss der Mensch mit seiner sich immer schneller wandelnden Umgebung in immer kürzeren Zeitabständen synchronisiert, also mit entsprechend schnellen technischen Hilfsmitteln ausgestattet werden, um die andernfalls nicht Schritt haltende Aufnahme- und Verarbeitungskapazität aufzurüsten. Dies kann nur auf eine Verdichtung der pro Zeiteinheit zugänglichen Objekte, Orte, Erlebnisse und Informationen hinauslaufen und setzt voraus, Individuen wie Objekte zu betrachten, die sich technisch-physisch beliebig erweitern und optimieren lassen. Damit verschwimmen die Grenzen zwischen Mensch und Maschine.

Kein Wunder also, dass sich die Überschätzung der menschlichen Stressresistenz und Aufnahmefähigkeit auf dieselben technologischen Paradigmen stützt, die für das Beschleunigungssyndrom und die massive Komplexitätsanreicherung überhaupt ursächlich sind: Schnellere, vor allem leistungsfähigere digitale Endgeräte, das 5G-Netz, lebenserleichternde Robotik, autonomer Individualverkehr, technische Assistenzsysteme, ein Internet der Dinge sowie der Ausbau aller Verkehrsinfrastrukturen würden menschliche Aktionsspielräume potenzieren, heißt es. Automatisierungen würden von lästigen, zeitraubenden Verrichtungen befreien und somit Freiräume für zusätzliche Handlungsoptionen schaffen. Der technisch und digital verstärkte Mensch erreiche schneller alle beliebigen Ziele und erweise sich als effektiver in der Aneignung von Objekten und Impulsen.

Der aktuelle Zustand ließe sich als Wettlauf zweier sich gegenseitig verstärkender Bewegungen charakterisieren: Um mit der Beschleunigung aller Vorgänge Schritt zu halten, soll der Mensch selbst beschleunigt werden. Die von Virilio geprägte Formel vom »rasenden Stillstand«[24] fängt diese Absurdität trefflich ein: Das drohende Ungemach einer von außen aufoktroyierten, schicksalhaft wahrgenommenen Beschleunigung soll durch eine gleichgerichtete Beschleunigung der damit Konfrontierten gemeistert werden.

Dabei wird übersehen: Die Geschwindigkeit, mit der menschliche Sinnesorgane und psychische Ressourcen Reize verarbeiten können, ist schlicht begrenzt. Dieser Engpass lässt sich auch durch digitale Hilfsmittel nicht überwinden. Erforderlich wäre somit ein »menschliches Multitasking«. Allerdings entpuppt sich die Möglichkeit, diverse Handlungen nebeneinander zielgerichtet zu verrichten, als Illusion. Die Neurobiologie hat einschlägig begründet, dass sich Homo sapiens maximal auf zwei Aktivitäten simultan konzentrieren können.[25] Aber wenn es zu den Unabänderlichkeiten des Menschseins zählt, Informationen, Reize und Dinge erstens nur sequenziell und zweitens mit begrenzter Geschwindigkeit behandeln zu können, folgen zwei Konsequenzen, die sich nicht hintergehen lassen:

1. Je mehr Handlungsmöglichkeiten Menschen in Anspruch nehmen, desto unausweichlicher ist Zeitknappheit.
2. Es existiert notwendigerweise eine Obergrenze für die Quantität von Gütern und Erlebnissen, die zur Steigerung menschlicher Lebensqualität führen können.

Zeitökonomische Grenzen

Der expansive Charakter moderner Freiheitsauslegungen wird einer gewandelten Realität nicht mehr gerecht. Frühe Phasen der Moderne waren nicht nur von materieller Knappheit, sondern auch von einer noch nicht ausgeschöpften menschlichen Aufnahmekapazität für zusätzliche Optionen konsumtiver Selbststeigerung geprägt. Dieses Zweigestirn aus Haben-Wollen und Verarbeiten-Können war der Motor einer Ausdehnungsbewegung, die folgerichtig mit Freiheitsgewinnen gleichgesetzt werden konnte. Inzwischen zeichnet sich jedoch eine kaum mehr zu bewältigende Überladung ab. Wesentliche Dimensionen menschlicher Existenz sind okkupiert und vollgepfropft: die Ökosphäre, die Landschaften, die Städte, die Häuser, die Terminkalender, die Freizeit, die Mobilität, die Bildung, die Vorsorge, das Portfolio beruflicher Entfaltung, die digitalen Kommunikationskanäle inklusiver neuer sozialer Netze, die bis in die letzten Nischen des Alltags reichen.

Alles ist verdrahtet, an jedem Ort und zu jeder Zeit günstig erhältlich. Deshalb ist modernes Leben so komfortabel – und doch zugleich so schwer. Denn zwei einander verstärkende Mechanismen konterkarieren das Glücksversprechen einer unbeschränkten Möglichkeitsvermehrung: Erstens macht sich Erschöpfung infolge des Abarbeitens einer kaum zu bewältigenden Ereignis- und Optionendichte breit,[26] die sich zweitens mit grassierender Substanzleere paart, weil die einzelnen Optionen nur noch flüchtig »angetriggert« werden können. Denn Überfluss und Vielfalt an Möglichkeiten, die alle erschlossen werden wollen, führen in eine unerträgliche Leichtigkeit – zutreffender: Seichtigkeit – des Seins.

Damit Konsumaktivitäten nutzen- oder sinnstiftend sein können, muss ihnen ein Minimum an Aufmerksamkeit gewidmet werden. Aber das Angebot an Optionen explodiert geradezu, während der Tag nach wie vor nur 24 Stunden hat. Folglich verschärft sich die Verwendungskonkurrenz um die nicht vermehrbare Ressource Zeit, zumal sie sich auf eine immer größere Anzahl von Konsumobjekten verteilt. Jedem einzelnen davon wird durchschnittlich ein zusehends geringeres Quantum an Aufmerksamkeit zuteil. Damit wird der minimal erforderliche Zeitaufwand, ohne den konsumtive Optionen nicht ausgeschöpft werden können, zum limitierenden Faktor.[27]

Wenn immer mehr Handlungsoptionen, Informationsverarbeitung und Entscheidungsbedarfe auf ein nicht vermehrbares Potenzial an Aufmerksamkeit treffen, nimmt der Konsumwohlstand zwar rechnerisch zu, aber seine positive Wirkung bleibt nicht nur auf der Stecke, sondern kann sich sogar umkehren. An die Stelle lustvoller Ausschöpfung tritt das buchstäblich oberflächlichste Prinzip einer Aneignung, nämlich reines Gleiten und Surfen auf einem Ozean der Möglichkeiten, in den an keiner Stelle mehr eingetaucht werden kann. Für das zur Kontemplation nötige Verweilen fehlt es an Zeit, weil der Drang, möglichst nichts auszulassen, eine entsprechend hohe Geschwindigkeit verlangt, mit der sofort zum nächsten Ereignis davongeeilt wird. Dabei sitzt immer die Angst im Nacken, etwas anderes zu verpassen, sollte die Verweildauer an einem Punkt innerhalb des multioptionalen Koordinatensystems zu lang werden.

Folglich gerät die Balance zwischen horizontaler Vorwärtsbewegung und vertikaler Vertiefung aus den Fugen. Mit anderen Worten: Die ungebremste quantitative und intensitätsmäßige Steigerung menschlicher Möglichkeiten wirkt sich zulasten ihrer qualitativen Ausschöpfung aus. Diese Beschleunigungsdynamik mündet irgendwann in ein Stadium ein, in dem Konsum-, Mobilitäts- und Erlebnissteigerungen nur noch den Charakter eines Beweisfotos haben, um zu signalisieren: »Das gehört mir.« »Das habe ich erlebt.« »Dort bin ich gewesen.« »Mit dem/der habe ich mich getroffen.« »Das habe ich ausgewählt.« »Das zeichnet mich aus.« Derartige Zuschreibungen können dazu dienen, eine soziale Position zu markieren und im Vergleich zu anderen zu behaupten.

Nicht selten verbergen sich dahinter die defensiven Zuckungen einer Furcht davor, gegenüber jenen zurückzufallen, die mehr Beute vorweisen können. Das Resultat ist eine Anhäufung von Wohlstandstrophäen, deren Zweck nur noch darin besteht, sich ihrer Existenz zu vergewissern. Selbst das Erinnerungsvermögen in Bezug auf vergangene Genüsse wird infolge eines Dammbruchs der vielen bunten Möglichkeiten überflutet. Wenn Konsum zum flüchtigen Überkonsum degeneriert, kehrt sich die durch ihn angestrebte Wirkung ins direkte Gegenteil um. Das beschrieb bereits Fromm, als er auf den damit drohenden Verlust von Identität und Individualität hinwies.[28] Orientierungslosigkeit und Langeweile könnten derart überhandnehmen, dass als Konsequenz selbst psychosoziale Störungen nicht auszuschließen seien.

Die Geschichte des ökonomischen Fortschritts lässt sich eben auch anders erzählen: An deren Anfang stand die Befreiung von Unmündigkeit, Knappheit und Not, dann wuchsen

Überfluss und zunehmend grenzenlose Selbstverwirklichung, irgendwann wurde die Zeit zum Engpassfaktor, und eine Konsumverstopfung leitete zum Burn-out über. Am Ende mauserte sich die Depression zur Zivilisationskrankheit Nummer eins – nicht zufällig in prosperierenden Wohlstandsgesellschaften. Während des letzten Jahrzehnts hat sich die Anzahl der Antidepressivaverschreibungen in Deutschland verdoppelt.[29]

Das Paradox sinkender Zumutungen

Eine andere Konsequenz hochverdichteter Lebensstile besteht im Verlust von Selbstwirksamkeit. Wenn alles in vorgefertigter Form abgerufen wird, bleibt kein Raum für eigene Gestaltung. Getilgt wird das Erfolgserlebnis, ein Konsumobjekt eigenhändig erschlossen zu haben – und sei es nur durch den eingeübten Umgang, die mühsam erlangte Sachkenntnis oder die Mitwirkung am Zustandekommen eines Ergebnisses. Der Komfort, alles jederzeit mühelos serviert zu bekommen und umstandslos wieder fallen lassen zu können, um sich frei von jeglicher Verantwortung für den Verbleib oder die Nachsorge sofort dem Neuen zuwenden zu können, hat mehr als nur einen ökologischen Preis. Denn unterminiert wird damit das Potenzial, angeeignete Dinge mit den materialisierten Symbolen eigener Identität zu versehen. Dazu zählen Spuren der Instandhaltung; eigenhändig vorgenommene Veränderungen sowie Reparaturen; sichtbarer Verschleiß, der auf Erlebnisse oder eine Geschichte des Besitzers verweist; Patina als Ausdruck von Reife und als Verweis auf Vornutzer, zu denen Assoziationen geweckt werden.[30]

Ebenfalls verlernt wird, die angeeigneten Objekte instrumentell zu verwenden, um sich daran durch eigene Übung zu verwirklichen, ganz gleich ob auf Basis von manuellem Handwerkszeug, nicht elektrifizierter Nähmaschine oder per Fahrrad, Angelrute, Segelboot oder Musikinstrument. Derartige Artefakte stimulieren Prozesse, die eine körperliche und materielle Dimension aufweisen. Nötig ist dazu Übung, die weder an jemanden delegiert noch automatisiert werden kann. Solchermaßen interaktive Objekte korrespondierenden mit einem Design, welches auf »Polytechnik«,[31] »mittlere«[32] oder »konviviale«[33] Technologien verweist. Gebrauchsgegenstände wären demnach lediglich Hilfsmittel oder maßvolle Verstärker eigenständigen Schaffens. Manuelle Verrichtungen würden nicht durch äußere Energie- und anderweitige Ressourcenzufuhr ersetzt, sondern vom Nutzer eigenhändig ausgeführt und perfektioniert – nicht zuletzt um der Erlangung persönlicher Souveränität willen.

Was demgegenüber in einer überfrachteten Konsumumgebung an eigener Kompetenz übrig bleibt, ist nichts als müheloses Dahingleiten auf uniformierten Benutzeroberflächen, so als sei das erfüllte Leben gleichbedeutend mit einem allgegenwärtigen Touchscreen. »Lebenserleichternde« Automatisierung befreit von der Notwendigkeit, etwas Substanzielles zu können. So wird eine Virtuosität des Nichtkönnens kultiviert. Sie fokussiert darauf, Ansprüche zu erfinden, zu differenzieren, zu strukturieren und deren Erfüllung mit nur minimalem eigenen Einsatz auszulösen. Die Kuriositäten eines derartigen Megaprogramms der individuellen Verkümmerung lassen sich überall besichtigen. Wenn das Recht auf Hilflosigkeit als gesellschaftlicher Fortschritt zelebriert wird, erzwingt die innere Verödung umso mehr äußeres Wachstum an Leistungszufuhr – mit allen stofflichen Anhängen, versteht sich. Heerscharen global umherirrender Versorgungsfälle ziehen nicht nur den obligatorischen Rollkoffer, versehen mit trophäenartigen Airline-Banderolen, hinter sich her, sondern auch eine zunehmend ruinöse Produktionskette. Und wehe, sie reißt irgendwo.

Wie psychisch belastbar sind die Insassen einer derartigen Bequemokratie? Wenn der Flieger ausfällt, die Tankstelle den Benzinpreis erhöht, das Handy keine Verbindung hat, der Supermarkt geschlossen ist, dem Kaffee das Verwöhnaroma fehlt oder die Haushaltshilfe den Gehweg nicht gefegt hat, ist der Spaß vorbei. Inmitten organisierter Hilflosigkeit verlieren Konsumhypochonder schnell die Fassung. Jede Lücke oder Verzögerung innerhalb einer Rundumversorgung, die sich als Normalzustand etabliert hat, wird lautstark als Zumutung beschimpft. Denn diese ist nichts weniger als der Antichrist moderner Fortschrittsverheißungen.

Jedoch strandet der Imperativ beständiger Zumutbarkeitssenkungen in einer Paradoxie: Das Zusammenspiel aus technologischer und ökonomischer Entwicklung, durch die jedes Mühsal ausgerottet werden soll, senkt zugleich die Toleranzgrenzen der davon Profierenden. Der Bequemlichkeitsfortschritt verändert zugleich die Maßstäbe und Empfindungen für das, was als normal oder unzumutbar wahrgenommen wird. Situationen, die vormals akzeptiert wurden, erscheinen nunmehr unerträglich. Deshalb ist die Gewöhnung an behagliche, aber umso komplexere und störanfälligere Umgebungen keine Glücksgarantie, sondern eine Zeitbombe. Nicht erst wenn die technisch und logistisch aufgerüstete Fremdversorgung mangels Ressourcenzufuhr strauchelt, sondern bereits dann, wenn die bloße Angst davor wächst, droht ein emotionales Desaster. Je höher das Komfortniveau, umso schmerzhafter der Absturz, wenn Finanz- und Ressourcenkrisen oder andere Störereignisse das Kartenhaus einstürzen lassen.

Verstärkt wird die neue Schicksalsabhängigkeit, indem das hochtechnisierte, auf globalisierter und kapitalintensiver Spezialisierung beruhende Wohlstandsmodell nicht ohne Wachstum des Bruttoinlandsproduktes zu stabilisieren ist.[34] Zu der grassierenden Verletzlichkeit gesellt sich ein Realitätsverlust, den der »entgrenzte Mensch«[35] inmitten seiner vermeintlich fortschrittlichen Existenz erleidet. Wer sich nicht mehr an Grenzen, die den unbändigen Steigerungsdrang wenigstens punktuell regulieren, bewähren oder abarbeiten muss, sondern deren vollständige Auflösung als legitimes Mittel der Selbstdurchsetzung erachtet, verliert jeden Bezug zu den physischen Limitationen der Mitwelt.

Angst essen (ökologische) Seele auf

Kumulierter Wohlstand, ganz gleich ob in Form von Geld, materiellen Gütern oder komfortablen Versorgungssystemen, verbindet sich mit modernen Angstphänomenen zu einem *circulus virtuosus*. Je höher die erklommene Sprosse der Wohlstandsleiter ist, umso tiefer wäre der (soziale) Fall, wenn die monetären Einkommensquellen versiegen. Angesichts des Demonstrationseffektes konsumtiver Handlungen – »sag mir welches Auto du fährst, welche Smartphone-Marke du hast, und ich sage dir, wer du bist« – speisen sich Verlustaversionen nicht allein daraus, mit verringertem Komfort überfordert zu sein, sondern mehr noch aus drohenden Schamgefühlen.[36] Die Angst, das einmal erreichte identitätsstiftende Anerkennungsniveau nicht mehr halten zu können, kann zum ständigen Wegbegleiter werden. Mit dem Aufstieg wächst deshalb die soziale Abstiegsangst. Nicht das schreckliche V-Wort, also der Verzicht als solcher, sondern die ihm vorauseilende Verzichts*angst* torpediert die Zufriedenheit mit dem Erreichten. Der Stress, eine hohe Position mit entsprechend hohem Aufwand sichern zu müssen, überschattet die Komfortzone.

Das Vertrauen in einen grünen Fortschritt, der zu einer Mischung aus Durchhalteparole und Gewissensberuhigung geworden ist, hat nicht nur dazu geführt, dass überfällige Anspruchsrücknahmen lange aufgeschoben wurden, sondern dass sich während der vergangenen drei Jahrzehnte stetig ruinösere Mobilitäts- und Konsumpraktiken etablieren konnten. Die Versäumnisse an Selbstbegrenzung haben das, was nun um der Überlebensfähigkeit der Spezies Mensch willen dringend zu reduzieren wäre, in schwindelerregende Höhe getrieben. So wurde eine Drohkulisse aufgetürmt, die an das Dilemma einer unerledigten Aufgabe erinnert, die mit jedem weiteren Aufschub nur noch größer, aber dadurch umso abschreckender wird. Dies mündet in eine sich selbst verstärkende Rückkoppelung, weil mit ihrer Dringlichkeit gerade nicht die Wahrscheinlichkeit ihrer Erledigung steigt, sondern sogar sinken kann – bis zur Eskalation. Auch in der Medizin ist dieses Phänomen bekannt: Je länger mit einer notwendigen Kariesbehandlung gewartet wird, umso größer ist die Angst vor dem, was nun droht, wenn der wieder und wieder aufgeschobene Zahnarztbesuch schließlich doch erfolgt. Und mit der daraus resultierenden Angst wächst wiederum der Drang, abermals einen Grund für die weitere Verschiebung zu finden.

Auch Abhängigkeit erzeugt Ängste. Deren Verarbeitung lässt grundsätzlich zwei Wege zu, was sich am Beispiel der fatalen Bindung an eine billige und störungsfreie Erdölbelieferung zeigen lässt. Eine ursachenadäquate Option bestünde darin, die Abhängigkeit langfristig durch eine Anspruchsmäßigung zu senken. Alternativ dazu ließen sich durch militärische Interventionen sowie technische Innovationen – etwa Fracking oder die »Energiewende« – weitere Ressourcenquellen erschließen, was einer aggressiven Vorwärtsverteidigung energieintensiver Lebensstile dient. Angesichts ihres angstmindernden Potenzials dürfte diese Strategie insofern attraktiver sein, als sie *kurzfristig* zwei »Grundformen der Angst«,[37] nämlich die der »Notwendigkeit« und die der »Veränderung«, zu mildern vermag – wohlgemerkt kurzfristig, denn *langfristig*

werden Abhängigkeiten, Sicherheitsbedürfnisse und Gegenre-
aktionen nur gesteigert.

Ängste, die mit dem Wohlstand wachsen, rufen nach The-
rapie oder zumindest emotionaler Kompensation. Es ist allzu
naheliegend, auch diesen Bedarf systemkonform zu befriedigen, nämlich durch eine noch höhere Erlebnis- und Konsum-
dichte, die von allen Befürchtungen kurzfristig ablenkt, wenngleich sie diese langfristig nur verschärft. Deshalb markieren
prägnante Reduktionen der Aktivitäts- und Konsumniveaus
auch vor diesem Hintergrund den einzigen Ausweg. Aber wie
lässt sich Suffizienz motivieren und jenseits dumpfer Ver-
zichtsappelle begründen?

Suffizienz und zeitökonomische Rationalität

Die im Folgenden skizzierte zeitökonomische Theorie der Suffizienz gründet auf einem simplen, bereits beschriebenen Sachverhalt: Damit Konsumaktivitäten überhaupt Nutzen stiften können, muss ihnen ein Minimum an eigener Zeit gewidmet werden. Aber eigene Zeit ist eine knappe, nicht vermehrbare Ressource. Die individuelle Überladung mit Produkten, Services und Events kann eine kritische Grenze erreichen, denn wenn die pro Aktivität verfügbare Zeit unter ein bestimmtes Minimum zu fallen droht, ergibt sich eine unvermeidliche Konsequenz: Das »Viel-Haben tritt in Widerspruch zum Gut-Leben«.[38] Somit bildet die Aufteilung des verfügbaren Zeitbudgets ein unvermeidbares Entscheidungsproblem.

Relevant ist dabei eine individuelle Zeitrestriktion, weil für konsumtive Zwecke nur verfügbar sein kann, was von der Tages-, Jahres- oder Lebensspanne nach Subtraktion anderer, kaum vermeidbarer Zeitverwendungen übrig bleibt. Bei Letzteren handelt es sich um (1) Einkommenserwerb, (2) Produktion und Nutzung marktfreier Güter (Ehrenamt, politisches Engagement), (3) Kommunikation und Beziehungspflege, (4) Nahrungsaufnahme, (5) Intimsphäre (Schlafen, Körperpflege etc.) und (6) Reproduktionsarbeit wie Kindererziehung, Wohnung in Ordnung halten, Abfallentsorgung, Arztbesuche, körperliche Ertüchtigung, Wäsche, Behördengänge, Abwicklung von Zahlungen und Bankgeschäften, Umgang mit Versicherungen und rechtlichen Fragen. Das dann noch verfügbare knappe Quantum an Konsumzeit – es dürfte nach Abzug der obigen Zeitverwendungen im Tagesdurchschnitt nur wenige Stunden umfassen – erstreckt sich auf einen *fixen* und einen *variablen* Teil.

Fixe Konsumzeit

Die *fixe Konsumzeit* dient allen Vorkehrungen, die zu treffen sind, damit Konsumhandlungen überhaupt ausgeführt werden können. Schließlich tritt die nutzen- oder sinnstiftende Wirkung eines Konsumereignisses nicht voraussetzungslos ein. Zu den Vorbedingungen zählt unter anderem die Informationsbeschaffung zwecks Vergleich und Auswahl verschiedener Angebote, die Kaufentscheidung, die Abwicklung des Kaufs sowie gegebenenfalls eine Installation und Einarbeitung in die Bedienung und Nutzung. Die nötigen Vorbereitungen einer Konsumpraktik reichen also weit über dessen bloße Finanzierung hinaus, auf die sich wirtschafts- und teilweise auch sonstige sozialwissenschaftliche Analysen des Nachfrageverhaltens nahezu ausschließlich konzentrieren.

Diese unvollständige Betrachtung mag daher rühren, dass die tradierte ökonomische Theorie allem, was keinen monetären Preis aufweist oder für das keine Märkte existieren, schlicht keinen Wert, folglich keine Relevanz zuschreibt. Dies ist etwa auch der Fall bei Sorge- und Care-Arbeit, die zeitintensiv ist und ohne die eine industrielle Entwicklung nicht möglich gewesen wäre.[39] Obwohl es sich bei aufzuwendender Zeit um eine sehr knappe Ressource handelt, wird sie in der Analyse konsumtiver Vorgänge unterschlagen.

Konsum – mehr noch Mobilität und Informationsverarbeitung – zehrt an nicht vermehrbaren Zeitressourcen, noch bevor sich die damit bezweckte Wirkung entfalten kann. Somit setzen der Genuss oder die Nutzung eines Gutes eine vorherige »Zeitinvestition« voraus. Güter, auf die dies nicht zutrifft, dürften eine Ausnahme darstellen. Ein ausufernder Variantenreichtum sowie die räumlich und zeitlich entgrenzten Beschaffungsmöglichkeiten erhöhen die fixe Konsumzeit, weil innerhalb einer sich stetig vergrößernden Angebotspalette entschieden werden muss. Hinzu tritt das Problem, dass sich die Qualität (Gebrauchseigenschaften, Handhabbarkeit, Funktionstüchtigkeit, Haltbarkeit etc.) von Gebrauchsgütern oft nicht im Vorhinein abschätzen lässt. Derartige »Erfahrungsgüter«[40] offenbaren ihre Qualitätseigenschaften erst im Zuge einer hinreichend langen Verwendung. Deshalb ist der Kauf vieler Waren risikobehaftet.

Eine Überwindung oder wenigstens Milderung dieser Unsicherheit ist zeitaufwendig, weil sie Informationen über die Erfahrungen anderer Nutzer voraussetzt. Dieses Phänomen verschärft sich zunehmend, da der Komplexitätsgrad vieler Konsumgüter stetig zugenommen hat. Dies ist wiederum dem Umstand geschuldet, dass ein immer höherer Nachfrageanteil auf »smarte«, zumal digitale Endgeräte und Dienste entfällt. Nun ließe sich einwenden, dass die nötige Informationsbeschaffung auf zeiteffiziente Weise durch digitale Kommunikationskanäle erfolgen könnte. Tatsächlich haben die Verfügbarkeit und Verbreitung von Onlinemedien in jüngerer Zeit zu einer Flut äußerst erfolgreicher Bewertungsmethoden geführt.

Inzwischen sind dabei hohe Spezialisierungen zu beobachten, die vom Bewertungssystem bei eBay.com über viel zitierte Produktberichte bei amazon.com bis zu reinen Test- oder Bewertungs- bzw. »Meinungsportalen« wie etwa ciao.de oder dooyoo.de reichen. Der hochfrequentierte onlinegestützte Erfahrungsaustausch umfasst die Beurteilung von Pädagogen und Medizinern, hat also bereits die Sphäre typischer Erfahrungsgüter verlassen und wendet sich der Qualität jedweder

Produkte und Dienstleistungen beziehungsweise Dienstleister zu. Auffällig ist auch die Ausbreitung von Internetbewertungsportalen, die sich mit enormer Detailtiefe dem Tourismussektor widmen, wie z. B. holidaycheck.de.

Die digitalen Innovationen haben sich längst von Podcasts, Internetforen, Blogs, Newsgroups etc. zu Social Media gewandelt. Diese beruhen auf hoher Wechselseitigkeit und Interaktion zwischen den Nutzern. Die dort stattfindende gegenseitige Beobachtung und Beeinflussung des Konsumverhaltens deutet zunächst auf eine Abkürzung andernfalls zeitintensiver Such- und Informationsbeschaffungsprozesse hin. »Im Konsumdschungel und unter dem Trommelfeuer der Werbung sucht der Konsument eigentlich einen Freund, der den eigenen Geschmack kennt, ihn bei der Hand nimmt und sagt: ›Das musst du kaufen.‹ Und wer diesen guten Freund nicht hat, der geht ins Netz.«[41] Bewältigen lassen sich damit nicht nur die komplexe Variantenvielfalt und im Vorhinein unsichere Qualitätsmerkmale, sondern auch das Risiko mangelnder kultureller Anschlussfähigkeit. Zeitaufwendig zu erkundende Expertenmeinungen und die Vergewisserung, dem richtigen Trend zu folgen, werden durch sogenannte Influencer ersetzt beziehungsweise beigesteuert. Und an die Stelle kollektiver Lern- oder Meinungsbildungsprozesse, die vormals viel Zeit beanspruchten, weil sie einer physisch unmittelbaren Face-to-Face-Wechselseitigkeit bedurften, treten zunehmend Phänomene einer sogenannten Schwarmintelligenz[42] oder einer »Wisdom of Crowds«[43]. Denn die Definitionshoheit eines Influencers hängt von der Anzahl seiner »Follower« ab. Aber ist auf diese Prozesse Verlass, sodass sich damit wirklich Zeitressourcen sparen lassen?

Surowiecki hat sich den Fallstricken dessen gewidmet, was gemeinhin als Ausdruck »kollektiver Intelligenz« gewertet wird.[44] Er untersuchte verschiedene Beispiele für immense

Fehlurteile, in denen sich Gruppenmitglieder auf die Ansichten anderer Personen verließen, statt selbst ein konkreteres und auf eigener Informationsverarbeitung basierendes Bild über eine Situation zu entwickeln. Ursachen für systematische Fehlentscheidungen infolge kollektiver Meinungsbildung können darin liegen, dass die Übertragung oder Repräsentation der Gruppenintelligenz oft an eine einzelne Rezeption delegiert wird. Hier sind Fehlinterpretationen oder Differenzen zwischen Gruppe und Medium, aber auch das willkürliche, interessengeleitete oder einfach bequeme Ignorieren von Einzelmeinungen, die möglicherweise besser fundiert sind, nicht auszuschließen. Probleme dieser Art bewegen sich nicht selten am allgegenwärtigen Grundkonflikt zwischen demokratischer und elitärer Entscheidungsgewalt: Ist die auf Basis gleichberechtigter Artikulation extrahierte Einschätzung einer Gruppe höher oder geringer einzustufen als die Einschätzung des »klügsten« (oder eben informiertesten) Gruppenmitglieds?

Ein anderes Problem des beschleunigten Informationszugriffs mittels neuer IT-Optionen tritt dann auf, wenn anstelle oder neben der (vermeintlichen) Eindeutigkeit des »Schwarms« Vielfalt, Heterogenität und Widersprüchlichkeit auftreten. Aus dieser Perspektive tragen die neuen Kommunikationskanäle zwar viel zur Effektivität, aber umso weniger zur Effizienz im Sinne von Komplexitätsreduktion bei. Reizüberflutung und »Information Overload«[45] sind Schlüsselbegriffe, die den darauf gründenden wissenschaftlichen Diskurs prägen. In der Marketingforschung wird ein als »Konsumentenverwirrtheit«[46] bezeichnetes Phänomen diskutiert. Darunter ist zu verstehen, dass Konsumenten es nicht schaffen, während des Informationsverarbeitungsprozesses eine korrekte Interpretation verschiedener Facetten eines Produktes oder Services zu entwickeln.[47] Diese Verwirrtheit konstituiert sich »in Gestalt einer hohen wahrgenommenen Ähnlichkeit von verschiedenen Markenprodukten, einer empfundenen Überlastung der Konsumenten durch die bloße Vielzahl der im Hinblick auf eine Kaufentscheidung vorhandenen Informationen und die empfundene Unklarheit von kaufrelevanten Informationen«.[48]

Die ubiquitären Medien sind in ihrer zeitsparenden Wirkung also durchaus ambivalent. Ihre Geschwindigkeit verkürzt manche zuvor aufwendigen Kommunikationsakte, führt aber zugleich dazu, dass das konsumierende Subjekt ständig mit neuen Informationen über käufliche Selbstentfaltung überhäuft wird, die wiederum zu verarbeiten sind. Sich vor Informationen zu schützen, die unweigerlich zeitraubende Entscheidungen für oder gegen weitere Optionen abverlangen, ist beinahe unmöglich. So ein Entzug wäre im Übrigen auch unvereinbar mit der propagierten Tendenz zu flächendeckend frei verfügbaren digitalen Medien – insbesondere für Kinder und Jugendliche. Die hierdurch permanent aufgezwungene Reiz- und Informationsverarbeitung verbraucht kurioserweise selbst dann Zeit, wenn die angebotenen Optionen abgelehnt werden.

Variable Konsumzeit

Nach derartigen Zeitverausgabungen, an deren Ende gegebenenfalls der Erwerb eines Konsumobjektes beziehungsweise die Inanspruchnahme einer Dienstleistung steht, beginnt erst die variable Konsumzeit, also jene Phase, in der das fragliche Objekt verwendet oder ein Ereignis (Konzert, Reise, Sportevent, Wirtshaus- oder Restaurantbesuch etc.) aktiv ausgeschöpft wird. Prinzipiell generiert nur diese ebenfalls Zeit beanspruchende Phase eine Nutzensteigerung. Ohne Aufmerksamkeit auf ein Objekt oder Ereignis zu richten und dieses gegebenenfalls mittels physischer Körperfunktionen in Gebrauch zu nehmen, kann es nicht wirksam werden. Vieles lässt sich inzwischen automatisieren und delegieren, um Zeit zu sparen – nur eines nicht: Genuss.

Manche Marktgüter, wie etwa Schönheitsoperationen oder ein Haarschnitt, mögen nach der Investition eines anfänglichen Fixums keinen zusätzlichen variablen Zeitinput erfordern. Aber diese Eigenschaft stellt eine rare Ausnahme dar. Sogar jene Dinge, die aufgrund ihrer Charakteristik nicht dafür vorgesehen sind, aktiv verwendet zu werden, wie etwa Einrichtungs- und Kunstobjekte, benötigen Zeitaufwand, um in Genuss umgesetzt zu werden. Schließlich wäre eine Malerei, eine Vase oder eine Jazzaufnahme schlicht sinnlos, wenn nicht gar überflüssig, wenn sie nicht bewusst betrachtet oder gehört, also unter Nutzung menschlicher Sinnesorgane erfasst und verarbeitet würde. Eine solche Hinwendung oder konzentrierte Aufmerksamkeit ist ohne Aufbietung entsprechender Zeit unmöglich.

Konsumgegenstände, die eine instrumentelle Funktion aufweisen, wie etwa Werkzeuge oder eine Sportausrüstung, erfordern sogar eine aktive Nutzung, die noch weitaus mehr Zeit verlangt. Gemäß einem verbreiteten Missverständnis, das auch die Wirtschaftswissenschaften befördern, ist der aktive Teil jeglicher Wertschöpfung mit der Erzeugung von Gütern und deren Übermittlung an die Nachfrageseite abgeschlossen. Aber tatsächlich ist die Nutzung oder auch nur bloße Betrachtung eines Gutes weder passiv noch unproduktiv. Konsum kann Erfahrung und Übung erfordern. Der Gebrauch mancher Waren will gelernt sein, verlangt manchmal sogar, virtuos im Umgang damit zu sein. In nicht wenigen Fällen ließe sich von einer »Technik des Konsumierens« sprechen. Was Nutzer hierbei an Fähigkeiten entwickeln und stetig verfeinern können, lässt sich bisweilen nicht von reiner Produktion unterscheiden.

Ganz gleich, welche Sinnesorgane, Körperfunktionen oder kognitiven Prozesse dabei zu aktivieren sind, die durch nichts zu ersetzende und zugleich knappste aller Ressourcen, die hierzu benötigt wird, ist stets dieselbe: menschliche Lebenszeit.

Angesichts einer unverhandelbaren Zeitrestriktion, die für jeden Homo sapiens gilt, sind die fixe und variable Konsumzeit einer doppelten Verwendungskonkurrenz unterworfen. Der Nutzen einer Güterverwendung hängt kritisch von der variablen Zeit ab, die einem Objekt gewidmet wird. Dies gilt insbesondere für den Beginn jeder Konsumaktivität, zumal die Wirkung nach einer bestimmten Verwendungsdauer durchaus nachlassen kann. Daraus folgt im Umkehrschluss, dass der Wert einer Konsumoption eliminiert wird, sobald für sie keine oder eine geringere als minimal erforderliche Zeit aufgebracht wird. Damit stehen Menschen unweigerlich vor der Entscheidung, wie sie die insgesamt verfügbare variable Zeit dergestalt auf Konsumgüter verteilen, dass insgesamt ein hohes Niveau an Nutzen oder Lebensqualität erreicht wird. Unter realistischen Annahmen bedeutet dies, dass eine Obergrenze für die Anzahl der in Anspruch genommenen Aktivitäten existiert, die sich positiv auf die Lebensqualität auswirken. Denn wenn eine wachsende Menge an unterschiedlichen Konsumhandlungen auf ein nicht vermehrbares Zeitbudget trifft, entfällt entweder auf jede einzelne davon ein immer geringeres Quantum, oder manche davon verlieren jeden Wert, weil sie nach ihrer Anschaffung unbeachtet bleiben.

Nicht auszuschließen ist sogar, dass der Gesamtnutzen nach Erreichen einer bestimmten Güterausstattung sinkt, wenn ein weiteres Konsumereignis hinzuaddiert wird. Dies ist einem »zeitökonomischen Kannibalisierungseffekt« geschuldet, der bei Individuen eintreten kann, deren Zeitbudget ausgeschöpft ist, was in prosperierenden Gesellschaften dem Normalzustand entsprechen dürfte. Neu hinzugenommenen Objekten oder Ereignissen kann somit nur Zeit gewidmet werden, die von anderen Verwendungen abgezogen wird. Damit verlieren die Letzteren an Wirkung, werden mithin gar entwertet, also quasi »stillgelegt«, wenn sie vollständig aus der Nutzung beziehungsweise Aufmerksamkeit herausfallen. Unter realistischen Bedingungen kann der damit verbundene Verlust den Nutzengewinn, den eine zusätzliche Konsumoption generiert, übertreffen.

Diese Verwendungskonkurrenz entsteht nicht nur, wenn die limitierte variable Zeit auf immer mehr aktive Verwendungen zu verteilen ist. Denn auch die fixen Zeitanteile, welche zur Erschließung und Vorbereitung einer neuen Option aufzubringen sind, können sich nur aus Zeitressourcen speisen, die von den bereits aktiv genutzten Gütern abgezogen werden. Je verdichteter die (zunehmend digital) übermittelte Optionenvielfalt ist, der sich Nachfrager aussetzen, desto mehr fixe Zeit wird benötigt, um die Reize und Informationen zu verarbeiten, und umso weniger Zeit verbleibt für die aktive Nutzung von Konsumobjekten.

Daraus ergibt sich eine Obergrenze für die Konsumaktivitäten, die mit einem maximalen Nutzenniveau vereinbar sind. Sie wäre erreicht, wenn die Zeitrestriktion ausgeschöpft ist und durch eine weitere hinzugefügte Option der Nutzen jener Güter, deren aktive Verwendung zugunsten des zusätzlichen Gutes notwendigerweise zu verringern wäre, stärker reduziert wird, als an zusätzlichem Nutzen gewonnen werden kann. Mit zunehmender Güterausstattung sind Konstellationen denkbar, in denen zusätzliche Nachfrage durch diesen Verdrängungseffekt den Konsumnutzen verringert. Diese Entwertung von Konsumobjekten tritt umso wahrscheinlicher auf, je stärker Konsumenten den zeitraubenden Impulsen der Werbung, insbesondere des digitalen Marketings durch Social Media und Influencer, ausgesetzt sind, die ständig neue Selbstverwirklichungsmöglichkeiten präsentieren. Sie richten beträchtlichen

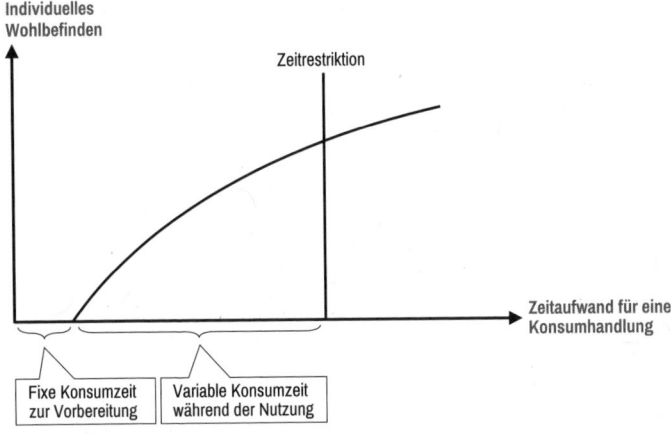

Individuelles
Wohlbefinden

Zeitrestriktion

Zeitaufwand für eine
Konsumhandlung

Fixe Konsumzeit
zur Vorbereitung

Variable Konsumzeit
während der Nutzung

Abb.1: Zeitbedarf des Konsums

volkswirtschaftlichen Schaden an, indem sie Konsumbestände entwerten oder gänzlich nutzlos werden lassen.

Wenn das zur Erschließung und Vorbereitung einer zusätzlichen Aktivität nötige Zeitfixum den variablen Zeitanteil eines anderen Gutes aufzehrt und keine weitere Zeitreserve verfügbar ist, um die neue Option auszuschöpfen, können die Gegenwerte *beider* irreversibler Zeitinvestitionen zunichtegemacht werden. Dabei wird manche fixe Vorbereitungszeit gerade in der Erwartung investiert, später die variable Zeit für eine aktive Nutzung aufbringen zu können. Somit besteht die Möglichkeit einer Fehlinvestitionen, wenn zwischen der Versenkung der fixen Zeit und dem vorgesehenen Nutzungsbeginn abermals neue Optionen wahrgenommen werden, die noch höheren Nutzen versprechen, in die aber auch erst ein Zeitfixum investiert werden muss.

Sehr wahrscheinlich sind somit Situationen, in denen die Verarbeitung und Vorbereitung ständig neuer Kaufoptionen die Zeit verbraucht, die für den aktiven, nutzenstiftenden Gebrauch fehlt. Ließe sich dem Shoppingerlebnis als solchem ein nutzensteigernder Effekt zuschreiben, d. h. die Verausgabung fixer Konsumzeit erhöht bereits die Lebensqualität, ergäbe sich lediglich eine andere Aufteilung der verfügbaren Zeitressource auf die fixe und variable Komponente, aber keine Auflösung der zu bewältigenden Zeitknappheit.

Suffizienz als Voraussetzung für gelingenden Konsum

Das zeitökonomische Dilemma wird in den Sozialwissenschaften kaum angemessen berücksichtigt. Das gilt auch für den Beschleunigungsdiskurs, zumal dieser lediglich eine abstrakte System- oder Gesellschaftskritik begründet, aber das mikroökonomische Entscheidungsproblem nicht behandelt.[49] Zusammenfassend kann festgestellt werden, dass Zeitknappheit als limitierender Faktor des Konsumgeschehens zunehmend bedeutend ist, nämlich beruhend auf folgenden Prämissen:

1. Eine konsumförmige Handlung kann aus der Nutzerperspektive nur dann eine wahrnehmbare Wirkung entfalten, wenn ihr ein Minimum an Aufmerksamkeit zuteilwird, die wiederum niemals ohne Aufbietung individueller, danach unwiederbringlich verbrauchter Zeitressourcen möglich ist.

2. Menschen sind mit Zeitrestriktionen konfrontiert, die umso relevanter sind, je mehr Konsumhandlungen bereits ausgeführt werden.

3. Zeitknappheit kann nicht durch »menschliches Multitasking« überwunden werden, da es unmöglich ist, mehr als zwei zielgerichtete und sinnlich erfassbare Verrichtungen gleichzeitig auszuführen.

4. Das für jede Konsumhandlung aufzubringende Zeitquantum entspricht der Summe zweier Komponenten. Es handelt sich erstens um ein Fixum, das pro Option zwecks Vorbereitung zu verausgaben ist, und zweitens um die mit der aktiven Verwendung variierende Nutzungszeit.

Daraus ergibt sich, dass ein möglichst hohes Niveau an Lebensqualität voraussetzt, sich auf ein begrenztes Spektrum an Gütern zu beschränken. Suffizienz bedeutet also nicht Verzicht, sondern ist notwendig, um die verfügbaren Konsumoptionen zeitökonomisch zu optimieren.

Die Sinnhaftigkeit eines Konsumlimits ist insbesondere dann relevant, wenn der Nutzen einer Verwendung mit der Zeit, die ihr gewidmet wird, überproportional steigt. In Anlehnung an den wirtschaftswissenschaftlichen Terminus der sogenannten Economies of scale (zunehmende Skalenerträge) ließe sich dann von »Economies of time« sprechen. Die Ergiebigkeit einer Handlung nimmt mit der Dauer ihrer Ausführung zumeist dann zu, wenn dadurch Lernprozesse möglich sind oder dem Nutzer eine aktive Rolle abverlangt wird – etwa in der Nutzung von Musikinstrumenten, Fahrrädern, Sportausrüstungen, Werkzeugen, Gartengeräten, Segelbooten, Plattensammlungen, Literatur, Haustieren, Gesellschaftsspielen, Kameraausrüstungen, Malwerkzeug etc. Je mehr Zeit in derartige Verwendungen investiert wird, desto geschickter und kompetenter erfolgt dies, sodass ein sogenannter Flow oder besondere Erfolgserlebnisse resultieren. Variable Konsumzeit kann folglich eine besondere Qualität erlangen, wenn sie kreativ oder produktiv verausgabt wird. Dies tritt umso wahrscheinlicher ein, je interaktiver die Verwendungen sind, also den Nutzer einbeziehen, ihn womöglich fesseln oder ihn infolge eines instrumentellen Charakters der betreffenden Objekte durch deren Gebrauch reifen lassen.

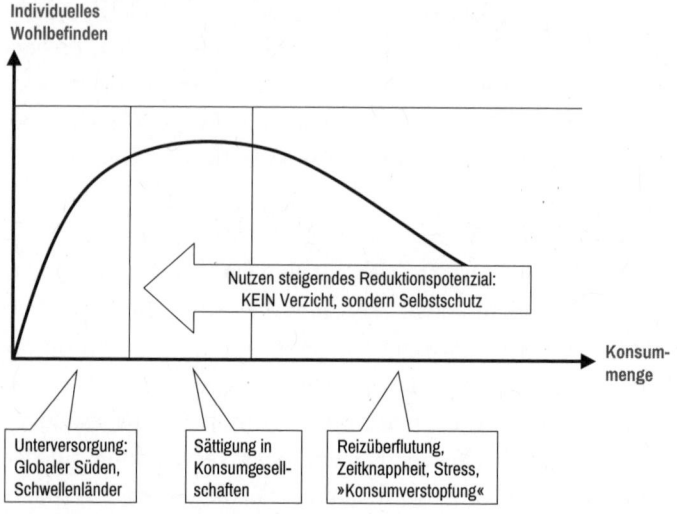

Abb. 2: Suffizienz jenseits vermeintlichen »Verzichts«

Damit ergibt sich eine zweite Parallele zur Produktion: Konsumförmige Betätigungsfelder können Spezialisierungsvorteile aufweisen. Die übende oder leidenschaftliche Verausgabung bedeutet, Zeitressourcen auf bestimmte Themen oder Objekte zu konzentrieren. Neben einer damit erlangten Selbstwirksamkeit können sich Individuen mit jenen Bereichen nach außen identifizieren, in denen sie sich auskennen, anderen überlegen sind, Erfahrungswissen aufgebaut haben. Dieser Spezialisierungseffekt absorbiert Zeitressourcen, die anderem Konsum entzogen werden. Somit lässt sich die Verwendungskonkurrenz um knappe Zeit konstruktiv wenden: Je befriedigender eine punktuelle und zeitintensive Versenkung ist, desto grundloser und kontraproduktiver wird die Anhäufung anderer Konsumobjekte. Dies würde mit Versorgungsmustern harmonieren, die sich Einfachheit als Lebenskunst zu eigen machen, um »[b]ewusst ein Desinteresse für zu viel Konsum zu pflegen«[50]. Wer sich eines ausufernden Konsum-

und Mobilitätsballastes entledigt, verzichtet also nicht, sondern optimiert letztlich den zeitabhängigen Nutzen.

Zudem würde sich der selektive und intensive Akt des Ausschöpfens weniger Konsumoptionen einer veränderten Balance aus Selbst- und Fremdversorgung nähern. Dies gilt sowohl für materielle Artefakte, die dazu befähigen, ohne Bedarf an ständig neuen materiellen Versorgungsleistungen kreativ zu sein, als auch für bestimmte Dienstleistungen, deren Nutzen stiftender Effekt oft per se die eigene Mitwirkung oder Präsenz erfordern. Die Erzeugung eines hohen Niveaus an subjektivem Wohlbefinden auf Basis einer Kombination aus Konsum und eigenem Zutun würde der oft bemühten Idee des »Prosumers«[51] Vorschub leisten: Als überschaubare Restgröße würde sich Konsum im Idealfall auf Instrumente und Werkzeuge beschränken, die als Hilfsmittel für (manuelle) Selbstversorgungsleistungen zum Einsatz gelangen. Erst solchermaßen reduzierter Konsum, der sich seinen instrumentellen Sinn gegenüber dem symbol- und emotionsorientierten Selbstzweckcharakter zurückerobert, wäre anschlussfähig an die Konzepte zur Gemeinschaftsnutzung, Nutzungsdauerverlängerung oder Nutzungsintensivierung.

Gerechtigkeit
und die Lebensstilfrage

Die vorangegangene Analyse kann dazu beitragen, Suffizienz zeitökonomisch und damit rational zu begründen. Daraus ergibt sich eine Motivallianz: Das ökologisch Unabdingbare kann zugleich einer hohen Lebensqualität zuträglich sein. Aber die zeitökonomische Logik muss weder hinreichend noch notwendig sein, um eine reduktive Transformation zu begründen, wenngleich sie deren Akzeptanz steigert und diese jenseits etwaiger Verzichtsforderungen legitimiert. Hinreichend ist sie nicht, weil grenzen- und rücksichtslose Selbstverwirklichungsansprüche unterschiedliche Sinngehalte vermitteln, von denen sich manche nicht unbedingt zeitökonomisch dekonstruieren lassen. Und notwendig ist sie nicht, weil Suffizienz im Nachhaltigkeitskontext nicht zuvorderst damit zu begründen ist, dass sie eine hohe Lebensqualität ermöglichen soll, sondern als notwendige Konsequenz daraus folgt, dass es unmöglich ist, die aktuelle Wohlstandsarchitektur ökologisch zu neutralisieren. Solange erstens dieser Befund gilt und zweitens das Überleben der Menschheit nicht zur Disposition steht, hat Suffizienz primär Pflichtcharakter, kann also nicht willkürlich unter einen Wohlfühlvorbehalt gestellt werden.

Der in Fachkreisen durchaus virulente Suffizienzdiskurs wirft Fragen zu seiner konkreten Umsetzung auf, die durchaus kontrovers beantwortet werden. Welchen Handlungsebenen oder Akteuren wäre die Verantwortung für reduktive oder selbstbegrenzende Praktiken zuzuweisen? Existiert eine kongruente Zielgröße, an der sich Suffizienz bemessen lässt? An welchen Fallstricken kann ihre umweltentlastende Wirkung – analog zu Reboundeffekten im Fall des Effizienz- und Konsistenzprinzips, auf denen das »grüne« Wachstum basiert – scheitern?

Bisherige Nachhaltigkeitsanstrengungen sind in besonderem Maße an einer widersprüchlichen Zielausrichtung gescheitert. Nach vorherrschender Logik werden einzelne Handlungen, Objekte, Institutionen oder technologische Innovationen als Gegenstand einer nachhaltigkeitsorientierten Gestaltung betrachtet. Das darauf gründende Transformationsverständnis könnte einleuchtender nicht sein, nämlich technische oder institutionelle Problemlösungen zu kreieren und diese getreu dem Motto »Viel hilft viel« zu verbreiten. Konkret hieße dies beispielsweise, am Zuwachs des Marktanteils der artgerechten Tierhaltung, am Verbreitungsgrad von Elektromobilen oder Passivhäusern, dem Umsatz biofairer Textilien, an der Gesamtkapazität installierter Windkraftanlagen den Nachhaltigkeitserfolg bemessen zu wollen. So wird in den politischen, medialen und wissenschaftlichen Sphären des Klimadiskurses konstatiert, dass der Zuwachs an Windkraftanlagen und Elektromobilen »ein Schritt in die richtige Richtung« sei.

Wie irreführend diese Kausalität ist, wird schon daran offenkundig, dass derartige Lösungen keineswegs die weniger nachhaltigen Objekte verschwinden lassen müssen, sondern schlicht hinzuaddiert werden können, ganz zu schweigen von materiellen und finanziellen Reboundeffekten, auf die hier nicht näher eingegangen werden soll.[52] Dabei ist nicht einmal auszuschließen, dass der Zuwachs vermeintlicher Problemlösungen die ökologische Gesamtbelastung steigert. Dennoch dominiert diese theoretisch schlicht gezimmerte, erst recht aber empirisch komplett fehlschlagende »Objektorientierung«[53] weiterhin den Nachhaltigkeitsdiskurs. Im Folgenden soll auf diese fatale Verwechselung von Mitteln und Zielen eingegangen werden.

Der kleinste gemeinsame Nenner aller ernst zu nehmenden Überlegungen zum Fortbestand menschlicher Zivilisationen dürfte in der Maxime liegen, globale Gerechtigkeit innerhalb ökologischer Grenzen anzustreben. Daraus ergeben sich zwei Konsequenzen, die so simpel wie unbequem sind und möglicherweise deshalb hartnäckig ignoriert werden: (1) Einem einzelnen Objekt oder einer isoliert betrachteten Handlung – ganz gleich ob Bionade, Tesla, Carsharing, Gemeinschaftsgarten oder Fotovoltaikanlage – lässt sich kein Nachhaltigkeitsbeitrag zuweisen, solange nicht der Kontext berücksichtigt wird, in dem die betreffende Maßnahme erfolgt. (2) Insoweit nachhaltige Entwicklung unvermeidbar einem globalen Verteilungsproblem entspricht, existiert eine Obergrenze für den materiellen Wohlstand, der einem einzelnen Individuum zustehen kann.

Da der Planet physisch endlich und es grundsätzlich unmöglich ist, modernen Wohlstand (gänzlich) von materiellen Schäden zu entkoppeln, muss die ökonomische Verteilungsmasse begrenzt sein. Anders als populäre sozialpolitische Debatten suggerieren, markiert Gerechtigkeit deshalb ein zweistufiges Unterfangen: Zunächst wäre eine plünderungsfreie Verteilungsmasse festzulegen. Erst darauf basierend, kann im zweiten Schritt ein daraus zu generierender – definitiv limitierter – Wohlstand verteilt werden. Außerdem lässt sich diese Verteilung in ihren letzten Verästelungen nur auf interpersoneller Ebene realisieren. Selbst wenn die begrenzten Flächen, Mineralien und ökologischen Aufnahmekapazitäten auf Länder verteilt würden, käme keine Gesellschaft umhin, ein wie auch immer geartetes Prinzip zu institutionalisieren, das die

Verteilung der darauf basierenden Güterproduktion *zwischen Personen* regelt.

Schon in seiner Schrift *Zum ewigen Frieden* hatte Kant für ein Weltbürgerrecht plädiert, dem zufolge Gerechtigkeit nicht zwischen Staaten oder Kontinenten, sondern nur zwischen Menschen darzustellen ist.[54] Übertragen auf eine Situation, in der physische Grenzen relevant sind, die sich nicht technisch überwinden lassen, hieße dies: Welchen materiellen Spielraum darf ein einzelnes Individuum während seines Lebens ausschöpfen, ohne ökologisch und damit zugleich sozial über seine Verhältnisse zu leben? Daraus ergibt sich eine Handlungsorientierung, die sich nur befolgen lässt, wenn die Summe aller ökologisch relevanten Handlungen innerhalb eines Menschenlebens berücksichtigt wird (Subjektorientierung). Eine Auflistung nachhaltigkeitsbemühter Einzelmaßnahmen oder Konsumhandlungen (Objektorientierung), die ein Mensch für sich verbuchen kann, ist schlicht belanglos, wenn nicht gar irreführend, solange nicht auch alle anderen Aktivitäten einbezogen werden, die sich ebenfalls auf die ökologische Gesamtbilanz des betreffenden Individuums auswirken.

Allein die Letztere kann maßgeblich sein – und zwar nicht nur für eine nachhaltige Entwicklung, die diesen Namen verdient, sondern für jede Gerechtigkeitskonzeption, die nicht am eigenen ethischen Anspruch scheitern und somit ihre Überzeugungskraft verlieren soll: Einen mutmaßlichen Überschuss »gerecht« verteilen zu wollen, der in einer gerechten Welt gar nicht existieren dürfte, weil er auf irreversibler Plünderung beruht und somit zukünftige Lebensperspektiven zerstört, führt sich selbst ad absurdum. Genau daran kranken viele zeitgenössische, in noch so (links-)intellektuellen Höhenlagen diskutierte Gerechtigkeitsvorstellungen. Die soziale Frage des 21. Jahrhunderts ist die ökologische.

Angewandt auf den Klimawandel, das aktuell drängendste Umweltproblem, bedeutet dies, das Recht, die Atmosphäre als Aufnahmemedium für CO_2 zu nutzen, auf alle Erdbewohner gleich zu verteilen, unter der Nebenbedingung, eine bestimmte Klimaschutzrestriktion nicht zu verletzen. Würde es sich bei Letzterer um das Zwei-Grad-Ziel handeln, ergäbe sich daraus ein ökologisches Budget von maximal ein bis zwei Tonnen an CO_2-Äquivalenten pro Kopf und Jahr, also ein Bruchteil des aktuellen mitteleuropäischen Status quo (das Umweltbundesamt veranschlagt derzeit ein zulässiges Budget von nur noch einer Tonne an CO_2-Äquivalenten pro Kopf und Jahr). Diese egalitäre Anpassung – wohlgemerkt auf Ressourcenbasis – müsste keineswegs bedeuten, dass auch der darauf basierende Wohlstand gleich verteilt würde, wogegen sich ohnehin einwenden ließe, dass eine solche Vorgehensweise nicht leistungsgerecht wäre.

Der auf dieser limitierten und gleich verteilten Ressourcenbasis maximal zu erzielende Güterwohlstand – Mobilität, Konsum, Wohnraum, digitaler Komfort etc. – mag in Abhängigkeit kultureller, technischer und ökonomischer Bedingungen also durchaus leistungsabhängig variieren. Aber dies wäre erstens nur innerhalb einer, verglichen mit aktuellen Ungleichheiten, weitaus geringeren Schwankungsbreite und zweitens nur auf einem quantitativen Durchschnittsniveau an Güterausstattungen möglich, das deutlich geringer als in derzeitigen Konsumgesellschaften ist. Während das Kriterium der Leistungsgerechtigkeit auf den erzeugten Output anwendbar bleibt, gilt dies nicht für die Verteilung des Inputs, also der hierzu benötigten irdischen Ressourcen inklusiver aller ökologischen Assimilationskapazitäten. Denn diese sind weder vermehrbar, noch wurden sie von Menschen erschaffen. Ihre Nutzung ist vielmehr der unabänderlichen Bedürftigkeit des Homo sapiens geschuldet.

Eine solche »Subjektorientierung«[55] löst sich vom irreführenden Blick auf additive oder kompensatorische Nachhaltigkeitssymbole, die von der ökologischen Gesamtbilanz einer Lebensführung leicht ablenken können. Im Umkehrschluss folgt daraus jedoch nicht, dass Strom aus Windkraft, Elektromobile, Biotextilien und andere Nachhaltigkeitslösungen falsch oder kontraproduktiv sein müssen. Sie haben eben nur Mittelcharakter. Und genauso wie der Unterschied zwischen gut und gut gemeint eklatant sein kann, verraten noch so bemühte Mitteleinsätze nichts über den tatsächlichen Zielerreichungsgrad – in diesem Fall die Begrenzung des ökologischen Fußabdrucks jener Personen, die sich der betreffenden Mittel bedienen.

Der globalisierungsfähige Richtwert von ein bis zwei Tonnen an CO_2-Äquivalenten pro Jahr, um beim Beispiel des Klimaschutzes zu bleiben, bildet eine regulative Idee. Sie schließt nicht aus, durch jährliche Unterschreitungen dieser Grenze ein Guthaben »anzusparen«, das auf spätere Perioden oder andere Personen übertragbar ist. Darauf aufbauend, sollte jedes Individuum frei entscheiden können, wie es diesen Rahmen ausfüllt. Wer gern Fleisch isst, muss umso sparsamer im Konsum, in der Wohnraumausstattung und in der Mobilität sein. Wer sich während seines Lebens eine oder vielleicht zwei interkontinentale Flugreisen leisten wollte – mehr werden es nicht sein können –, müsste tendenziell vegetarisch und auch in anderen Bereichen extrem genügsam leben.

Im Übrigen müsste die Ausrichtung an diesem Überlebensprogramm ein primäres Ziel jeglicher Erziehung und Bildung werden, die im 21. Jahrhundert noch verantwortet werden kann. Wer es als Erwachsener oder Lehrer angesichts der inzwischen eingetretenen ökologischen Krise weiter versäumt, Kindern und Jugendlichen in Familien, Lebensgemeinschaften, Schulen etc. hinreichende Verantwortungsübernahme im

Sinne der obigen Nullsummenlogik zu vermitteln und vor allem selbst glaubwürdig vorzuleben, hat moralisch versagt. Zu verdeutlichen wäre der Unterschied zwischen symbolischen, bestenfalls das Gewissen therapierenden Ersatzhandlungen und tatsächlichen Entlastungen, die nur durch Reduktion zu erreichen sind. »Bildung für nachhaltige Entwicklung« (BNE), die diesen Namen noch verdient, müsste daher weit über Mülltrennung oder die Funktionsweise einer Windturbine hinausreichen, nämlich primär die notwendige Unterlassung ruinösester Handlungen thematisieren.

Verzichtsalarm! Ein Kataster gängiger Abwehrreaktionen

Suffizienz bedarf keiner Erfindung, keiner besonderen Kompetenz, keiner Genehmigung, keiner finanziellen Förderung und keines Gesetzes. Das Recht, eine Möglichkeit nicht in Anspruch zu nehmen, lässt sich niemandem verwehren, außer unter totalitären Bedingungen. Dennoch sind die Verschanzungen gegen reduktive Entwicklungsmuster allgegenwärtig. Das mag aus diversen Gründen zwar verständlich sein, ist aber eingedenk des lebensbedrohenden Zustandes der Ökosphäre vollends inakzeptabel, bedarf also einer schonungslosen Dekonstruktion.

Im Ausredengewölbe des Neomittelalters

Die Konfrontation mit Suffizienz deckt diverse Selbsttäuschungen und klaffende Widersprüche der ökologischen Modernisierung auf. Dies betrifft insbesondere die kategoriale Inkonsistenz, Fehlentwicklungen technisch oder institutionell beheben zu wollen, die kulturellen Ursprungs sind. So werden Problemlösungen akzentuiert, die einer gänzlich anderen Dimension als das eigentliche Problem entstammen. Dabei kann die Ursache für Nachhaltigkeitsdefizite insofern nur kulturell erklärbar sein, als dieselbe Spezies, die derzeit ihrem ökologischen Suizid entgegenfliegt, -fährt und -konsumiert, jahrtausendelang, sogar bis in die Anfänge der Industrialisierung hinein, vergleichsweise nachhaltig lebte. Noch heute finden sich genügend Zeitzeugen, die keine 60 Jahre alt sind und während ihrer Kindheit und Jugend eine Daseinsform erlebten und selbst praktizierten, die definitiv nicht materiell entwürdigend, aber dennoch nicht allzu weit von einem global übertragbaren ökologischen Fußabdruck entfernt war. Das oft vorgeschobene Alibi, ein plünderungsfreies Leben müsse erst noch erfunden werden, sei unmöglich oder unzumutbar, dürfte sich daher kaum aufrechterhalten lassen.

Um sich dennoch vor persönlichen Konsequenzen einer nachhaltigen Entwicklung schützen zu können, bedarf es folglich eines erweiterten Ausredenregisters. Naheliegend ist die Behauptung, dass eine genügsame Lebensführung, selbst wenn sie möglich und zumutbar wäre, überhaupt nicht nötig sei, weil technischer und institutioneller Erfindungsreichtum alle negativen Begleiterscheinungen des aktuellen Lebensstils sauber ausradieren werde. Damit wird die Beschwörung eines Fortschritts, der noch nicht eingetreten ist, zur Basis für ein kolossales Freiheitsversprechen, nämlich jeder Verantwortung für die Folgen eigener Ausschweifungen entledigt zu sein. Nun lässt sich zwar nicht beweisen, dass ein solches Techno-Ökotopia jemals eintreten kann, ganz zu schweigen von allen möglichen Nebenwirkungen. Da aber die Zukunft prinzipiell offen sei, so lautet die populäre Gegenrede, lasse sich umgekehrt dessen Unmöglichkeit ebenso wenig beweisen – es sei denn auf Basis physikalischer Gesetze. Aber wer selbst die künstliche Fotosynthese als Lösung als möglich proklamiert, wie etwa der Grünen-Vordenker Fücks,[56] wird die Überwindung der Schwerkraft und Thermodynamik sicher auch nur für eine Frage der Zeit halten. Wer dem widerspricht, gilt nicht nur als fantasielos und verzagt, sondern trägt die Beweislast, ganz gleich wie abstrus die fragliche Technikutopie auch sein mag.

Dieser Überbau verhilft dazu, verantwortungsloseste Handlungsweisen ähnlich einem ungedeckten Scheck durch zukünftig zu erwartende, aber nie eingelöste Heilsversprechen zu legitimieren.

Die biblische Formel »... und erlöse uns von dem Bösen. Amen« stand für eine unmündige, zumal schicksalsabhängige Kreatur, die sich einer göttlichen Macht ausgesetzt sah. Genau dort sind moderne Gesellschaften wieder angelangt, nur auf einem höheren Bildungsniveau. Im nunmehr angebrochenen Neomittelalter stellt sich das akademisierte, aber nicht minder schicksalsabhängige Subjekt freiwillig einer digitalen, erneuerbaren und kreislaufwirtschaftskompatiblen Erlösungshoffnung anheim. Ob sich Ressourcen jemals im Kreis führen lassen, erscheint indes weniger gewiss, als dass sich die menschliche Geschichte im Kreis dreht, nämlich zur Unmündigkeit zurückkehrt: Früher wollten Menschen aus zwanghafter Schicksalsabhängigkeit ausbrechen, um sich frei entfalten und ökonomische Knappheit überwinden zu können. Heute klammern sie sich an eine konstruierte Schicksalsabhängigkeit, um ihre Ausschweifungen gegen den Imperativ zu schützen, für diese selbst verantwortlich zu sein. Andernfalls könnten sie ihre eigene Handlungsfreiheit nicht länger leugnen und müssten das Unverantwortbare ablegen, wohl oder übel durch Reduktion und Selbstbegrenzung.

Um es nicht so weit kommen zu lassen, werden die auf tiefer Schicksalsergebenheit gründenden Abwehrmuster doppelt zugespitzt: Erstens würden die herrschenden Gesellschaftsverhältnisse, allen voran der böse Kapitalismus, die alleinige Schuld tragen. Auch Wohlstandsbürger, zumal solche mit links-intellektuellem Bildungshintergrund, nehmen unverhohlen das Recht in Anspruch, sich als »Systemopfer« zu gerieren. Im Mittelalter wurde das Böse und Verführerische noch Teufel genannt, erfüllte gleichwohl denselben Zweck wie die nunmehr in Kapitalismus umbenannte Projektionsfläche. Und wer sich mit Kapitalismuskritik, zumal linken Gesinnungen schwertut, findet in der soziologischen Systemtheorie eine nicht minder elegante Schicksalskonstruktion. Demnach seien moderne Gesellschaften in viele gleichrangige und unverbundene Funktionssysteme ausdifferenziert, die jeweils ihrer eigenen Logik folgen, sodass keine darüberstehende Zuständigkeit mehr existiere, die sich Erfolg versprechend das Überleben des Gesamtsystems zu eigen machen könne. Und wer dieser Hierarchiefreiheit, die salbungsvoll mit Demokratie und Liberalismus assoziiert wird, dennoch die Notwendigkeit eines übergeordneten Verantwortungsprinzips entgegenhält, lässt sich umstandslos als Freiheitsfeind abstempeln. Eine etwas grobschlächtigere, aber umso populärere Ausflucht liefert die Anreizlogik des ökonomischen Verhaltensmodells. So seien schädliche Handlungen schlicht zu günstig, als dass rational handelnde Menschen einen Anlass haben könnten, von diesen abzulassen. Schließlich seien die hilflosen Konsumenten doch nicht schuld an den viel zu geringen Preisen für Fleisch, Elektronik, Flugreisen etc. Was bleibt ihnen also anderes übrig, als weiterhin Handlungen auszuführen, deren ruinöser Effekt ihnen zwar hinlänglich bekannt ist, die aber leider zu erschwinglich seien.

Zweitens lässt sich darauf verweisen, nicht verantwortlich dafür sein zu können, dass der verheißene Fortschrittsmessias, der von ökologischer Sünde reinwaschen soll, so unverschämt lange auf sich warten lässt. Wer diese Begründungskulissen angreift, legt sich sowohl mit Technik- als auch Institutionenklempnern an. Denn beiden ist gemein, dass sie autonome, individuell praktizierte Nachhaltigkeit, erst recht Suffizienz für inadäquat, unnötig und eine Überforderung halten. Nur durch institutionelle oder technische Eingriffe von außen seien überlebensfähige Handlungsmuster realisierbar.

Grundbedürfnisse oder dekadenter Luxus

Es zählt also zu den hartnäckigsten Abwehrreaktionen gegen reduktiven Wandel, diesen mit sozialpolitischen und systemischen Unvereinbarkeiten oder als unantastbar deklarierten Freiheiten zu konfrontieren. Eine prädestinierte Möglichkeit, derartige Vorbehalte konstruktiv zu bearbeiten, besteht darin, zwischen basalen Grundbedürfnissen und reinem Luxus zu unterscheiden. Diese Differenzierung gründet darauf, dass Handlungen, von denen hinlänglich bekannt ist, dass sie schädlich oder bei entsprechender Verbreitung gar lebensbedrohend sind, einer Rechtfertigung durch akzeptable Gründe bedürfen.

Suffizienz ist am wirksamsten und zugleich am überzeugendsten begründbar, wenn sie ansetzt, wo maximalen Schäden, die durch frei wählbare Handlungen entstehen, nur minimale Rechtfertigungsgehalte entgegenstehen. Diese Logik könnte empirisch und theoretisch kaum relevanter sein. Denn die höchste Wachstumsdynamik ökologisch ruinöser Prozesse lässt sich interessanterweise in den Bereichen eines abgehobenen Hedonismus verorten: Flugreisen, Kreuzfahrten, Plastikverpackungen, Skiurlaub, Neubau von Wohnhäusern, digitale Endgeräte, Pkws, Schönheitschirurgie, Wellnesskonsum, technisierte Freizeitgestaltung etc. Nichts von alledem ist für die Befriedigung von Grundbedürfnissen auch nur annähernd relevant.

Genau deshalb läuft die Schutzbehauptung, dass nur verantwortlich für etwas sein kann, wer diesbezügliche Handlungsfreiheit besitzt und durch eigenes Handeln überhaupt eine Wirkung erzielen kann, dort ins Leere, wo dekadenter Luxus fern jeglichen Sachzwangs praktiziert wird. Allein im Bereich der Mobilität, aber auch in der Wohnraumbeanspruchung und beim Fleischkonsum lassen sich pro Person durch

Reduktion und Vermeidung etliche Tonnen CO_2 vermeiden – nicht zuletzt deshalb, weil mit der durchschnittlichen Kaufkraft die individuellen ökologischen Fußabdrücke so immens gewachsen sind.

Aus sozialpolitischer Perspektive ließe sich kaum verneinen, dass eine materiell würdige Grundversorgung höher zu gewichten ist als purer Luxus. Zwischen diesen Belangen besteht ein Zielkonflikt, insoweit beides von derselben knappen, nicht vermehrbaren Ressource abhängen kann. Diese entspricht eingedenk des Klimawandels dem Recht, CO_2-Äquivalente freizusetzen. Wenn das mit der Einhaltung des Zwei-Grad-Klimaschutzziels noch verträgliche Gesamtbudget an Emissionen zunächst verwendet würde, um Grundbedürfnisse zu erfüllen, verbliebe kaum Spielraum für den schädlichsten Überfluss.

Wird diese Verwendungskonkurrenz aus einer ganz anderen Perspektive betrachtet, nämlich jener der ökonomischen Theorie, deren originärer Zweck darin besteht, Knappheitsprobleme effizient zu handhaben, ergibt sich interessanterweise exakt dieselbe Schlussfolgerung. Demnach wäre ein knappes Gut stets dort einzusetzen, wo es die stärkste Not lindert oder den höchsten Nutzen stiftet. Es bedürfte eines gediegenen Maßes an Zynismus zu behaupten, dass eine auskömmliche Ausstattung mit Nahrung, Gesundheit, Elektrizität, Bildung, angemessener Kleidung, Wohnraum, Konsumgütern und Werkzeugen des alltäglichen Bedarfs etc. – Dinge, die teilweise lebenswichtig sind – von geringerem ökonomischen Nutzen sein könnten als ein Wellnesstrip nach Indien oder Work-and-Travel in Neuseeland. Wer diese Abwägungslogik aus Konfliktscheu oder eigener Verstrickung weiterhin meidet, läuft in eine mehrfache Falle.

In der Nachhaltigkeits-, insbesondere der Klimaschutzdebatte grassiert der Fehlschluss, dass aus einer aggregierten

Umweltbelastung, die einem bestimmten Handlungsfeld (z. B. Elektrizitätsproduktion, Gebäudebestand) oder einer Ressourcenkategorie (z. B. Braunkohle, Erdgas) zugeordnet werden kann, ebenso hohe Einsparpotenziale abzuleiten seien. Ein aktuelles Beispiel liefert der lautstarke Kampf gegen die Kohleverstromung und das verglichen damit beredte Schweigen über Kreuzfahren, Flugverkehr, Wohnraum und Digitalisierung. Die Behauptung, Braun- und Steinkohle seien der wichtigste CO_2-Verursacher, gegen den vorgegangen werden müsse, während etwa der Flugverkehr einen relativ geringen CO_2-Beitrag erzeuge, ist in seiner Undifferenziertheit haarsträubend. Die Elektrizitätsversorgung zählt zu den fundamentalen Versorgungsleistungen, ohne die ein modernes Gemeinwesen schlicht zusammenbrechen würde. Sie ist überdies das geronnene Resultat einer mehr als jahrhundertealten Entwicklung, mit der kritische Abhängigkeiten entstanden sind, die sich kurzfristig nur schwer auflösen lassen. Kaum ein lebenswichtiger Bereich kommt ohne Elektrizität aus. Gleichwohl zählt der Kohleausstieg zu den unabdingbaren Zielen einer Klimaschutzstrategie. Andererseits: Solange es der vollkommen konzeptionslosen und überschätzten »Energiewende« an Speicherkapazitäten, Übertragungsnetzen und angesichts landschaftlicher Nebenwirkungen an politischer Akzeptanz mangelt, halten sich die Reduktionspotenziale im Kohlestromsektor kurzfristig in Grenzen.

Umgekehrt ist noch niemand verhungert, erfroren oder erkrankt, wenn er keine Urlaubsreise mit dem Flugzeug antreten oder als Schülerin keinen fremden Kontinent besuchen konnte. Hier liegen die sozial und ökonomisch begründbaren Einsparpotenziale möglicherweise bei über 90 Prozent, sind kurzfristig umsetzbar und können nicht an der Finanzierung von Substituten scheitern, weil sie in ersatzloser Unterlassung bestünden. Das zeigt sich allein schon darin, dass die globale

Mobilität innerhalb extrem kurzer Zeit explosionsartig überhandgenommen hat. Somit handelt es sich mitnichten um den Bestandteil eines langjährig entwickelten sozialen und ökonomischen Fundaments zeitgenössischer Gesellschaften. Während die Kohleverstromung in Mitteleuropa längst ihren Zenit überschritten hat, würde sich der Flugverkehr, wenn seine Wachstumsdynamik anhält, innerhalb kurzer Zeit zum Klimaproblem schlechthin entwickeln.

Dass der Flugverkehr im Weltmaßstab quantitativ noch immer deutlich geringer zum CO_2-Aufkommen beiträgt als die Kohleverstromung, entspricht daher nur einem kurzlebigen Standbild und hat zudem einen simplen Grund: 80 bis 90 Prozent der Menschheit konnte sich den Luxus einer Flugreise noch nie leisten, ist jedoch auf Elektrizität angewiesen, um basale Grundbedarfe zu befriedigen, die niemandem verwehrt werden können. Würden die Menschen im Globalen Süden und in den Schwellenländern ähnlich oft fliegen wie die Mitteleuropäer, ergäbe sich daraus nicht nur ein fulminantes Klimaproblem – der Planet wäre innerhalb kurzer Zeit unbewohnbar.

Wenn nachhaltige Entwicklung globale Gerechtigkeit innerhalb ökologischer Grenzen erfordert, was allein auf Basis individueller Schadensbilanzen darstellbar ist, wie weiter oben erläutert, können Kreuzfahren und Flugreisen (zumindest mehrere Interkontinentalflüge) nicht mit einer gerechten Lebensführung vereinbar sein. Derartige Handlungen sind nackte Gewalt gegen die Überlebensfähigkeit der menschlichen Zivilisation. Und insofern ihnen keine akzeptable Rechtfertigung zugrunde liegt, sollten sie als das bezeichnet werden, was sie sind: ein ökologischer Vandalismus, der die humanen Ziele der Moderne verhöhnt. Denn falls sich globale Mobilität damit relativieren ließe, dass sie aus einer (überdies verzerrten) empirischen Perspektive quantitativ weniger als Kohleverstromung ins Gewicht fällt, müsste sich mit derselben Logik ein heimtückischer Mord bagatellisieren lassen – statistisch betrachtet, ereignet sich ein solches Verbrechen schließlich, verglichen mit leichten Verkehrsdelikten, extrem selten.

Hinzu kommt ein politisch-strategisches Problem: Mit welcher Glaubwürdigkeit und Überzeugungskraft kann von RWE und Vattenfall der Kohleausstieg gefordert werden, wenn einerseits kein Krankenhaus ohne Elektrizität auskommt, während andererseits Flugreisen, Kreuzfahren und andere hedonistische Praktiken ungehindert Jahr für Jahr neue Rekorde erzielen? Solange sich beispielsweise die Klimaschutzaktivisten im Hambacher Forst nicht mindestens genauso engagiert Flugverkehr und Kreuzfahrten vorknöpfen, wird der RWE-Vorstand um gute Ausreden nicht verlegen sein.

Auch wenn die Relation zwischen Schadensintensität und Rechtfertigung von Handlungen keine letztgültige Objektivierung zulässt, ist die damit verbundene Debatte unverzichtbar, weil sie sich gegen die zügellose Egozentrik genauso wendet wie gegen sozialpolitisch blinde Suffizienzforderungen – denn auch diese sind begründungsbedürftig. Das Kriterium der Verhältnismäßigkeit von Ansprüchen lässt zudem offenkundig werden, dass Suffizienz keineswegs lustfeindlich und asketisch sein muss. Immerhin existiert ein nahezu unbegrenztes Spektrum an Gütern und Aktivitäten, die streng genommen zwar ebenfalls keine Grundbedürfnisse befriedigen, aber ökologisch derart verträglich sind, dass sie sich durchaus im Rahmen einer übertragbaren individuellen Öko- oder CO_2-Bilanz rechtfertigen lassen. Über wie viele Menschenleben müsste eine einzelne Person verfügen, um das Spektrum aller genussstiftenden Eindrücke, Genüsse und Erlebnisse auszuschöpfen, die im eigenen Land oder innerhalb eines geografischen Radius verortet sind, der sich mit ökologisch vertretbaren Mitteln erschließen lässt?

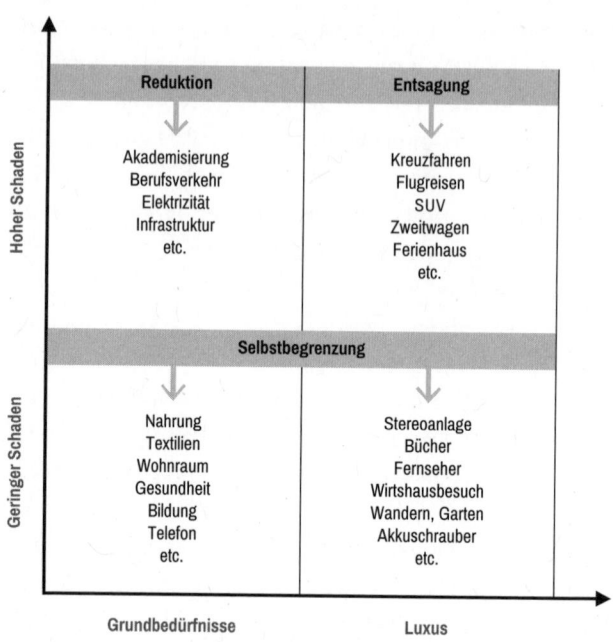

Reduktion	Entsagung
↓	↓
Akademisierung Berufsverkehr Elektrizität Infrastruktur etc.	Kreuzfahren Flugreisen SUV Zweitwagen Ferienhaus etc.

Hoher Schaden

Selbstbegrenzung	
↓	↓
Nahrung Textilien Wohnraum Gesundheit Bildung Telefon etc.	Stereoanlage Bücher Fernseher Wirtshausbesuch Wandern, Garten Akkuschrauber etc.

Geringer Schaden

Grundbedürfnisse   Luxus

Abb. 3: Luxus versus Grundbedürfnisse und die Anwendung der drei Suffizienzlogiken (siehe S. 143)

Um eine zunehmend lebensbedrohliche Wohlstandsverwahrlosung zu delegitimieren, erscheint es überdies essenziell, die Geschichtsvergessenheit gegenwärtiger Anspruchsexplosionen zu thematisieren: Wie lässt sich die Vereinnahmung von Gütern rechtfertigen, die erstens noch vor kurzer Zeit undenkbar waren, zweitens hohe Schäden verursachen, drittens puren Luxus darstellen und viertens unmöglich das Resultat eigener Arbeit sein können? Indem Suffizienz das ökologisch Verantwortungslose adressiert, welches sich weder auf Bedürftigkeit noch auf ein wie auch immer geartetes Leistungsprinzip stützen kann, werden auch vermeintliche »Gewohnheitsrechte« dekonstruiert. Denn das Gros zerstörerischer Vorgänge lässt sich fast nie auf eine Historie zurückliegender kultureller oder ökonomischer Praktiken zurückführen, sodass sich daraus eine schützenswerte Identitätsstiftung oder »Normalität« ableiten ließe. Das exakte Gegenteil trifft zu: Der Weg in den Massenkonsum war nie etwas anderes als eine Serie radikaler Brüche mit bisherigen Gewohnheiten, was Komfort, Mobilität und Versorgung anbelangt. Mit der stetig höheren Innovationsfrequenz entstehen neue Optionen, die ein »Bedürfnis« befriedigen sollen, das im selben Moment überhaupt erst entsteht, also vorher nicht bekannt sein konnte.

Neben der Delegitimierung ökologisch unverhältnismäßiger Begehrlichkeiten ist ein weiteres Kriterium bedeutsam, um Suffizienzpotenziale systematisch zu begründen, nämlich die Flexibilität und Kurzfristigkeit, mit der Konsum- und Mobilitätsroutinen fallen gelassen werden können. Viele ökologisch relevanten Objekte und Handlungen lassen sich kurzfristig vermeiden, etwa Urlaubspläne, noch nicht realisierte oder vertraglich fixierte Kaufentscheidungen sowie bestimmte Verbrauchsgüter, die üblicherweise in kurzen Abständen neu beschafft werden. Auch vieles von dem, was einer starken Gewöhnung geschuldet ist, lässt sich innerhalb kürzerer Frist immerhin graduell reduzieren, wie etwa der Fleischkonsum, die Anzahl der Autofahrten, die Elektrizitätsnachfrage, die Internetnutzung, Kaffeekonsum, Restaurantbesuche etc.

Demgegenüber dürfte es eher langfristig praktikabel sein, sich eines Autos vollständig zu entledigen. Die Abschaffung dauerhafter Gebrauchsgüter bietet sich am Ende einer ohnehin nicht mehr zu verlängernden Nutzungsdauer an. Eine vorzeitige Abschaffung würde entweder eine zu frühe Entsorgung erfordern oder lediglich einen anderen Nutzer auf den Plan rufen. Letzteres hätte nur dann einen Nachhaltigkeitseffekt, wenn damit eine Neuanschaffung vermieden würde. Andernfalls droht ein Reboundeffekt, weil der Gebrauchtgüterhandel die Kaufkraft der Nachfrager erhöhen kann.

Das Eigentum an einem Einfamilienhaus stellt einen vergleichsweise irreversiblen, also nur unter Schwierigkeiten veränderbaren Sachverhalt dar. Im Übrigen würde ein Verkauf der Immobilie selbst dann per se keine ökologische Entlastung bewirken, wenn die bisherigen Eigentümer und Nutzer in eine kleinere Wohnung zögen, weil das Haus dann lediglich anderen Personen zur Verfügung stünde und die kleinere Unterkunft möglicherweise erst zu erschaffen wäre, also sogar die Wohnraumnachfrage steigert. Hier würde es eher zur Wohnraumsuffizienz beitragen, wenn die Eigentümer sich auf die Nutzung nur einer Etage des Hauses beschränken und den frei gewordenen Wohnraum vermieten, was die Nachfrage nach neu zu schaffendem Wohnraum entlasten könnte.

Suffizienz unterfordert und überfordert zugleich

Einer der bewährten Abwehrreflexe gegen die Vermeidung ökologisch ruinöser Optionen – beispielsweise das Fliegen oder Autofahren – lautet, es sei finanziell unzumutbar, unbequem, zeitraubend oder gar unmöglich, den betreffenden Mobilitätsbedarf alternativ, etwa per Bahn, zu befriedigen. Diese Argumentation erweist sich als Ausgeburt der »grünen« Entkopplungslogik. Denn wenn eine Entsagung daran geknüpft wird, den dafür ursächlichen Bedarf lediglich anders zu befriedigen, handelt es sich gerade nicht um Suffizienz, sondern um Effizienz oder Konsistenz. Suffizienz hieße dagegen, nicht einfach nur die Mittel zu optimieren, um einen nicht zur Disposition stehenden Anspruch zu erfüllen, sondern umgekehrt den Anspruch dergestalt anzupassen, dass seine Erfüllung mithilfe verantwortbarer Mittel möglich ist oder ihn schlicht fallen zu lassen, falls keine verantwortbaren Mittel existieren. Für die Mobilität würde dies bedeuteten, sich auf Ziele zu beschränken, die in ökologisch vertretbarer Weise erreichbar sind, statt das Problem an die Mittelebene zu delegieren.

Suffizienz ist im Gegensatz zu anderen Nachhaltigkeitsprinzipien in den wichtigsten Handlungsfeldern auch ökonomisch voraussetzungslos. Es kostet nicht nur nichts, eine käufliche Option auszuschlagen, sondern spart den dafür zu entrichtenden Preis. Die klimafreundlichste Flugreise ist beweisbar noch günstiger als ein Ryan-Air-Ticket, es kostet nämlich gar nichts, wenn einfach nicht geflogen wird. Dasselbe gilt für das nachhaltigste Smartphone, Auto etc. Die Suffizienzlogik entlarvt den in Politik und Wissenschaft beharrlich vorgeschobenen Glaubenssatz, Nachhaltigkeit verursache Kosten, sei schwer zu finanzieren. Die Gesellschaft als Ganzes oder ein Individuum müsse sie sich leisten können. Diese Behauptung war nie etwas anderem als einer modernistischen Blickverengung geschuldet.

Wenn beispielsweise die CO_2-Emissionen des motorisierten Individualverkehrs gesenkt werden sollen, jedoch unter dem Vorbehalt, dass niemand weniger Kilometer zurücklegt, beschränken sich die Problemlösungen auf technische oder systemische Innovationen beziehungsweise Substitute, etwa E-Mobilität oder Bahnnutzung. Beides ist trivialerweise kostspieliger als bisherige Fortbewegungsmittel. Aber additive, folglich kostenträchtige Maßnahmen und Investitionen könnten entfallen, wenn der Mobilitätsanspruch als solcher reduziert würde. Je sesshafter und ortsverbundener Menschen leben, desto geringer sind nicht nur deren CO_2-Abdrücke, sondern auch die Ausgaben für Verkehrsleistungen. Deshalb handelt es sich bei den vermeintlichen Umweltschutzkosten in Wahrheit um den Aufwand, der nötig ist, um ein bestimmtes Wohlstands- oder Komfortniveau aufrechtzuerhalten. Nicht Umweltschutz, sondern Wohlstandsschutz ist teuer. Folglich ist Suffizienz die ökonomischste aller nachhaltigen Handlungsoptionen.

Das gilt auch für die »Energiewende«: Was spräche dagegen, jede Windparkplanung mit der Frage zu konfrontieren, warum die damit erzeugte Elektrizität nicht einfach ersatzlos eingespart wird? Der Kohleausstieg würde damit enorm verbilligt, weil er nicht von der Finanzierung adäquater Ersatzlösungen abhinge, die im Übrigen ihrerseits enorme ökologische Probleme mit sich bringen. So ließen sich nebenbei Zielkonflikte wie etwa der zwischen Klima- und Naturschutz vermittels Suffizienz mildern oder gänzlich lösen.

Einfach Ballast abzuwerfen, der das Leben verstopft und Sachzwänge erzeugt, obendrein Geld und ökologische Ressourcen kostet, verkörpert ein derart leicht auszuführendes Handlungsmuster, dass es genau deshalb eine fürchterliche Unterforderung für jene darzustellen scheint, die sich für modern, gebildet und – vor allem – fortschrittlich halten. Einfachheit beleidigt die Gestaltungslogik einer überakademisierten Gesellschaft, die auf jede Herausforderung mit komplexem Bildungs-, Planungs-, Investitions- und Technikaufwand reagieren zu müssen glaubt. Stromsparen hat gegenüber der Projektierung riesiger Windkraftanlagen den Nachteil, dass man dafür weder Maschinenbau studiert noch eine neue Industrie aus dem Boden gestampft oder einen gesetzlichen Rahmen erschaffen haben muss. Warum einfach, wenn's auch kompliziert geht?

Die Antwort ist nicht schwer: Heerscharen von Zuständigkeiten und den damit verknüpften Karriere- und Einkommensquellen würde die Basis entzogen, wenn zu viele Menschen dreist genug wären, den ursachenadäquaten Weg zur Lösung gesellschaftlicher Probleme einzuschlagen, nämlich die Problemquelle – beispielsweise eine zu energieaufwendige Lebensweise – direkt zu adressieren, statt sie in einen aufwendigen Kokon aus Technik und Institutionen einzuweben, um sie (hoffentlich) zu entschärfen. Je moderner Gesellschaften werden, desto mehr wird das Naheliegende und Einfache zum Revolutionären, weil es den Legitimationskulissen und einem auf Optionenwucherung beruhenden Gestaltungswahn den Sinn entzieht.

Nicht minder hemmend wirkt sich aus, dass reduktive Handlungsmuster unspektakulär sind. Genügsamkeit schafft keine monumentalen Symbole. Während sich 200 Meter hohe Windkraftanlagen, Passivhäuser und Wasserstoffantriebe als technologische Denkmäler inszenieren lassen, bleibt die Summe sparsamer Verhaltensweisen selbst dann weitgehend unsichtbar, wenn sie, verglichen damit, ein Vielfaches an Energie und CO_2-Emission vermeidet. Suffizienz hat kein Antlitz – schlimmer noch: Sie ist ganz und gar nicht fortschrittlich. Was sie verlangt, ist eher Übung, Disziplin oder »Selbstregulation«[57]. Wenn sie überhaupt etwas symbolisiert, dann Tugenden, die als altertümlich abqualifiziert werden. Suffizienz verlangt nichts Geringeres als gehörigen Mut zum Unzeitgemäßen. Sie versinnbildlicht die perfekte Gegenkultur zu allem, was als innovativ propagiert wird.

Handlungsunfähige Politik und soziale Diffusion

Mit der Technik versagt zugleich die Politik

Nachdem alle technischen Innovationsträume, die eine Rettung der modernen Lebensweise versprachen, geplatzt sind, dräut als nächste Einsicht herauf, dass ein auf institutionellem Fortschritt und politischen Maßnahmen gründender Gestaltungsoptimismus nicht minder vergeblich ist. Insoweit die überwiegende Mehrheit wahlberechtigter Bürger zu den Nutznießern eines Lebensstils zählt, der ökosuizidaler kaum sein könnte, stabilisiert sich folgender Befund: Wenn die »grüne« Technologie versagt, bedeutet dies zugleich das Ende jeder wirksamen Nachhaltigkeitspolitik, da eine solche dann logischerweise nur in Wohlstandsbeschränkungen oder -reduktionen bestehen könnte, für die keine Wählermehrheit verfügbar ist.

Parlamentarische Entscheidungsträger sind damit konfrontiert, nachhaltigkeitsaffine Signale zu verarbeiten, die vollends paradox sind: Dieselbe Wählermehrheit, die zunehmend lautstark das Ausbleiben hinreichenden Klimaschutzes beklagt, lässt nicht das geringste Indiz dafür erkennen, dass sie die Konsequenzen ihrer eigenen Forderungen durch Suffizienzleistungen zu meistern bereit ist. Folgerichtig stellt sie deren Umsetzung unter den kategorischen Vorbehalt, dass der eigene Lebensstil nicht anzutasten ist, was wiederum ein physikalisches

Wunder erfordern würde. Die Politik kann somit nur Maßnahmen ergreifen, die additiv (z. B. das EEG), selektiv (z. B. das Verbot von Plastikstrohhalmen) oder symbolisch (z. B. abstrakte Zielformulierungen auf Klimakonferenzen) sind, also auf reine Nachhaltigkeitssimulation hinauslaufen und obendrein möglichst viele ökonomische Nutznießer bedient: E-Scooter und Windkraftanlagen müssen schließlich produziert werden.

Grob vereinfacht, sehen sich politische Entscheidungsträger mit folgendem Dilemma konfrontiert: Einerseits zwingt sie der Nachhaltigkeits- und Klimaschutzfuror zum Handeln, weil sie andernfalls um ihre Legitimität fürchten müssten. Andererseits lässt sich konträr zu den schrillsten Betroffenheitsbekundungen beobachten, dass jeder nur denkbare ökologische Vandalismus fortlaufend neue Höchstmarken erreicht und gesellschaftsweit zunehmende Verbreitung findet – basierend auf Selbstverwirklichungspraktiken, die schon lange nicht mehr damit zu begründen wären, dass damit Grundbedürfnisse befriedigt oder Nöte gelindert werden. Vor die Wahl gestellt, entweder eine Suffizienz- oder Green-Growth-Strategie zu implementieren, sind zwei mögliche Konstellationen zu unterscheiden, auf die politisch zu reagieren wäre:

~ *Situation 1:* Die empörten Reaktionen auf die Nachhaltigkeitskrise sind eine medial aufgebauschte Minderheitenbefindlichkeit. Dann wäre eine Suffizienzpolitik unter demokratischen Bedingungen selbst dann irrelevant, wenn diese Minderheit durchaus reduktive Maßnahmen akzeptieren würde. Letzteres wäre zwar nicht sicher, aber immerhin nicht gänzlich auszuschließen. In jedem Fall würden mit einer Suffizienzpolitik nur die Interessen einer Minorität gegen jene der Mehrheit bedient. Folglich erweist sich die Green-Growth-Option als vorteilhaft, da sich damit gegenüber den Nachhaltigkeitsinteressierten ein politisches Engagement vorschützen lässt, ohne der Mehrheit Reduktionen zuzumuten.

~ *Situation 2:* Die Nachhaltigkeitsbekundungen werden zwar von einer Mehrheit getragen, lassen sich aber angesichts der Beobachtung aktueller Lebensstilentwicklungen unmöglich als Bereitschaft deuten, Ansprüche zu reduzieren, sondern als Forderung nach technischen oder sonstigen Entkopplungslösungen. Folglich wäre auch in diesem Fall eine Suffizienzstrategie politisch untragbar. Allein eine Green-Growth-Konzeption ließe sich mit dieser Konstellation vereinbaren, weil sie den Wohlstand vor Reduktionen schützt und zugleich für symbolische Kompensation, also Gewissenserleichterung, sorgt.

Solange also unter den gegenwärtigen kulturellen Bedingungen nur mehrheitsfähig ist, was in den Abgrund führt – denn genau das verhindert eine Green-Growth-Strategie nicht im Geringsten – sind wachstumskritische Transformationsentwürfe, die veränderte Rahmenbedingungen und somit ein demokratisches Votum voraussetzen, reine Zeitverschwendung. Sie können sich sogar als kontraproduktiv erweisen, weil sie die Gesellschaft in einen lähmenden »Warten auf Godot«-Modus versetzen. Sie pulverisieren jeden Diskurs über individuelle Verantwortung. Dass derzeitige Aufbrüche und Unmutsartikulationen weiterhin auf den Fluchtpunkt zulaufen, Forderungen an die Politik zu richten, verschafft ein bequemes Alibi: Wer die Bewältigung der Folgen des eigenen Handelns an eine bestimmte Zuständigkeit überträgt, auf die kein direkter Einfluss besteht, kann logischerweise selbst nicht mehr verantwortlich sein. Denn verantwortlich für einen Sachverhalt ist nur, wer substanziell auf ihn einwirken kann. Zugleich aber – und das ist der elegante Trick – kann die Wählermehrheit jene Instanz, der sie die Verantwortung zuschiebt, jederzeit blockieren beziehungsweise abstrafen, sollte diese sich anschicken, womöglich doch mit einer Suffizienzstrategie zu liebäugeln. Demokratische Wahlen finden schließlich geheim statt. Sollte also die neu erstarkte Wachstumskritik und Suffizienzdebatte lediglich dazu geführt haben, »Technikklempner« durch nicht minder fortschrittsgläubige »Institutionenklempner« zu ersetzen, wird sie ebenso versanden wie alle vorherigen Anläufe.

Bislang bestanden moderne Gestaltungsprinzipien nie in etwas anderem als in einer Kunst des zusätzlichen Bewirkens. Problemlösungen oder Verbesserungen wurden grundsätzlich mit einer Addition neuer Handlungsmöglichkeiten, insbesondere mit Innovationen und Wachstum, gleichgesetzt, ganz gleich ob technisch-materiell oder eben politisch-institutionell. Erstmals in der Geschichte kehrt sich dieser vorwärtsgerichtete Aktionismus um, weil er auf doppelte Weise, nämlich durch Technik- *und* Politikversagen, als Teil des eigentlichen Problems erkennbar wird. Aber damit deutet sich ein Epochenwechsel an, denn nichts könnte demokratische Instanzen derzeit mehr überfordern, als zu einem Gestaltungsmodus zu wechseln, der auf Anspruchsreduktion beruht.

Suffizienz würde in ihrer Tragweite vollends unterschätzt, wenn darin lediglich ein drittes Nachhaltigkeitsprinzip gesehen würde, das sich ergänzend zur Effizienz und Konsistenz mittels derselben politischen Entscheidungsinstanzen umsetzen ließe. Suffizienz verkörpert nicht nur das, was immer noch möglich ist, wenn die Technik versagt, sondern auch das, was an Handlungsmöglichkeiten verbleibt, wenn mehrheitsabhängige Institutionen nicht minder versagen. Reduktion, Selbstbegrenzung oder vollständige Entsagung markieren autonome Handlungsspielräume und Freiheitsgrade. Sie sind institutionell voraussetzungslos.

Ökologischer Anstand

Wer die weiter oben erläuterte Begründungsbedürftigkeit ruinöser Handlungen selbst dann ignoriert oder verneint, wenn ihr kausaler Bezug zu einem sich bereits abzeichnenden Desaster nicht zu leugnen ist, verlässt das Areal der Aufklärung und Vernunft. Jede noch so rücksichtslose Umsetzung einer Begehrlichkeit lässt sich dann allein damit legitimieren, dass sie vom Handelnden als nützlich, sinnvoll oder kompatibel mit einer bestimmten Gesinnung empfunden wird.

Dieser Rückfall in egozentrische Willkür bildet die Antithese zum Prinzip der Verantwortung. Während im Mittelalter nur wenige Personen mit dem formalen Privileg und den nötigen Ressourcen ausgestattet waren, jede Neigung unbegrenzt ausleben zu können, und zwar ohne sich irgendwem gegenüber rechtfertigen zu müssen, sind dazu heute sämtliche Gesellschaftsmitglieder ermächtigt. Bis vor Kurzem konnte sich der ökologische Vandalismus noch nicht massenhaft ausbreiten, weil er für viele unerschwinglich war. Aber inzwischen haben sich die technischen und ökonomischen Möglichkeiten zwecks »Angleichung der Lebensverhältnisse«, wie es in sozialpolitisch korrekter Manier heißt, geradezu potenziert. Ein rechtlicher Rahmen, der die zunehmend wirkmächtigeren Selbstentfaltungspraktiken eingrenzt, ist nicht ansatzweise erkennbar – wie auch, er liefe allen gesellschaftspolitischen Zielen zuwider, für die jahrzehntelang gekämpft wurde.

Allein die Frage, mit welchem Recht jemand eine Kreuzfahrt antritt, einen SUV nutzt, an Weihnachten in die Anden fliegt oder ständig Coffee-to-go-Becher kauft, wirkt wie aus der Zeit gefallen. Sie würde als rückständig oder gar autoritär, also freiheitsfeindlich zurückgewiesen, so denn jemand waghalsig genug wäre, sie überhaupt noch zu stellen. Gesellschaftlich akzeptiert ist indes nur Kritik, die sich gegen abstrakte

Projektionen richtet, etwa gegen RWE, Facebook, die Politik oder gleich den Kapitalismus. Auf individueller Ebene hingegen muss nach vorherrschender liberaler Lesart erlaubt sein, was gesetzlich nicht ausdrücklich verboten und was bezahlbar und verfügbar ist. Schuld an ruinösen Handlungsweisen können demnach nur »das System«, die Rahmenbedingungen, die Abwesenheit entsprechender Anreize sein. Andere Vorkehrungen zwecks kritischer Reflexion pompöser Handlungen sind nicht eingeplant.

Gleichwohl drängt sich die Erinnerung an eine Zeit auf, in der ein informelles Regulativ existierte, dem sich ausgesetzt sah, wer seinen Wohlstand oder Entfaltungsradius abweichend von einer bestimmten Norm ausdehnte. Ganz gleich ob vermittelt durch kritische Blicke oder spöttische Nachfragen von Nachbarn, Familienmitgliedern, Freunden oder Arbeitskollegen, wer sich zu viel herausnahm – auch wenn es bezahlt und gesetzlich erlaubt war –, stand unter Rechtfertigungsdruck. Die betreffende Norm, von der abzuweichen begründungsbedürftig war, konnte einer Tradition, Religion oder sozialen Zugehörigkeit (Familie, Zunft, Berufsgruppe, Wohngegend etc.) entstammen. Mithin speiste sie sich daraus, dass Kontinuität um ihrer selbst willen als orientierungsstiftend und sozial stabilisierend galt. Abweichler weckten Neid, insbesondere bei denen, die persönlich oder ökonomisch unfähig waren, es ihnen gleichzutun. Somit fühlten sie sich zurückgestellt oder gar gedemütigt. Weiterhin zerstörte das Neue unweigerlich die Sinnstiftung des Bisherigen, griff folglich indirekt in das Leben derjenigen ein, die damit ihre Basis für Sicherheit und Anschlussfähigkeit verloren.

Dies ließ soziale Regulative entstehen, die sich auf »Anstand« oder »Schicklichkeit« beriefen. So konnte grob markiert werden, was für ein Individuum eingedenk seiner Herkunft, Zugehörigkeit oder Leistung angemessen erschien.

Konformität einzufordern, um eine bestimmte Ordnung zu bewahren, konnte trotz ihres lediglich informellen Charakters selbstredend nur restriktiv und einengend sein. Es gehört deshalb folgerichtig zum Standardrepertoire moderner Emanzipationsprozesse, diese im Zwischenmenschlichen ausgetragene Intoleranz als fortschritts- und freiheitsfeindlich zu entlarven und in jeder erdenklichen Weise zu überwinden. Aber der damit angezettelte Feldzug gegen Spießigkeit, Muff und Konservatismus hat sich spätestens dort zu Tode gesiegt, wo er ein offenkundiges Dilemma ignoriert: Dem Gewinn an Handlungsfreiheit und egalitärem Chancenzugang steht ein Orientierungsverlust hinsichtlich materieller Angemessenheit gegenüber, der lebensbedrohend geworden ist.

Angesichts des Versagens beziehungsweise der Nichtexistenz anderer Regularien erscheint ein neuer Begriff von ökologischem Anstand nötig, der die Verantwortbarkeit von Handlungen und Lebensführungen thematisiert: Welche materiellen Freiheiten können einem Individuum zustehen, ohne dass es ökologisch und damit gleichsam sozial über seine Verhältnisse lebt? Dass die damit verbundene, notwendigerweise kontroverse Auseinandersetzung bislang vermieden wurde, markiert nicht nur eine kulturelle Fehlleistung, sondern untermauert einmal mehr die Bigotterie des Nachhaltigkeitsdiskurses.

Hieße dies, einem neuen Spießertum das Wort zu reden? Keineswegs, denn anstelle reiner Willkür, mit der seinerzeit alles missbilligt werden konnte, was von einer tradierten Norm abwich, wäre hier eine transparente und plausible Regel maßgeblich, nämlich die Verhältnismäßigkeit zwischen ökologischem Schaden und begründbarer Notwendigkeit. Ohne Rekultivierung eines zwischenmenschlichen Regulativs, das formelle Handlungsfreiheiten damit konfrontiert, sich als angemessen rechtfertigen zu müssen, sind demokratische Institutionen, die ansonsten noch so funktionsfähig sein können, schlicht überfordert, und zwar ausgerechnet dort, wo es um Existenzfragen geht.

Eine suffiziente Minderheit kann eine Mehrheit, die keine Anstalten erkennen lässt, ihren ökosuizidalen Lebenswandel reduktiv zu verändern, formal schwerlich überstimmen. Aber sie kann zu einem informellen Wandel beitragen, wenn sie eine andere Ebene der Auseinandersetzung und sozialen Interaktion wählt. Auch im wissenschaftlichen Diskurs wird noch immer übersehen, dass unterschiedliche Nachhaltigkeitskonzepte eben auch unterschiedliche Kommunikations- und Transformationskonzepte benötigen. In der Logik des »grünen« Wachstums, beruhend auf effizientem oder konsistentem Redesign, lassen sich Nachhaltigkeitsdefizite dadurch verarbeiten, dass sie in Forderungen an die Technologie, Wirtschaft und Politik übersetzt werden. Diese vertikale Kommunikationsrichtung delegiert das Problem auf eine höhere Ebene, von der eine Systemreparatur oder die Kreation bequemer Ersatzlösungen erwartet wird. Wie durch einen Schutzschild wird so jeder mögliche Anspruch an die eigene Verantwortung oder gar Genügsamkeit kategorisch vermieden, indem er im 90-Grad-Winkel »nach oben« abgelenkt wird. Ein solcher Blitzableiter hat drei Vorteile, die ihn mit zunehmendem Wohlstand umso attraktiver werden lässt.

Erstens: Jegliche noch so ruinöse Lebensführung gerät aus der Schusslinie, wird quasi unter Schutz gestellt. Zweitens: Wenn individuelle Reduktionsleistungen ausgeblendet werden, besteht auch kein Anlass, sich auf horizontaler, somit zwischenmenschlicher Kommunikationsebene kritisch auseinanderzusetzen: Eine Krähe hackt der anderen kein Auge aus, niemand kommt in die Verlegenheit, als spießig oder politisch unkorrekt dazustehen, weil er die eigenen Kinder, Freunde oder Nachbarn mit ihren ökologischen Handlungsfolgen konfrontiert, ganz gleich ob durch Ansprache, vorgelebtes Gegenbeispiel oder schlichte Verweigerung (z. B. Eltern, die zehnjährigen Kindern noch kein Smartphone schenken). Drittens: Auf interpersoneller Ebene lässt sich über alle ökologischen Fußabdrücke hinweg ein Gemeinschaftsgefühl herstellen, basierend auf der geteilten Einsicht, Opfer des Kapitalismus und der untätigen Politik zu sein, sodass es nun darum gehen muss, »denen da oben« mit vereinten Kräften die Leviten zu gelesen.

Diametral dazu liegt es im unabänderlichen Wesen der Suffizienz, dass sich diese nur durch horizontale Kommunikationsbeziehungen vermitteln lässt. Eine suffiziente Lebensführung kann weder durch technisches Design noch stellvertretend von der Politik übernommen werden. Sie lässt sich weder kaufen noch outsourcen, sondern kann nur selbst ausgeführt werden. Deshalb existiert für sie kein Blitzableiter und keine Zuständigkeit. Nachhaltigkeitsdefizite können demnach aus mindestens zwei Gründen nur auf interpersoneller Ebene behandelt werden.

Erstens: Genauso wenig, wie ein Analphabet einem anderen Analphabeten das Lesen oder Schreiben beibringen kann, entpuppt sich jede Suffizienzforderung als pure Scharlatanerie, wenn nicht gar als Anmaßung, wenn sie offenkundig schon im Selbstversuch desjenigen scheitert, der die Forderung erhebt. Zweitens: Wenn Kommunikation über belanglose Konversation hinausreichen soll, in der sich die darin Beteiligten lediglich in ihren Auffassungen bestätigen, dann setzt sie voraus, dass sich die Kommunikanten voneinander abgrenzen. Veränderung auszulösen, zumal Lernprozesse zu initiieren, erfordert eine hinreichende Differenz zwischen den Kommunizierenden. Individuen, die einander wie ein Ei dem anderen gleichen, können unmöglich voneinander lernen, können sich auch nicht gegenseitig für Neues inspirieren oder mit Kritik konfrontieren.

Diese notwendige Differenz lässt sich nur in nonverbaler Kommunikation artikulieren, das heißt in konsequent und glaubwürdig praktizierten Lebensführungen, also materialisierten Fakten. Alles andere läuft auf reine Täuschung oder symbolische Kompensation hinaus, die jede Veränderung im Sinne von Suffizienz vereitelt. Impulsgeber und zugleich substanzielle Basis für den erforderlichen kritischen Dialog kann vorläufig nur eine kleine Gruppe (Avantgarde) sein, die Suffizienz konsequent sichtbar werden lässt. Vorgelebte Genügsamkeit zum Gegenstand von Nachhaltigkeitskommunikation werden zu lassen muss nicht notwendigerweise streitlustig sein, zumal das viele Individuen überfordern würde. Das suffiziente Anderssein lässt sich auch humorvoll oder einladend vorleben. Aber die konsequente Delegitimierung selbstzerstörerischer Mehrheitstendenzen durch fantasiereiche Aktionen der Verweigerung oder direkte Konfrontation wird zukünftig zum Repertoire von Suffizienzpionieren gehören müssen. Dies sollte selbstredend friedlich und im Rahmen geltender Gesetze geschehen, die entgegen häufiger Schutzbehauptungen durchaus alle hierzu nötigen Handlungsfreiheiten offenbaren.

Es könnte naiv wirken, allein durch radikal vorgelebte, in Nischen verbleibende Gegenkulturen hinreichenden Wandel induzieren zu wollen. Schließlich handelt es sich um eine immer noch verschwindend geringe Minderheit, die in den Widerstand zum Mainstream tritt. Aber: Jeder tief greifende Wandel – zumindest in Demokratien – hat bislang immer seinen Anfang in Nischen oder die Zukunft vorwegnehmenden Subkulturen genommen. Wie sinnhaft suffiziente Lebensführungen sind, leitet sich schließlich nicht daraus ab, ob sie mehrheitsfähig sind, sondern ob sie eine verallgemeinerbare Problemlösung für den Fall darstellen, dass Krisenszenarien das Wohlstandsgefüge einstürzen lassen. Und diese können nur eine Frage der Zeit sein, wenn am aktuellen Wachstumskurs festgehalten wird.

Es sind Suffizienzpioniere, die schon durch ihre pure Existenz vorsorglich erprobte Daseinsformen als Kopiervorlage bereithalten, die für den Rest der Gesellschaft spätestens im Krisenfall überlebensnotwendig werden. Denn Genügsamkeit dient nicht nur der Ökosphäre, sondern bildet die beste Krisenbewältigungsstrategie, schafft also Resilienz. Jene Vorreiter, die damit bereits jetzt beginnen, haben keinen Grund, darüber frustriert zu sein, dass sie vorerst noch als Fortschrittsverweigerer oder Partykiller beschimpft werden. Genau genommen bilden sie eine Lebensversicherung, von der später selbst ihre gegenwärtigen Kritiker profitieren. Genügsam lebende Menschen sind die letzten »Helden« einer modernen Welt, in der alle verbliebenen Abenteuer zu kerosintriefenden oder digital vermittelten Konsumkrücken verkommen sind.

Glaubwürdige Nachhaltigkeitskommunikation und autonomer Wandel

Angesichts des systematischen Technik- und Politikversagens, mit dem zugleich jede Verantwortungsdelegation an höhere institutionelle Ebenen fehlschlägt, verbleiben als Handlungsoptionen, die den zerstörerischen Steigerungswahn durchbrechen, also nur solche, die

1. keiner technischen Innovationen bedürfen, sondern auf genügsamen Handlungsmustern (Reduktion, Selbstbegrenzung, Verneinung/Verweigerung) beruhen,
2. die institutionell insofern voraussetzungslos sind, als sie nicht von politischen Mehrheitsentscheidungen abhängen, also nötigenfalls unilateral auf individueller Ebene, in

Gruppen oder in gesellschaftlichen Teilsystemen umgesetzt werden können (Eigenverantwortung) und

3. nicht an separaten Objekten oder symbolischen Einzelhandlungen, sondern an der individuellen Öko- oder wenigstens CO_2-Bilanz ausgerichtet sind (Subjektorientierung).

Dabei gilt es, die bequeme Lebenslüge zu widerlegen, der zufolge nicht genügend Handlungsfreiheiten bestünden, um innerhalb vorhandener Strukturen eine verantwortbare Lebensführung zu praktizieren. Aber dies kann nicht allein auf sprachlicher Ebene, sondern nur durch gelebte Gegenpraktiken, also glaubwürdige Kommunikation, gelingen. Letztere bedarf geeigneter Strukturen und Prozesse, die sich unterhalb des politischen Radars entfalten können. Solange keine demokratischen Mehrheiten in Sicht sind, die den Tanker zum Bremsen und Umsteuern bewegen, dürfte die autonome Entwicklung dezentraler Rettungsboote nicht nur die realistischere, sondern auch verantwortbarere Strategie darstellen. Wird damit einer Politikverdrossenheit oder Geringschätzung demokratischer Prozesse Vorschub geleistet?

Selbst wenn daran festgehalten würde, dass eine Suffizienz- oder Postwachstumsstrategie von demokratischen Instanzen in Gang zu bringen wäre, bliebe die Frage unausweichlich: Wie ließe sich deren Handlungsfähigkeit angesichts des weiter oben dargestellten Politikversagens herstellen? Dass demokratische Politikinstanzen es riskieren können, wirksame (anstelle lediglich symbolischer oder additiver) Nachhaltigkeitsmaßnahmen zu ergreifen, setzt eine Zivilgesellschaft voraus, die ihre Bereitschaft für einen reduktiven Wandel glaubwürdig zum Ausdruck bringt, also nonverbale und verbale Signale in Einklang bringt. Eine genügsame Daseinsform akzeptieren und bewältigen zu können lässt sich nur durch kongruente Lebenspraxis kommunizieren. Erst wenn hinreichend viele Individuen und gesellschaftliche Teilsysteme die derzeitige Doppelmoral des Nachhaltigkeitsdiskurses überwinden, manifestiert sich eine verlässliche und eindeutige Botschaft auch an die Politik. So paradox es erscheinen mag: Unter demokratischen Verhältnissen würde eine Suffizienzpolitik im Vorhinein voraussetzen, was ihrem eigentlichen Ziel entspricht, nämlich eine hinreichende Anzahl von Personen oder sozialen Strukturen, die einen reduktiven Wandel praktizieren. Denn wer die Wählermehrheit überfordert oder deren Freiheitsverständnis zuwiderhandelt, begeht politischen Selbstmord.

Um gesellschaftliche Resonanz für eine suffiziente Transformation zu erreichen, bedarf es deshalb eines hinreichenden Grades an *vorheriger* Selbsttransformation. Diese kann nur von Pionieren, funktionalen Eliten oder einer Suffizienzavantgarde eingeleitet werden. Neben derartigen Impulsgebern bedarf es dazu vor allem: Übung. Wo die individuell zu meisternde Veränderung gravierend ist, stellt sich heraus, dass Menschen als »Träger von Übungsprogrammen«[58] nur auszuhalten beziehungsweise umzusetzen imstande sind, was sie trainiert und durch disziplinierte Wiederholung zur Routine haben heranreifen lassen. Dabei helfen landläufige (umwelt-)pädagogische Konzepte nicht weiter, denn Suffizienz umfasst mehr als faire Schokolade, LED-Lampen oder einen als Freiwilliges Ökologisches Jahr getarnten Abenteuerurlaub in Afrika. Reduktive Anpassungen scheitern nicht an mangelnder Aufklärung oder Einsicht, sondern an nicht eingewöhnter Belastbarkeit. Die hierzu nötige Übung lässt sich nicht delegieren, sondern muss selbsttätig ausgeführt und wiederholt werden.

Bevor hedonistisch geprägte Mehrheiten auch nur daran denken können, sich einer materiellen Entziehungskur zu unterwerfen, müssen Praktiken der Genügsamkeit und Sesshaftigkeit erst Teil des als normal angesehenen Handlungsrepertoires geworden sein. Niemand stürzt sich ins Wasser, ohne zuvor schwimmen gelernt zu haben. Hierzu bietet es sich an, adäquate Orte und Plattformen zu erschließen, um gemeinsam mit anderen Übungsprogramme der Reduktion und Verweigerung zu initiieren. In Netzwerken der gegenseitigen Hilfe lassen sich subkulturelle Praktiken aufbauen, durch die Suffizienz zum positiv codierten Identifikationsmerkmal werden kann. Derartige Handlungsmuster lassen sich in Gruppenprozessen reproduzieren und damit stabilisieren.

Freiwillig und eigenverantwortlich den Lebenswandel reduktiv anzupassen bedeutet keineswegs, sich ins unsichtbare Private zurückzuziehen oder zum suffizienten Einzelkämpfer zu werden. Schon gar nicht kann damit gemeint sein, unpolitisch zu agieren. Ganz im Gegenteil: Je deutlicher der Nachhaltigkeitsdiskurs in pure Scheinheiligkeit abdriftet, desto radikaler wirkt sich glaubwürdig praktizierte Suffizienz als Kommunikationsinstrument aus. Sie entlarvt Bigotterie, widerlegt die vermeintliche Ohnmacht und ermutigt jene, deren Bereitschaft, genügsam zu leben, bislang an mangelnden sozialen Anknüpfungspunkten scheiterte. Schamgefühle und Hemmschwellen, die sich infolge einer verringerten, als nicht anschlussfähig geltenden Güter- und Technikausstattung einstellen könnten, lassen sich am ehesten in Gemeinschaften vermeiden, selbst dann, wenn deren Mitglieder nicht in räumlicher Nähe, sondern dezentral interagieren.

Je tiefgreifender die Veränderung ist, mit der Individuen konfrontiert werden, umso notwendiger erscheint es, die damit korrespondierenden Lebensführungen zunächst in Nischen vorzubereiten, zu erproben, um die resultierenden »Blaupausen« sodann sukzessive vervielfältigen zu können. Daran knüpft die Theorie »sozialer Diffusionsprozesse«[59] an. Sie beruht auf der Annahme, dass die individuelle Bereitschaft, eine Neuerung oder Handlungsänderung zu »adoptieren«, das heißt zu übernehmen, davon abhängt, wie viele andere Individuen beobachtet werden können, die diese Handlung bereits ausführen. Die Häufigkeit, mit der jemand eine Neuerung beobachtet haben muss, um sie für sich selbst zu akzeptieren und zu übernehmen (Adoptionsneigung), divergiert individuell und gilt als normalverteilt. Somit lassen sich verschiedene Kohorten je nach durchschnittlicher Adoptionsneigung unterteilen. In der Diffusionsforschung wird zwischen Pionieren (Innovatoren), frühen Adoptern, früher Mehrheit, später Mehrheit und Nachzüglern unterschieden.

Unter diesen einfachen, aber durch die Empirie immer wieder bestätigten Prämissen beginnt eine Transformation bestehender Praktiken typischerweise als Minderheitenphänomen. Sie wird zunächst von Pionieren ausgeführt und damit für andere sichtbar erprobt. Bei diesen Vorreitern kann es sich um Personen handeln, die besonders neugierig oder experimentierfreudig sind oder sich einfach nur von der Masse und ihrem Umfeld abheben wollen. Oft bringen sie auch besondere Erfahrungen oder Vorprägungen mit, die sie dafür prädestinieren, eine bestimmte Neuerung früher als andere aufzugreifen. Zuweilen sind die Pioniere ethisch engagiert, durchsetzungsfähig, eigensinnig oder von einer besonderen Bestimmung oder Idee beseelt, der sie zielstrebig und risikobereit folgen.[60]

Was auch immer ihr Antrieb sein mag, sie ebnen den Weg dafür, dass die Kohorte mit der nächsthöheren Übernahmeschwelle (frühe Adopter) aktiviert wird. Die damit gesteigerte Verbreitung und Beobachtbarkeit spricht wiederum die Kohorte mit der abermals nächsthöheren Adoptionsschwelle an und so fort.[61] Im besten Fall kann diese soziale Dynamik ein Niveau erreichen (»kritische Masse«), ab dem die Diffusion zum Selbstläufer wird, weil jede Übernahmewelle automatisch die Bedingungen für die nächste Adopterkohorte schafft. Natürlich wird die Übernahmewahrscheinlichkeit durch weitere

Faktoren erhöht, etwa wenn die Neuerung im eigenen sozialen Umfeld (Familie, Freundeskreis, Nachbarn, Kollegen etc.) beobachtet wird oder von Akteuren demonstrativ übernommen wird, die über besonderen Einfluss auf die Orientierungen anderer Personen verfügen. Zu diesen sogenannten Meinungsführern (opinion leaders) zählen hochrangige Funktionsträger, Politiker, Medienstars, bekannte Wissenschaftler, Experten, Schauspieler, Popmusiker, Influencer und so weiter. Im sozialen Nahraum sind es oft Eltern, Freunde, Pädagogen etc., die besondere Anerkennung genießen.

Wie sehr sich dieser Einfluss umkehren kann, ist allerdings auch offenkundig. Wenn etwa medial präsente Klimaschutzprotagonisten hohe Ansprüche formulieren, die sie durch ihre eigene Lebensführung konterkarieren, markiert dies mehr als einfach nur Heuchelei, nämlich die allmähliche Zerstörung der Basis für eine wirksame Nachhaltigkeitskommunikation. Was dann diffundiert, sind keine klimafreundlichen Lebensweisen, sondern scheinheilige Selbstinszenierungen, basierend auf Symbolhandlungen bei gleichzeitiger Stabilisierung klimaschädlicher Handlungen. Opinion leaders kommt somit eine besondere Verantwortung zu.

Als diffusionsfördernd erweisen sich auch räumliche und soziale Kontexte, die wie »Brutstätten« für suffiziente Daseinsformen wirken, etwa Ökodörfer, Stadtteile mit einer genügsamen Tradition oder auch Konstellationen, in denen sich aufgrund materieller Knappheiten suffiziente Praktiken und Erwartungshorizonte normalisieren konnten (etwa bestimmte Regionen in Mecklenburg-Vorpommern). Relevant können auch geografische oder milieubedingte Singularitäten sein, die sich durch kulturelle Autonomie modernen Steigerungstendenzen widersetzen und somit genügsame Orientierungen bewahren konnten, wie manche Teile des Wendlandes. Maßvolle Praktiken müssen trivialerweise nicht neu erfunden, sondern lediglich wiederentdeckt oder reaktiviert werden. So-ziale Nischen, in denen Suffizienz überleben konnte, sind ein Lieferant für jenes Erfahrungswissen, aus dem sich die weitere oder erneute Diffusion speisen kann.

Gerade weil unter den momentanen kulturellen Bedingun-gen vorerst keine kritische Masse erreicht werden kann, ist die Stabilisierung suffizienter Handlungs- und Lebensweise in Nischen und Reallaboren besonders essenziell. So lässt sich ein Vorrat an imitierbaren Praktiken – ähnlich wie die von Beuys so bezeichneten »sozialen Plastiken« – bewahren, auf die zurückgegriffen werden kann, wenn Krisenszenarien dies nahelegen. Dabei gilt es, suffiziente und sesshafte Lebenskunst vor dem Verlernen zu bewahren, also in den dafür geeigneten Nischen fortlaufend zu reproduzieren. Denn nachdem die Ge-nügsamkeit ausgestorben ist, stirbt als Nächstes die mensch-liche Zivilisation.

Zum Schluss:
Suffizienz stellt die doppelte Freiheitsfrage

Nie waren Menschen reicher, freier, gebildeter und gaben sich problembewusster als heute, während sie zugleich nie ökologisch verantwortungsloser lebten. Wenn Doppelmoral zum Normalzustand einer sich aufgeklärt und fortschrittlich gerierenden Gesellschaft wird, enden alle vernunftgeleiteten Zukunftsaussichten. Dann beginnt nicht nur die Drift ins ökologische, sondern auch postzivilisatorische Desaster. An der mittels antiautoritärer und freiheitsbetonter Entwicklungsmaximen erstrittenen Enthemmung aller erdenklichen Ausschweifungen, ganz gleich ob individuell oder ökonomisch, zerbricht nicht nur die physische Existenzgrundlage, sondern die Moderne an sich.

Diese Einsicht ist zu schmerzhaft, als dass sie kurzfristig etwas anderes als Ausflüchte und Gegenwehr hervorrufen könnte. Das Resultat ist ein doppelbödiges Konstrukt aus (Lebens-)Lügen und vorgeschobenen Glaubenssätzen, zumeist technizistischer und institutioneller Machart. Dazu zählt auch die beständig wiederholte Schutzbehauptung, als Einzelner ohnmächtig zu sein, während die verantwortliche Politik durch Nichtstun glänze. Dabei könne sie doch die von ökologischen Problemen, Verzichtsängsten und Gewissensnöten erlösende Trumpfkarte ausspielen, nämlich erneuerbare Energien und andere technische Innovationen herabregnen lassen – wenn sie nur wollte. Aber solange die gesellschaftliche Mehrheit eine derartige Nachhaltigkeitsstrategie fordert, die erstens einer Quadratur des Kreises entspricht und zweitens eigenverantwortliches Agieren verneint, verdammt sie die Politik notwendigerweise zur Handlungsunfähigkeit, auf die sie sich dann wiederum selbst berufen kann, um den aktuellen Lebensstil nicht infrage stellen zu müssen.

Den Widerpart zu dieser kollektiven Umnachtung bildet die Logik der Suffizienz. Sie speist sich aus einem inhaltlichen und strategischen Begründungszusammenhang. Die Notwendigkeit genügsamer Daseinsformen folgt logisch daraus, dass alle technischen beziehungsweise institutionellen Gestaltungsoptionen schon theoretisch inkonsistent, erst recht aber empirisch gescheitert sind. Außerdem lässt sich zeitökonomisch darlegen, dass allein Suffizienz wirksamen Selbstschutz vor Reizüberflutung und anderem Modernisierungsstress bietet und damit eine positive Auswirkung auf das eigene Leben haben kann. Dass Suffizienz also nicht automatisch schmerzvollen Verzicht bedeutet, folgt noch aus einem weiteren Grund: Wie kann jemand auf etwas verzichten, was ihm nie zugestanden hat, weil es auf irreversibler Plünderung von Ressourcen beruht? Somit lässt sich Suffizienz auch als Rückgabe einer dreist angeeigneten Beute begreifen.[62]

Ihre strategische Bedeutung ergibt sich daraus, dass Suffizienz politisch, technisch und ökonomisch voraussetzungslos ist. Daher ermächtigt sie zu unilateralem Handeln, das jenseits aussichtsloser Versuche, eine mehrheitsabhängige Nachhaltigkeitspolitik zu etablieren, ausgeführt werden kann. Überdies erschafft glaubwürdig praktizierte Suffizienz ein zweifach wirksames Kommunikationsinstrument. Zum einen entlarvt sie die grassierende Doppelbödigkeit des Nachhaltigkeitsdiskurses, indem sie alle Ausredenregister empirisch widerlegt: Suffiziente Praxis schafft Fakten, während die Spruchblasen der Technik- und Institutionenklempner nur unerfüllbare Versprechungen enthalten. Zum anderen legen Suffizienzaktivisten die Basis für eine weitere Diffusion der durch sie vorgelebten Daseinsformen. Denn insoweit der Homo sapiens seinen sozialen Wesenszug schwerlich ablegen kann, folgen seine Handlungsmuster weniger einer logischen oder rationalen Kalkulation als vielmehr einer ungefähren Nachahmung dessen, was er innerhalb des für ihn relevanten sozialen Kontextes bei anderen Individuen beobachten kann.

Landläufige Abwehrreflexe, denen zufolge die Forderung nach Suffizienz autoritäre, zumal (öko)diktatorische Politikinstanzen voraussetze oder gar begünstige, sind aus verschiedenen Gründen nicht nur abstrus und selbstentlarvend (es lohnt sich zu beobachten, wer diese Vorwürfe erhebt), sondern lassen sich ins genaue Gegenteil verkehren. Erstens: Als Prinzip der eigenständigen, politisch autonomen Zurückweisung oder Unterlassung eröffnet Suffizienz gerade Handlungsoptionen jenseits formaler Regeln, ohne diese verletzen zu müssen. Sie ist also strukturell anarchistisch, weil Verweigerung ein probates Mittel ist, um sich der Regulierung durch organisierte Herrschaftssysteme oder materielle Abhängigkeiten zu entziehen. Zweitens: Der sich betont liberal gerierende Einwand, Suffizienz sei mit moderner Freiheit nicht zu vereinbaren, bildet ein Paradebeispiel dafür, dass manche Kritik mehr über den Kritiker als den Kritisierten verrät. Denn dieses Argument setzt ein Menschenbild voraus, dem die Fähigkeit zur Einsicht in die Notwendigkeit des Überlebensnotwendigen fehlt. Damit richtet sich das Argument ungewollt gegen sich selbst, denn Liberalismus und Demokratie dürften mit einer derart pessimistischen Einschätzung des menschlichen Charakters kaum zu vereinbaren sein. Im Übrigen müsste eine Freiheit, deren Ausübung sich ihrer eigenen

Existenzgrundlage beraubt, in einem unlösbaren Widerspruch stranden. Wenn Freiheit ins Pathologische abdriftet, weil sie sich nicht begrenzen lässt, schafft sie sich zwangsläufig selbst ab. Sie trägt damit zu einer Rückabwicklung der Aufklärung bei: Wer sich des eigenen Verstandes nicht einmal dort zu bedienen vermag, wo das Überleben der menschlichen Zivilisation auf dem Spiel steht, liefert autoritären Strukturen die beste Begründung.

Deshalb sind Demokratien ohne Suffizienz nicht zu retten. Wer stattdessen weiter auf technologische oder politische Erlösung vertraut, steuert auf eine unvermeidliche Eskalation zu. Wenn nämlich Verteilungskonflikte entbrennen und für manche der Kampf um ein würdiges Dasein beginnt, wird sich niemand mehr für eine Demokratie einsetzen, die offenkundig am Minimum dessen gescheitert ist, was Humanität bedeutet: Überlebensfähigkeit. Wer also die Freiheit bewahren will, darf sie nicht missbrauchen oder überstrapazieren, sondern muss sie vorsorglich und freiwillig begrenzen.

Ein Liberalismus, der sich allein auf formale Rahmenbedingungen und Gesetze verlässt, also von informellen Regulativen absieht, die auf zwischenmenschlicher Kommunikationsebene ökologischen Anstand einfordern, ist nicht überlebensfähig. Demokratische Gesellschaften, in denen ein Fehlverhalten, das bei hinreichender Verbreitung lebensbedrohlich sein muss, damit legitimiert werden kann, dass es gegen kein mehrheitlich beschlossenes Gesetz verstößt oder kein hinreichender »Anreiz« zu dessen Unterlassung gesetzt wurde, werden kläglich untergehen. Wer das verhindern will, muss die Zivilcourage aufbringen, an einem dritten Regulativ mitzuwirken, nachdem die beiden anderen, verkörpert durch fortschrittstrunkene Technik- und Institutionenoptimierung, gescheitert sind. Dieses dritte Regulativ bestünde im Sinne einer Selbstermächtigung darin, erstens die Missbilligung lebensfeindlicher Handlungen und Prozesse angemessen zum Ausdruck zu bringen, zweitens für diese maximalen sozialen Rechtfertigungsdruck aufzubauen und drittens die dabei angelegten ökologischen Maßstäbe durch eine entsprechende Lebensführung auf sich selbst praktisch anzuwenden. Nur so lassen sich die allgegenwärtige Unglaubwürdigkeit und Wirkungslosigkeit abstrakter Forderungen überwinden.

Suffizienz steht für eine zwanglose Neujustierung individueller Freiheit, wobei sie zwei gegensätzliche Perspektiven einnimmt. Wenn der Planet erstens physisch begrenzt ist, zweitens industrieller Wohlstand nicht von ökologischen Schäden entkoppelt werden kann, drittens die irdischen Lebensgrundlagen dauerhaft erhalten bleiben sollen und viertens globale Gerechtigkeit herrschen soll, muss eine Obergrenze für die von einem einzelnen Individuum in Anspruch genommene materielle Freiheit existieren. Diese kann sich nur an der Gesamtbilanz aller ökologischen Handlungsfolgen bemessen.

Aber zugleich erweitert Suffizienz die Handlungsfreiheiten, weil sie sich behindernder materieller und institutioneller Vorbedingungen entledigt. Ballast abzuwerfen, sich dem Steigerungswahn zu entziehen, verführerische Komfortangebote auch dann links liegen zu lassen, wenn sie finanzierbar und legal sind, das Vorhandene als auskömmlich zu betrachten und gegen aufdringlichen Fortschritt zu verteidigen, gemeinsam mit anderen den Mut zum Unzeitgemäßen zu entwickeln – dies alles kostet nichts, bedarf keiner innovativen Erfindung, ist nicht von Mehrheiten abhängig, verstößt gegen kein Gesetz und benötigt auch keines. Ein friedlicher und fröhlicher Aufstand der sich Verweigernden – besser noch: ein maßvoller Wohlstands- und Technologieboykott – verbleibt als letzter Ausweg. Die Zeit der Ausreden ist vorbei.

Nachgespräch

Ende Oktober 02019 erneut am Stadtrand von Oldenburg – nun aber im Wohnzimmer mit Blick in den Garten. Niko Paech, Manfred Folkers und Barthel Pester genießen den Tee und ein Stück Kuchen mit selbst geernteten Äpfeln.

Unser erstes Gespräch endete bei den Blicken dreier Adler, die sich beim Beobachten beobachten. Braucht es nicht noch mehr, um den Ernst einer Lage zu beurteilen?

Folkers: Ja, es reicht nicht, diese nur zu beobachten. Auch Neinsagen ist noch keine brauchbare Antwort. Erst die Negation der Negation, erst eine Überwindung des dualistischen Denkens, erst Blicke aus einer dritten Ebene zeigen neuartige Lösungen auf. Nikos Analyse des ökonomischen Ist-Zustands gleicht dem Flug eines Adlers durch eine Lebens- und Wirtschaftswelt, in der Menschen letztlich Versuchskaninchen sind.

Niko Paech ist der Adler, der beobachtet?

Paech: Es ist äußerst instruktiv, Menschen dabei zu beobachten, wie sie ihre eigene Situation, den Zustand der Gesellschaft und Umwelt beobachten, welche Konsequenzen sie daraus ziehen und was sie alles – trotz eines nie da gewesenen Bildungsniveaus – verdrängen. Es fällt auf, wie willfährig sie sich einer nicht mehr kontrollierbaren Fortschrittsdynamik unterwerfen. Diese sollte einst das geplagte Individuum von Schicksalsabhängigkeit befreien. Längst aber haben sich die Mittel hierfür verselbstständigt und zu unkontrollierbaren Risiken aufgetürmt. Die materiellen, sozialen und kulturellen Dimensionen der Technisierung, Digitalisierung und globalen Entgrenzung sind durch keine politische Instanz mehr steuerbar. Niemand blickt mehr durch.

Aber dies kritisch zu reflektieren ist doch der Job der Wissenschaft?

Paech: Sollte man meinen. Stattdessen hat sie jede Distanz zum allgegenwärtigen Fortschrittsexzess verloren. Gefragt wird nicht mehr nach dem Ob, sondern nur noch nach dem Wie. Am Beispiel der Digitalisierung lässt sich ablesen, in welchem Geisteszustand diese Gesellschaft schwebt: Niemand vermag die langfristigen Folgen dieser Technisierungswelle auch nur annähernd abzuschätzen. Dennoch überbieten sich alle darin, diesen Trend zu beschleunigen – trotz des bereits erlangten Wohlstands- und Technisierungsgrades. Statt aus den Folgen früherer Innovationsrisiken zu lernen, werden neue Wagnisse propagiert. Eine Kultur der Genügsamkeit müsste darauf beruhen, die Fortschrittsdynamik zu verlangsamen, um wieder die Kontrolle zu erlangen.

Ist es überhaupt noch zu schaffen, aus dieser Sackgasse herauszukommen?

Folkers: Leben ist nie statisch. Der individuelle und der gesellschaftliche Alltag wandeln sich ununterbrochen. Wer daran zweifelt, mag sich den Film *Der Angriff der Gegenwart auf die übrige Zeit* von Alexander Kluge anschauen.[1] Im Zwölf-Jahres-Rhythmus belegt er anhand von Dokumentaraufnahmen ab dem Jahr 1900, wie nichts bleibt, wie es ist. Veränderungen sind unausweichlich. Es stellt sich nur die Frage, ob sie durch Naturgesetze oder aufgrund menschlicher Entscheidungen geschehen. An den naturgegebenen Bedingungen lässt sich nicht rütteln, aber für den Umgang mit ihnen stehen menschlichen Wesen große Handlungsspielräume zur Verfügung. Das Dilemma unserer Zivilisation kann mit dem Satz beschrieben werden: »Wenn wir uns nicht rechtzeitig selbst ändern, werden wir von den sich entwickelnden Umständen geändert.« Diese Zwickmühle lässt sich auch mit den Polen »Design oder Desaster« veranschaulichen, die Niko in seinem Buch *Befreiung vom Überfluss* vorgestellt hat.[2] »Desaster« ist keine erstrebenswerte Option, sondern ein von außen diktiertes Ergebnis. Menschen können ihre Aktivitäten aber willentlich steuern. Es ist prinzipiell möglich, dass sie sich angesichts der Bedrohungslage rechtzeitig neu ausrichten, individuell wie global. Wenn das ausgeschlossen wäre, würde ich jetzt nicht über Suffizienz und eine Kultur des Genug reden.

Paech: Das leuchtet mir ein.

»Es gibt kein richtiges Leben im falschen«, formulierte Adorno. Hat er recht?

Folkers: Leben, lebendig sein, Mensch sein an sich ist nie falsch, sondern eine einzigartige Chance. Deshalb drehe ich diese These um in die Frage »Gibt es ein falsches Leben im richtigen?« Indem ich sie mit Ja beantworte, zeigt sich, wie wenig enkeltauglich Politik und Wirtschaft agieren, wenn »technologischer Fortschritt« und »materielles Wachstum« immer effizienter die Mitwelt malträtieren.

»Mitwelt«?

Paech: Den Begriff »Mitwelt« verwenden wir auch im Kontext des Masterstudiengangs »Plurale Ökonomik« an der Uni Siegen.

Folkers: Wer die Umwelt schädigt, schädigt letztlich sich selbst. Die Unterscheidung zwischen »hier bin ich« und »dort ist die Welt um mich herum« suggeriert eine Trennung, die es nicht gibt. Das Wort »Umwelt« wertet die Natur ab und erleichtert es, menschliche Eingriffe zu rechtfertigen und deren Folgen als nachrangig abzutun. Die Klimakrise und die Ressourcenverknappung zeigen jedoch die katastrophalen Folgen menschlicher Eingriffe. Die Biosphäre schlägt zurück, mit Dürren, Stürmen, Bränden, Artensterben und Erosion. Der Begriff »Mitwelt« stellt die Augenhöhe zwischen der Natur und der Menschheit als Verursacherin ökologischer Probleme wieder her.

Aber aus dieser Erkenntnis werden doch längst Konsequenzen gezogen, wie die wachsenden Angebote an nachhaltigen Produkten und die politischen Debatten zum Klimaschutz zeigen, oder?

Paech: Immer mehr Menschen hinterlassen mit ihrem globalen Aktionsradius einen immer größeren individuellen CO_2-Fußabdruck, gerieren sich aber moralisch korrekt. Politik, Bildung, Erziehung oder Medien helfen dabei, eine ruinöse Daseinsform als sozialen Fortschritt zu verklären. Sie wetteifern darin, jede beliebige Klientel mit ständig neuen Freiheits- und Wohlstandsangeboten zu beglücken. Politische Gestaltung ist auf das dumpfe Niveau des Geschenkeausteilens herabgesunken. Nur keine Konflikte oder Einsichten in die Notwendigkeit einer Selbstbegrenzung riskieren! Die intellektuellen Nutznießer der Moderne heiligen jedes Mittel egoistischer Selbstentfaltung mit einem vermeintlich aufgeklärten Zweck. Nun hängt die Zukunft an einer Avantgarde, die es ertragen können muss, dafür beschimpft zu werden, dass sie sich der Fortschrittsreligion verweigert.

Sie sehen sich als gesellschaftliche Avantgarde?

Paech: Gemessen an manchen Reaktionen, die ich hervorrufe, müsste ich das bejahen. Als Ökonom drehe ich die Logik des modernen Wirtschaftens um 180 Grad. Die menschliche Zivilisation kämpfte jahrtausendelang gegen Knappheit und Unmündigkeit. Jetzt ist sie insbesondere in den Industrieländern über das Ziel hinausgeschossen. Nicht mehr Mangel oder Unfreiheit, sondern ein Zuviel von allem bedroht die Menschheit. Für mich muss die Ökonomik zu einer Überlebenswissenschaft werden, sonst ist sie überflüssig. Dies bedeutet, sie muss Selbstbegrenzung und Genügsamkeit zu ihren Leitkonzepten werden lassen.

Sollte die Politik das thematisieren?

Paech: Die Politik ist völlig überfordert. Sie bedient jeden beliebigen Steigerungswunsch und stellt keine kritischen Fragen mehr nach dem Warum. Unter demokratischen Bedingungen kann die Politik nicht gegen fortschrittsbesessene Mehrheiten agieren. Nur ein technik- und wachstumskritischer Aufstand aus der Zivilgesellschaft selbst, der natürlich friedlich sein muss, kann etwas ändern. Der Akzent könnte darauf liegen, die Beweislast umzukehren: Wer gibt uns das Recht, in Deutschland noch Baugebiete auszuweisen, Sechsjährige mit Smartphones auszustatten und leistungslosen Wohlstand zu verteilen?

Ist die Politik so bedauernswert machtlos? Oder anders gefragt: Wechseln Sie mit diesem Graswurzelansatz nicht von der Wissenschaft in die Romantik?

Paech: Ich verweise auf die sozialwissenschaftliche Diffusionsforschung. Sie stellt die Frage, wie sich neue Lösungen, in diesem Fall genügsame Lebensführungen, in sozialen Strukturen autonom ausbreiten. Fast jede Neuerung beginnt in der Nische und breitet sich aus, wenn sie sich bewährt, sodass Nachahmer auftreten, die wiederum Nachahmer inspirieren. Denn der Mensch als soziales Wesen orientiert sich an Beispielen und Vorbildern. Deshalb braucht es Pioniere, die über Symbolhandlungen hinaus den Wandel befördern. So entstünden viele nachhaltige Praktiken, die andere nachahmen können, spätestens in Krisenzeiten. Suffiziente und sesshafte Lebenskunst sollte vor dem Verschwinden bewahrt und in einem geeigneten Umfeld fortlaufend reproduziert werden.

Herr Folkers, wie stehen Sie zu Fortschritt und Modernität?

Folkers: Grundsätzlich bin ich an allem interessiert, was neu und aufregend ist. Salopp gesagt, möchte ich alles wissen, weil ich die Wirklichkeit für die beste Droge halte, die es gibt. Vor allem die Bereiche Astronomie, Physik, Philosophie und Psychologie törnen mich an. Die Welt zu erforschen und aus den Ergebnissen Konsequenzen zu ziehen ist sinnvoll. Doch die praktischen Auswirkungen auf mein Leben versuche ich selbst zu bestimmen und zu begrenzen. Und einem allzu hastigen und unreflektierten Fortschritt mit Entschleunigung und Gleichmut zu begegnen, indem ich meinen Alltag zwar mit Internet, aber ohne Handy, Scheckkarte und TV-Anschluss gestalte. Die Lockrufe der Werbung – »Mehr Auswahl! Mehr billig! Mehr Meins!« – prallen an mir ab, da ich weniger auf Mode und Trends, sondern mehr auf Haltbarkeit, Funktionalität und Schlichtheit achte. Dem passiven Konsum von Kultur stelle ich freiwilliges und ehrenamtliches Engagement entgegen. Aber Behutsamkeit und Gelassenheit machen mich nicht frei von Widersprüchen. So liegt mein ökologischer Fußabdruck trotz vieler Mühen über dem global zulässigen Durchschnittswert. Gleichzeitig bin ich mir der Größe der Aufgabe bewusst, eine vom menschlichen Maß geprägte, enkeltaugliche Kultur aufzubauen. Außerdem spüre ich von außen den Druck des Faktischen und von innen die Macht der Gewohnheiten.

Wie gehen Sie mit diesen Widersprüchen um?

Folkers: Indem ich sie als Kompromisslinien auffasse, die sich allmählich verändern. Vor allem wegen meiner Familie ist es mir nicht möglich, einen Alltag ganz ohne Auto, ohne Fleisch, ohne Müll zu realisieren. Das überfordert mich bisher auch deshalb, weil mir die unterstützenden Rahmenbedingungen fehlen. Selbst wenn ich die Klimaprobleme und die Ausbeutung der Natur vehement anprangere, bleibe ich Insasse eines Bootes, das in die falsche Richtung rast und das ich nicht einfach so verlassen kann. Um umzusteuern, brauche ich, brauchen wir attraktive Alternativen.

Paech: Die Bootmetapher reizt mich zum Widerspruch. Es ginge doch gerade darum, kleine Rettungsboote zu bauen, um die »Titanic« verlassen zu können. Und dafür bieten sich längst viele Möglichkeiten, auch ohne im Ökodorf zu leben.

Folkers: Aber das allein reicht nicht. Das Handeln eines Menschen ist in Wirtschaft und Gesellschaft eingebettet, in Denkweisen wie Konsumismus und Individualismus. Deren Widersprüche sind nicht mit Reformkonzepten wie Nachhaltigkeit und »Grüner Ökonomie« zu überwinden. Eine Postwachstumsgesellschaft und eine Kultur des Genug bleiben ohne Chance, wenn sie keine erstrebenswerten alternativen Perspektiven enthalten. Politische und religiöse Ideologien und -ismen aller Art sind wenig hilfreich. Besser wirken überzeugende Beispiele und Erzählungen.

Zwei Erzählungen halte ich für besonders anregend, auch weil sie sich vorzüglich ergänzen. Erstens: das ökologische Narrativ, das von einer liebenswerten Biosphäre auf unserem Heimatplaneten und einer Wertschätzung der menschlichen Anwesenheit ausgeht. Zweitens: das buddhistische Narrativ einer Lebensweise, die eine allseitige, auch geistig-spirituelle Entwicklung aller Menschen beflügeln möchte. Auf den Zusammenhang dieser beiden Ansätze hat bereits Aldous Huxley hingewiesen: »Elementare Ökologie führt geraden Wegs zu elementarem Buddhismus.«[3] Eine Verbindung, die sich auch umgekehrt ausdrücken lässt: »Elementarer Buddhismus führt geraden Wegs zu elementarer Ökologie«.

Religiös begründete Konzepte lehnen Sie ab, aber buddhistische Sichtweisen halten Sie für hilfreich? Das klingt widersprüchlich.

Folkers: Nur solange die Lehre des Buddha als Religion interpretiert und deren kulturelle Ausprägungen in Asien als Endergebnisse betrachtet werden. Wer den dort entstandenen Ritualen und Hierarchien nacheifert, etwa der untergeordneten Rolle der Frauen, und sich auf einen oberflächlichen Umgang mit Konzepten wie Karma und Wiedergeburt beschränkt, wird die Schubladen Glaube, Religion und Esoterik nicht verlassen. Dem Buddha lag aber nichts ferner als Dogmen oder gar die Gründung einer Kirche. Er wollte nicht mal Nachfolger einsetzen, sondern nur seine Lehre hinterlassen – als Angebot für alle Menschen.

Die Essenz des Buddha-Dharma ist deshalb eher als engagierte Philosophie oder noch besser als Seins- und Lebenslehre zu verstehen, die sich nicht vom Handeln trennen lässt. Sie fordert systematisch zu einer nachprüfbaren, wissenschaftlichen, letztlich säkularen Analyse der Wirklichkeit auf. Wer sich auf diese Weise dem Dasein widmet, entdeckt in sich den Wunsch und die Fähigkeit, unheilsame beziehungsweise leidvolle Prozesse in diesem Leben zu überwinden. Praktiken wie Meditation und Achtsamkeit dienen dazu, die Verbundenheit des Menschen mit der Welt zu erfahren und von hier aus das Potenzial und die Selbstwirksamkeit des Individuums zu entfalten.

Die entscheidende Rolle des Individuums hat der Kulturphilosoph Jean Gebser besonders prägnant beschrieben: »Alles, was von irgendwelcher Reichweite sein soll, muss im Einzelnen beginnen und durch den Einzelnen verwirklicht werden. Es gibt keinen anderen Weg der Verwirklichung, es gibt keine Änderung der Institutionen oder der herrschenden Mentalität, es gibt keine wie auch immer geartete Besserung auf welchem auch immer in Betracht gezogenen Gebiete, wenn der Ansatzpunkt zu einer Klärung und zu einer allgemeinen Wandlung nicht in den Einzelnen verlegt wird.«⁴ Diese Aussage fasst übrigens das zentrale Anliegen meines Textteils zusammen.

Warum?

Folkers: Weil sie die oft gestellte Frage »Was kann ich als Einzelner schon tun? Was bringt das?« mit einem eindeutigen »Alles!« beantwortet. Das »System« ist nur ein Konstrukt ohne eigene Hände. Es kann selbst nicht handeln. Dafür braucht es Menschen. Wir haben es sozusagen »in der Hand«. Wenn wir die beschriebene Sackgasse verlassen wollen, ist jeder einzelne Mensch gefordert. Um derart tief verankerte und systematisch geförderte Einstellungen wie Habsucht und Selbstüberhöhung zu überwinden, sind allerdings Umstellungen im Basiskonzept des Lebens nötig. So etwas kann nur erreichen, wer sich die Beweggründe des bisherigen Verhaltens bewusst macht.

Es kommt also auf das Wollen des Einzelnen an?

Folkers: Ja. Sowie auf Resilienz (»Was gibt meinem Leben Kraft?«) und Solidarität (»Wie schaffen wir es gemeinsam?«). Es geht um eine geistige Unterfütterung der menschlichen Existenz, für die ich Buddhas Anregungen für besonders hilfreich halte. Sobald ich gewohnte schädliche Antriebe durchschaue, kann ich den ökonomischen Holzweg verlassen. Alternativen werden attraktiv. Die Essenz des Buddha-Dharma ist frei von Vorgaben, Ideologien und Dogmen. Sie kann deshalb als erhellendes, manchmal sogar aufrüttelndes Narrativ wirken. Sie kann zu einer gegenseitigen Befruchtung von Spiritualität und Engagement beitragen. Einsichten, die durch Meditation und Achtsamkeit gewonnen werden, regen dazu an, die geistige Dimension des Lebens als Kraftquelle für gesellschaftliches Handeln zu nutzen. Wenn es überzeugende Motive für eine Wende gibt, setzt sie sich durch.

Paech: Das ist mir etwas zu plakativ.

Folkers: Selbstverständlich werden nicht alle Menschen Buddhas Methoden als Energiequelle nutzen können und wollen. Dennoch ist es eine Supersache, sich in dieser schnelllebigen Epoche mit meditativen Übungen zu entschleunigen und achtsamer zu handeln. Gleich zu Beginn meiner Praxis hat sich mir die Frage gestellt: »Was geschieht mit meinem Geist, wenn er zur Ruhe kommt? Womit beschäftigt er sich?« Die Antwort lautet: »Er untersucht die Gegenwart – im Allgemeinen und im Besonderen.« Wer die eigene Anwesenheit in dieser Welt bewusst betrachtet, kann mit den vorhin erwähnten »Umstellungen an der Basis« beginnen. Es ist nicht einfach, zu Motiven wie Gier, Konkurrenz und Ablenkung dauerhaft wirksame Alternativen zu finden und sie zu beherzigen. Da braucht's schon etwas Besinnung, Tiefenschau – und Übung.

Viele Menschen, gerade auch atheistisch, agnostisch oder humanistisch orientierte, scheinen ähnlich vorzugehen. Seit 25 Jahren treffen sich in unserem Achtsamkeits-Verein jeden Mittwochabend Interessierte in einem Gesprächskreis. Nach einer Stunde Sitz- und Geh-Meditation kommen wir zu einem unvoreingenommenen, also immer wieder neuartigen und anregenden Austausch über Präsenz, Leerheit, Mitgefühl und die Bedeutung des inneren Friedens für gesellschaftliches Engagement. Wenn ich anschließend nach Hause radle, wünsche ich mir manchmal, es möge sich an jeder dritten Straßenecke nicht nur eine Kneipe befinden, in der bei Bier und Wein über Politik und Fußball gestritten und Doppelkopf gespielt wird, sondern auch einen offenen »Raum der Stille« geben, in dem ganz in Ruhe bei Saft und Tee über Mensch und Welt, über Glück und Leid, über Nicht-Angst und das Phänomen Achtsamkeit gesprochen werden kann.

Herr Paech, verfolgen Sie nicht ein völlig anderes Konzept?

Paech: Sehe ich nicht so. Letztlich setzt eine gelingende menschliche Existenz voraus, die verfügbare Lebenszeit sinnstiftend zu strukturieren. Denn knappe Zeit unterliegt einer Verwendungskonkurrenz. Nachhaltig leben hieße demnach, möglichst viel Zeit außerhalb der zerstörerischen Prozesse von Mobilität, Konsum und Geldverdienen zu verbringen. Hierzu braucht es alternative Sinnangebote des Aktivseins, Übung und Disziplin, um die Routinen des ökologisch harmlosen Zeitverwendens zu festigen. Meine persönlichen Favoriten sind Musikhören, selbst in einer Band spielen, Lesen, Wandern, Radfahren, Basteln, Nähen, Aufräumen, Reparieren, Gartenarbeit und möglichst viel Zeit in Wirtsstuben zu verbringen. Letzteres hat angeblich nichts mit Flow und Meditation zu tun, aber das sagen nur die Laien. Denn die gehobene, sagen wir mal die entschleunigte und maßvolle Weizenbierverarbeitung erlaubt durchaus Momente der Kontemplation ...

Wollen Sie etwa in die Kneipe?

Paech: Nein, nein, später vielleicht. Ich meine etwas anderes. Die Kunst des Genusses liegt in der Konzentration und Fokussierung. Daraus folgt die Erkenntnis: Konsum ist nicht passiv, sondern produktiv. Der Nutzer einer Ware oder die Genießerin eines Erlebnisses muss Aufmerksamkeit aufbringen und im Umgang damit möglichst geübt sein. Ein Beispiel: Wenn ich ein Konzert der Band King Crimson besuche, ist das weit mehr als Konsum. Ich kenne diese Band seit Jahrzehnten, sodass ich ihre Musik seziere, analysiere und in den Fundus früherer Stücke und in die Geschichte dieser Band einordne. Mein Genuss ist deshalb so intensiv, weil ich mich schon viel und oft mit diesem spezifischen Gegenstand beschäftigt habe. Ich tausche mich mit anderen »Crimheads« aus. Durch Fachsimpelei werden ein Konzert oder neue Veröffentlichungen veredelt. Dieser Prozess basiert nicht mehr allein auf dem Design oder der Qualität der Ware, sondern meinem aktiven Zutun, meiner Expertise. Ich nenne es das Handwerk des Genusses. Ich kann mich mit etwas identifizieren, das ich kenne, das befördert zudem den Austausch mit anderen Leuten, die ein ähnliches Interesse entfalten. Das verbindet mich auch mit Manfred …

Folkers: … tatsächlich, denn auch ich bin ein King-Crimson-Fan. In ihrer 1969 erschienenen ersten LP haben sie sogar das Thema »Suffizienz« besungen: »Nothing he's got he really needs – Twenty first century schizoid man«. Eine weise Vorausschau. Sowieso: Musik zu genießen ist heilsam und ein effizienter Weg der Konzentration und des freudvollen Verweilens. Aber als Meditationsobjekt wäre King Crimsons Musik eine echte Herausforderung.

Paech: Mag sein. Aber mir geht's um eine ökonomische Interpretation des suffizienten Genusses. Der Genuss oder Nutzen liegt sowohl in der Beschaffenheit des Gegenstandes als auch in meinem kreativen Umgang damit und meiner Expertise. Das hat eine entscheidende Konsequenz: Je virtuoser und intensiver ich diese Sache nutze – was natürlich Zeit kostet –, desto geringer braucht die Dosis des Konsums zu sein. Das ist bei einem Fahrrad der Fall, einem Segelboot, einer Angelrute, einem Saxofon oder Literatur. Diese Dinge werden zu Werkzeugen, mit denen der geübte Konsument Genuss und Nutzen erzeugt. Und: Je mehr Zeit ich diesem Objekt widme, desto weniger Zeit habe ich für die Ausdehnung meines Konsums auf andere Objekte. Konsum zu reduzieren ist also nicht immer eine Kunst der Entsagung, sondern der konzentrierten und kompetenten Verwendung ausgewählter Objekte oder Ereignisse.

So an den Dingen zu kleben klingt ja schon fast materialistisch.

Paech: Exakt! Es zählt zu den tragischen Irrtümern der Debatte über Nachhaltigkeit oder Zukunftsfähigkeit, dass Postmaterialismus die Ökosphäre entlasten würde. Je mehr ich an Dingen klebe, weil ich sie intensiv genieße und so verstehe, dass ich sie reparieren kann, desto befreiter bin ich davon, ständig Neues zu kaufen. Genügsame Menschen sind oft Experten darin, sich in Aktivitäten oder Dinge zu versenken. Sie haben dann keine Zeit mehr für andere Verführungen.

Das erinnert an Erich Fromms Formel »Haben oder Sein«.

Paech: Bei aller Begeisterung für Fromm ... nein, ich meine noch etwas anderes: Haben oder Können. Wer mit Werkzeugen, Instrumenten oder Gegenständen virtuos umgehen kann, setzt an die Stelle des Habens ein individuelles Expertentum. Dazu zählt ganz besonders die Reparatur. Ich selbst habe ein 20 Jahre altes Fahrrad, in das ich so viel Reparatur- und Umbauarbeit investiert habe, dass ich es nicht übers Herz bringe, mir ein neues zu kaufen. Es ist zu meinem Markenzeichen geworden – nicht trotz, sondern wegen seiner vielen Gebrauchsspuren. Wenn Leute an meiner Stammwirtsstube vorbeifahren und das Ding stehen sehen, wissen sie, dass sie mich dort treffen können. Das ist übrigens praktisch für Menschen ohne Smartphone, die mir dann Zettel ans Fahrrad heften können. Lange dieselben Dinge zu gebrauchen kann zur Unverwechselbarkeit einer Person beitragen. Diese Beständigkeit in den Dingen, mit denen sich jemand umgibt, ist also mehr als Genügsamkeit, sie ist Teil einer Persönlichkeitsentwicklung – und zwar jenseits eines hohen materiellen Aufwandes.

Wer lange in alten, vielleicht sogar verschlissenen und reparierten Klamotten herumrennt, drückt damit Souveränität aus?

Paech: Ja, sogar Selbstbewusstsein. Dieses speist sich ebenso aus einem maßvollen Aktionsradius. Sesshaftigkeit besteht in der Fähigkeit, sich mit seiner unmittelbaren Umgebung anzufreunden, sich um ihre Gestaltung und um ihren Schutz zu kümmern, aber auch Kunst und Kultur im Nahbereich zu unterstützen oder sogar selbst dazu beizutragen.

Herr Folkers, stimmen Sie zu?

Folkers: Nikos Plädoyer kann ich durchaus etwas abgewinnen, denn auch ich liebe mein altes Zelt, den Stubenschrank und das Geschirr meiner Oma und die handgewaschenen Uralt-T-Shirts mit den Aufschriften »Hard Rock Café Hong Kong« und »No Problem«. Und ich fühle mich auch bestätigt, wenn ein Freund mir nach der Besichtigung eines neuen

Kreuzfahrtschiffes in der Werft erzählt, er habe noch nie so viele Dinge auf einem Haufen gesehen, die er nicht brauche. Oder wenn eine Freundin berichtet, mit welcher Begeisterung sie tagelang im Internet nach Sachen sucht, sich aber regelmäßig frustriert fühlt, sobald sie den Button »In den Warenkorb« angeklickt hat.

Im Übrigen sind viele ärmere Menschen an Konsumvermeidung gewöhnt. Sie können sogar als Vorbilder gelten. Sie brauchen sich auf dem Weg in eine Suffizienzkultur nicht wesentlich zu ändern. Ganz anders sieht es für die überprivilegierten Menschen aus, die ihren ökologischen Fußabdruck um ein Vielfaches überschreiten, indem sie im Winter die Zufahrt ihrer XXL-Villa beheizen, sich im Sammeln von Bonusflugmeilen hervortun oder Hobbys pflegen, die immens viel Energie verbrauchen.

Paech: Es entspräche einem überfälligen Verständnis von Gerechtigkeit, nicht die Armen durch eine ökologisch ruinöse Aufholjagd an die Reichen heranzuführen, sondern umgekehrt die Reichen auf ein verantwortbares Maß zurückzuführen.

Folkers: Mögen sie sich bald ändern. Allerdings werde ich ihnen nicht direkt in den Arm fallen, weil ich selbst auch nicht erleben möchte, wie mir jemand in den Arm fällt. Auf Grundlage der Goldenen Regel (»Was du nicht willst, das man dir tu, das füg auch keinem andern zu«) bestehe ich auf Freiwilligkeit und Einsicht. Doch ich erlaube mir schon, mit solchen Leuten über Enkeltauglichkeit und eine Kultur des Genug zu sprechen. Zukünftigen Generationen wird Gewalt angetan, ohne dass sie sich wehren können. Die Biosphäre wehrt sich mit Überschwemmungen, Wüstenausdehnung und Humusrückgang. Unsere Nachkommen haben mit weit weniger fruchtbarem Land auszukommen – von den Gefahren einer erhitzten

Atmosphäre, von Pandemien und einer radioaktiven Verseuchung ganz zu schweigen.

Änderungen haben also in der Gegenwart zu erfolgen.

Folkers: Genau. Und sie sollten sich den nächstliegenden Problemen und deren Ursachen widmen. So belegt das Festhalten am schädlichen Steigerungsprinzip, dass die Wachstumsökonomie kaum etwas mehr fürchtet als eine Rezession. Aber eigentlich ist eine Rezession eine große Chance für die Biosphäre und die Zukunft der Menschheit. Lässt sich eine Suffizienz- und Reduktionskultur nicht auch als eine Art »geplante Rezession« verstehen, Niko?

Paech: In der Bundesrepublik Deutschland sind die CO_2-Emissionen zweimal merklich gesunken, zuerst infolge des Zusammenbruchs der DDR und dann infolge der Bankenkrise. Das Überleben der Menschheit hängt davon ab, ob die Bewohner der Industriestaaten eine Phase durchlaufen, die sich nicht unterscheidet von dem, was in jedem Ökonomielehrbuch als Rezession bezeichnet wird. Aber wenn eine solche Krise kontrolliert ausgelöst wird, kann daraus eine Chance werden.

Kontrolliert ausgelöst? Von wem?

Paech: Mit »kontrolliert« meine ich nicht, dass eine zentrale Instanz den Stecker zieht, sondern dass eine von hinreichend vielen Menschen schrittweise vorgenommene Verweigerung des Steigerungsspiels zwei Effekte haben könnte. Zum einen verlöre die derzeitige Wirtschaftsweise langsam ihre Basis. Zum anderen können parallel dazu dezentrale Versorgungsformen und damit harmonierende Lebensstile aufgebaut werden. So entstünden Rettungsinseln, um kooperativ und durch teilweise Selbstversorgung unabhängig von einer Ökonomie zu werden, die um ihrer Zukunftsfähigkeit willen verkleinert und umgebaut werden muss. Im Übrigen können Krisen zur Läuterung und Korrektur von Fehlentwicklungen beitragen. Jeder Mediziner weiß, dass Krankheiten auf eine falsche Lebensführung verweisen, sodass Kranke die Möglichkeit haben, gestärkt und um eine wichtige Erfahrung bereichert aus ihrer Krise hervorzugehen. Die Alternative wäre der plötzliche Totalzusammenbruch – ohne Chance darauf, aus der Vergangenheit zu lernen. Das ist nichts anderes als der Tod. So gesehen, sind Krisen ein moderierendes Element zwischen Leben und Tod.

Wäre es nicht noch besser, Krankheiten von vornherein zu vermeiden?

Paech: Natürlich – aber genau dieser Zug ist doch abgefahren! Die moderne Gesellschaft gehört unter dem Aspekt ihrer Maßlosigkeit und Unfähigkeit, darauf kollektiv zu reagieren, längst auf die Intensivstation. Im Nachhinein zu beklagen, was alles hätte unterlassen werden müssen, nützt jetzt nichts mehr.

Kommen wir von der Medizin zur Ökonomie und zur damit verbundenen Lebensweise.

Paech: Entscheidend ist die Erprobung und Ausbreitung von Lebensstilen, die so suffizient und autonom sind, dass ökonomische Krisen ihren Schrecken verlieren, weil sie einem nicht viel anhaben können. Nur Minderheiten wollen und schaffen es derzeit, die hierzu nötigen Fähigkeiten zu entwickeln.

Deshalb kann die Politik, die immer nur an Mehrheitswünschen und dem Austeilen von Geschenken – also dem genauen Gegenteil von Suffizienz und Autonomie – orientiert ist, hierzu nichts beitragen. Außerdem ist es ein Missverständnis, dass Krisenstabilität durch die äußere Zufuhr von Leistungen erreichbar wäre. Im Gegenteil, das wäre nur eine Verlängerung der Krise, ähnlich einer Konkursverschleppung. Was wir brauchen, liefe auf ein Übungs- und Entzugsprogramm hinaus, das von Suffizienzpionieren vorgelebt werden muss. Das damit erlangte Erfahrungswissen steht, wenn's brenzlig wird, dem Rest der Gesellschaft zur Verfügung.

Geht's dabei um ein Survival-Handbuch?

Paech (lacht): Na ja, die Ratgeberliteratur mit ihren Tricks für ein Leben ohne Geld und Industrieversorgung boomt bekanntlich. Aber es geht auch weniger dramatisch. Resilienz beruht auf Genügsamkeit, Sesshaftigkeit, gemeinschaftlicher Subsistenz, Güterteilung, Regionalökonomie, einfachen Techniken, starker Arbeitszeitverkürzung, kurzen Wegen zwischen Erzeugung und Verbrauch, Rückkehr zu handwerklichen Tätigkeiten sowie einer Reparaturkultur, die wichtiger als die Produktion neuer Waren wird. Hier nochmals die Grundlagen der Postwachstumsökonomie durchzubuchstabieren würde zu weit führen. Wichtig ist mir: Diese und andere Maßnahmen wirken nur, wenn sie geleitet sind von der regulativen Idee, dass jedem Menschen nur ein bestimmtes Quantum an ökologischen Ressourcen zugestanden werden kann. Man sollte also regelmäßig seinen CO_2-Fußabdruck abschätzen. Alle Maßnahmen sollten als Mittel zum Zweck eines globalisierungsfähigen Lebens begriffen werden.

Folkers: Normalerweise begründest du die Postwachstumsökonomie als Weg, der den Ökokollaps verhindern soll. Jetzt sagst du, dass dieses Konzept im Krisenfall helfen soll. Wie geht das zusammen?

Paech: Wenn rechtzeitig etliche Individuen, Netzwerke, Unternehmen und andere soziale Gebilde freiwillig den Weg in eine Postwachstumsökonomie einschlagen, würde der Kollaps verhindert. Wenn Letzteres nicht gelingt, tragen dieselben postwachstumstauglichen Aktivitäten dazu bei, die dann nicht mehr abzuwendende Krise zumindest abzumildern. Je mehr Menschen schon vorsorglich mit reduktiven und resilienten Praktiken beginnen, desto sanfter wird der Übergang. Im Idealfall gibt's gar keinen Aufprall. So gesehen ist die Postwachstumsökonomie eine Doppelstrategie. Angenommen, in den nächsten fünf Jahren reduziert die Hälfte der Bevölkerung in Deutschland ihre Erwerbsarbeit auf 20 Wochenstunden und verwendet die frei gewordene Zeit von 20 Stunden darauf, zu reparieren, zu tauschen, immer mehr Dinge selbst herzustellen und gemeinsam zu nutzen, nicht mehr zu fliegen, ihr Auto abzuschaffen, ihren Fleischkonsum markant zu verringern, sich dem Digitalisierungswahn zu verweigern und so weiter. Dann würde der Krise die Basis entzogen, weil diese Menschen schon so leben würden, wie es nötig wäre, um in einer Rezession würdig zu existieren. Stellt euch vor, es herrscht eine Krise, und ihr merkt es nicht, weil ihr die Dinge, die nun nicht mehr verfügbar sind, gar nicht braucht.

Ihre Essays stehen hintereinander im Buch, was ist der innere Zusammenhang?

Folkers: Unsere Texte mögen sich zunächst sehr unterschiedlich lesen – was den Sprachstil, die Wortwahl, die gedanklichen Schwerpunkte und die Bilder angeht. Aber bei genauem Hinsehen zeigen sich viele Schnittmengen, Ergänzungen und Bezüge. Das gilt insbesondere für Wachstumskritik und Suffizienz. Für Niko ist Suffizienz eine ökonomische Theorie der Genügsamkeit. Für mich besteht das praktische Ergebnis eines achtsamen Lebens in einer Kultur des Genug, die gekennzeichnet ist von Mitgefühl, Zufriedenheit, Integrität und Engagement. Auch in der Betonung der Wichtigkeit des einzelnen Menschen stimmen wir überein, ebenso in der Analyse, dass die Lage der Menschheit brisant ist. Diese Parallelität war ein Teil unseres Konzepts. Niko und ich sind zwei Individuen, die sich aus verschiedenen Blickwinkeln – ökonomisch und buddhistisch – derselben Thematik »all you need is less« widmen. Wir öffnen einen Vorhang in zwei Richtungen.

Einige Menschen werden Ihre Überlegungen grundsätzlich ablehnen.

Folkers: Das überrascht mich nicht. Es ist nicht leicht, sich die gegenwärtige Lebensweise kritisch anzuschauen und deren fatale Folgen nicht nur ernst zu nehmen, sondern all das auch auf sich selbst zu beziehen. Diese Abwehrhaltung zeigt sich besonders deutlich im Umgang mit Greta Thunberg. Statt sich ihren Botschaften zu widmen, wird sie diffamiert und abgewatscht. Greta personifiziert die Angst vor der Einsicht, selbst zur Ökokrise beigetragen zu haben und dies weiterhin zu tun, solange das eigene Verhalten beibehalten wird. Doch fest verankerte Gewohnheiten und Lebensstile zu ändern fällt jedem Menschen schwer. Derartige Umstellungen erfordern Courage. Und vielleicht sogar ein wenig Verrückung – ähnlich wie es Alexis Sorbas vor 55 Jahren im gleichnamigen Film ausgedrückt hat: »Es braucht schon eine Portion Verrücktheit, um den Mut zu haben, endlich frei zu sein.«

Postwachstumsökonomie und Suffizienz wurden zu jener Zeit, als die Idee für unser Buch entstand, allerdings noch vehementer abgelehnt. Vor zwei Jahren wären unsere Texte der gesellschaftlichen Stimmungslage vorausgeeilt – nun sind wir fast mittendrin. In Europa erfolgte der Umschwung durch die Dürresommer 02018 und 02019. Und wurde durch Greta Thunberg beflügelt. Sie hat wie ein Katalysator gewirkt, indem sie durch ihre ehrlich-authentische Präsenz etwas Überfälliges angeregt hat. Natürlich sind Bewegungen wie Fridays for Future und Extinction Rebellion noch keine Lösung an sich. Und auch unsere Überlegungen im Buch sind nur ein Puzzlestein einer Entwicklung, die sich unaufhaltsam Bahn bricht. Auf zwei kleine Beispiele möchte ich hinweisen: Auch in Oldenburg folgte die riesige Demo am 20. September 2019 anlässlich des globalen Klimastreiks dem Motto »System Change – not Climate Change« (»Systemwandel statt Klimawandel«). Und die Umfrage des ARD-Deutschlandtrends kam zeitgleich zum Ergebnis, das »knapp zwei Drittel der Wahlberechtigten (63 Prozent) der Meinung sind, dass der Klimaschutz Vorrang haben sollte, selbst wenn dies dem Wirtschaftswachstum schadet«. Erfreut hat mich nicht nur das Ergebnis, sondern auch die Gegenüberstellung.

Paech: Dem stehe ich distanzierter gegenüber. An dem Furor um Fridays for Future und eine von den Medien zur Projektionsfläche auserkorenen 16-jährigen Schülerin vermag ich nichts von dem zu erkennen, worüber wir hier gerade sprechen, nämlich Suffizienz. Unmut über mangelnden Klimaschutz gab es auch bisher. Aber es fehlte die Einsicht, dass wir das Problem nicht an unserem bequemen Lebensstil vorbei von Politik und Technik lösen lassen können. Also braucht es eine wachstumskritische Perspektive, die wiederum nicht ohne lebensverändernden Wandel auskommt. Bislang hat Fridays for Future keine neue inhaltliche, sondern vor allem kommunikative Qualität zu bieten. Die Schüler fordern nur in lauterem Tonfall und mit etwas zivilem Ungehorsam, was selbst die meisten Regierungen fordern, aber nicht umsetzen können, weil dazu die Lebensstile der Wähler tangiert würden.

Herr Folkers, Sie haben vorhin vehement für Fridays for Future geworben. Zeigt sich hier zum Abschluss ein Dissens?

Folkers: Keineswegs. Höchstens eine Differenz hinsichtlich der Ansatzpunkte und der Radikalität. Niko und ich wollen unterschiedliche Wege in eine Kultur des Genug aufzeigen. Es gibt noch viele andere Wege – letztlich so viele, wie es Menschen gibt. Keiner davon wird einfach zu bewältigen sein. Schließlich geht es – zumindest für Begüterte in den reicheren Ländern – ums Eingemachte, also um den Abschied von vielen mühsam erarbeiteten Gewohnheiten und Privilegien.

Weil sich »Genügsamkeit« für mich tendenziell abwertend und demotivierend anhört, wünsche ich mir eine Perspektive auf Augenhöhe und mit innerem Einverständnis. Eine Kultur des Genug sollte auf Aufrichtigkeit und einem menschlichen Maß im Umgang mit der Welt beruhen. Wenn die Wende freiwillig und aus Einsicht geschieht, verlieren Verzicht, Rückbau und Schrumpfung ihre abschreckende Bedeutung. Suffizienz im Sinne von »genug, zufrieden, achtsam sein« ist dann nicht Messlatte, sondern Basis der individuellen Lebensgestaltung. Weil es nicht möglich ist, objektiv festzulegen, wann etwas quantitativ genug ist, habe ich dies in erster Linie qualitativ versucht, indem ich »genug« in der Nähe des subjektiven

Zustands der Zufriedenheit ansiedle. Bei einem Blick in den Spiegel möchte ich einen von Vernunft und Gerechtigkeitsgefühl durchdrungenen Teil der Menschheit anschauen und eine Aussage von Theodor Fontane bestätigt sehen: »Das aber sei dein Heiligtum: vor dir bestehen können«.

Paech: Ich definiere Suffizienz basierend auf den drei Logiken Reduktion, Selbstgrenzung und Entsagung – als Gegenpol zum expansiven Modernisierungswahn, der sich nicht korrigieren, sondern nur per se infrage stellen lässt. Dazu braucht es Übungen in Demut. Viel wäre fürs Erste schon gewonnen, wenn Suffizienz unvoreingenommen und auf gleicher Augenhöhe mit anderen Nachhaltigkeitsrezepten behandelt würde. Auf die Vielfalt der Synonyme will ich mich nicht einlassen, ich bleibe bei Suffizienz. Sie verkörpert für mich die perfekte Synthese aus notwendiger Verantwortung und wohlverstandener Freiheit. Sie erschließt den Sinn dafür, dass ich vieles von dem, was mir nicht zustehen kann, weil es zerstörerisch und ungerecht ist, ohnehin nicht brauche. Es macht mich nur abhängig und verletzlich. Suffizienz lässt sich übrigens auch als Zurückweisung all dessen verstehen, was die Schönheit dieser Welt verschüttet oder zerstört.

Folkers: Das Narrativ »Wachstum« ist am Ende. »Habsucht« und »Rivalität« sind ausgereizt. Deshalb wünsche ich mir, dass sich die Menschheit von Gier, Hass und Täuschung befreit. Für viele Menschen mag eine Suffizienz- oder Postwachstumskultur eine quantitative Reduktion bedeuten: weniger Waren und Wünsche danach, weniger Nachwuchs, weniger bezahlte Arbeit, weniger Mobilität. Qualitativ enthält eine »Kultur des Genug« jedoch sehr viel mehr Zusammengehörigkeit, Würde, Wohlwollen, Vertrauen, Toleranz, Stille, Sorgfalt, Präsenz, Natürlichkeit, Leichtigkeit, Integrität, Humor, Großzügigkeit, Dankbarkeit und Achtsamkeit. Von den vielen menschlichen Geisteshaltungen hat der Buddha vier hervorgehoben: liebende Güte, Mitgefühl, Freude und Gleichmut. Im Abendland werden seit Langem die »Vier Kardinaltugenden« wertgeschätzt: Gerechtigkeit, Mäßigung, Tapferkeit/Mut und Klugheit. Persönlich möchte ich hinzufügen: Wer glaubt, das Gute, Wahre, Schöne sei abhängig von materiellen Errungenschaften oder ein Beiwerk wirtschaftlicher Erfolge, übersieht die Bedeutung und das Potenzial des eigenen Geistes bei der Bewältigung individueller und gesellschaftlicher Umstände.

Das erinnert an die letzten Sätze des Buches *Small is beautiful* von Ernst Schumacher: »Überall fragen Menschen: Was kann ich denn nun *tun*? Die Antwort ist so einfach wie unangenehm: Jeder von uns kann darauf hinarbeiten, dass sein ›inneres Haus‹ in Ordnung gebracht wird. Die Führung, die uns bei dieser Aufgabe hilft, lässt sich nicht in der Wissenschaft oder Technik finden, deren Werte völlig von den Zielen abhängen, denen sie dienen. Sie lässt sich aber noch immer in der herkömmlichen Weisheit der Menschen finden.«

Anmerkungen

Vorgespräch

1 Meadows 1972; Gruhl 1975.
2 Macy 1994.
3 Eppler/Paech 2016.
4 Schumacher 1977.
5 Folkers 2003; ders. 2005.
6 Lotusblätter – Zeitschrift für Buddhismus, Ausgabe 4/96.
7 Bütikofer 2010.
8 Ehrmann 1929.

Manfred Folkers
Buddhistische Motive für eine Überwindung der Gier-Wirtschaft

1 Freeland 2013.
2 Mies/Shiva 1995.
3 Zitiert aus dem Film »Dalai-Lama-Renaissance« (2007)
und als Titel eines Buches mit Franz Alt (*Ethik ist wichtiger
als Religion;* Wals 2015)
4 Jonas 1993, S. 22.
5 Im Aryavamsa-Sutra wird »Samtusta« im Sinne von
»zufrieden, befriedigt, versöhnt sein« verwendet,
um die »Vier Edlen Bräuche« zu erläutern: »Mönch ist
zufrieden mit Robe, Mönch ist zufrieden mit Almosenspeise,
Mönch ist zufrieden mit Liege und-Sitz, Mönch findet
Gefallen am Bewirken«.

Niko Paech
Suffizienz als Antithese zur modernen Wachstumsorientierung

1 Paech 2016.

2 Schmidbauer 1972.

3 Gruhl 1975.

4 Vgl. z. B. Schmidt-Bleek 2000.

5 Vgl. z. B. Huber 1995.

6 Vgl. z. B. Pfriem 1992; Sachs 1993; Scherhorn/Reisch 1999;
Linz 2002; Gensichen 2003; Paech 2005; Princen 2005;
Stengel 2011; Buhl 2016.

7 Weizsäcker/Lovins/Lovins 1995.

8 Paech 2008; Paech 2012.

9 Martínez-Alier 2009; D'Alisa et al. 2016.

10 Vgl. Kümmel/Lindenberger/Paech 2018.

11 Vgl. Paech 2005.

12 Graeber, 2018.

13 Priddat 1998, S. 90 ff.

14 Stehr 2007.

15 Priddat 1998, S. 88.

16 Priddat 1998, S. 92; Hervorhebung im Original.

17 Vgl. Paech 2012, S. 25 ff.

18 Vgl. Paech 2019.

19 Vgl. Paech 2008.

20 Pinker 2003.

21 Miegel 2013.

22 Ehrenberg 2004; Grünewald 2013.

23 Han 2010.

24 Virilio 1992.

25 Vgl. Charron/Koechlin 2010, S. 362.

26 Vgl. Ehrenberg 2004.

27 Vgl. Paech 2010.

28 Fromm 1955.

29 Vgl. Techniker Krankenkasse 2010.

30 Vgl. Ullrich 2006, S. 27.

31 Mumford 1967.

32 Schumacher 1973.

33 Illich 1973.

34 Vgl. Binswanger 2019.

35 Funk 2011.

36 Vgl. Hilgers 1997.

37 Riemann 2003.
38 Sachs 2002, S. 214.
39 Biesecker/Hofmeister 2006.
40 Nelson 1970.
41 Drösser 2008, S. 37.
42 Karger 1999.
43 Surowiecki 2004.
44 Surowiecki 2004.
45 Toffler 1970; Dohmen 2009; Roetzel 2019.
46 Walsch/Henning-Thurau 2002.
47 Turnbull/Leek/Ying 2000, S. 145.
48 Walsch/Henning-Thurau 2002, S. 95.
49 Vgl. Held/Geißler 1993; Reheis 1998; Rosa 2005.
50 Sachs 2002, S. 215.
51 Toffler 1980.
52 Vgl. Paech 2012.
53 Paech 2011.
54 Kant 1795.
55 Paech 2011.
56 Fücks 2013.
57 Sieben 2007.
58 Sloterdijk 2007.
59 Rogers 1995.
60 Vgl. Maurer 2017.
61 Vgl. Schelling 1978.
62 Vgl. Paech 2012.

Nachgespräch

1 Kluge 1985.
2 Paech 2012.
3 Vollständig lautet die Aussage von Aldous Huxley: »Die Ethik,
zu der ein Kind über die Fakten der Ökologie und die Gleichnisse der
Erosion gelangt, ist eine universale Ethik. In der Natur gibt es kein
Auserwähltes Volk, kein Heiliges Land, keine ›einzigartigen histori-
schen Offenbarungen‹. Die Ethik des Konservismus liefert niemandem eine Ausrede zu Überheblichkeit oder zur Beanspruchung beson-
derer Privilegien. ›Was du nicht willst, das man dir tu, das füg auch
keinem andern zu‹, lässt sich in Beziehung zu allen möglichen Arten

von Lebensbedingungen in allen möglichen Teilen der Welt anwenden. Wir werden nur so lange diesen Planeten bewohnen dürfen, als wir die Natur mit Klugheit und Verständnis behandeln. Elementare Ökologie führt so geradewegs zu elementarem Buddhismus.«

4 Gebser 1986, S. 327.

Literatur

Analayo, B. (2019): Mindfully Facing Climate Change, Barre.

Batchelor, S. (2017): Jenseits des Buddhismus. Eine säkulare Vision des Dharma, Berlin.

Biesecker, A./Hofmeister, S. (2006): Die Neuerfindung des Ökonomischen. Ein (re)produktionstheoretischer Beitrag zur Sozial-ökologischen Forschung, München.

Binswanger, M. (2019): Der Wachstumszwang. Warum die Volkswirtschaft immer weiterwachsen muss, selbst wenn wir genug haben, Weinheim.

Blätter für deutsche und internationale Politik (Hrsg.) (2015): Mehr geht nicht! Der Postwachstums-Reader, Berlin.

Brodbeck, K.-H. (2002): Buddhistische Wirtschaftsethik. Eine vergleichende Einführung, Aachen.

Brunner, J. (1978): Schafe blicken auf, München.

Buhl, J. (2016): Rebound-Effekte im Steigerungsspiel. Zeit- und Einkommenseffekte in Deutschland, Baden-Baden.

Bütigkofer, R. (2019) in: Schrägstrich – Mitgliederzeitschrift von BÜNDNIS 90/DIE GRÜNEN, Juni.

Charron, S./Koechlin, E. (2010): Divided Representation of Concurrent Goals in the Human Frontal Lobes, in: Science, 328 (5976), S. 360–363.

Council on Environmental Quality/US-Außenministerium (Hrsg.) (1980): Global 2000. Der Bericht an den Präsidenten, Frankfurt a. M.

D'Alisa, G./Demaria, F./Kallis, G. (2016): Das Degrowth-Handbuch, München.

Dalai-Lama (2015): Ethik ist wichtiger als Religion, Wals.

Diamond, J. (2005): Kollaps. Warum Gesellschaften überleben oder untergehen, Frankfurt a. M.

Dohmen, J. (2009): Information Inflation, in: Journal of Information Ethics 18/2, S. 27–37.

Dorje, O. T. (2009): Die Zukunft ist jetzt. 108 Ratschläge, um eine bessere Welt zu schaffen, Gutenstein.

Drösser, D. (2008): Ein Volk von Testern, in: Die Zeit 27. 03. 2008, Nr. 14, S. 37.

Dürr, H.-P. (2009): Warum es ums Ganze geht. Neues Denken für eine Welt im Umbruch, München.

Ehrenberg, A. (2004): Das erschöpfte Selbst, Frankfurt a. M.

Ehrmann, M. (1929): Desiderata. Die Lebensregeln von Baltimore.

Eppler, E. (1975): Ende oder Wende. Von der Machbarkeit des Notwendigen, Stuttgart.

Eppler, E./Paech, N. (2016): Was Sie da vorhaben, wäre ja eine Revolution … Ein Streitgespräch über Wachstum, Politik und eine Ethik des Genug, München.

Fatheuer, T./Fuhr, L./Unmüßig, B. (2015): Kritik der grünen Ökonomie, München.

Folkers, M. (2003): Achtsamkeit und Entschleunigung. Für einen heilsamen Umgang mit Mensch und Welt, Berlin.

Folkers, M. (2003): Gib deiner Zeit mehr Leben. Entschleunigung als Weg zum Glück, Freiburg.

Freeland, C. (2013): Die Superreichen. Aufstieg und Herrschaft einer neuen globalen Geldelite, Frankfurt a. M.

Fromm, E. (1955): Wege aus einer kranken Gesellschaft, Erich Fromm Gesamtausgabe, Band IV, 1955.

Fromm, E. (1976): Haben oder Sein. Die seelischen Grundlagen einer neuen Gesellschaft, Stuttgart.

Fücks, R. (2013): Intelligent wachsen. Die grüne Revolution, München.

Funk, R. (2011): Der entgrenzte Mensch, München.

Gebser, J. (1943): Abendländische Wandlungen, Schaffhausen.

Gensichen, H. P. (2003): tun-lassen. Ökologische Alltagsethik im 21. Jahrhundert. Halle (Saale).

Ghosananda, M. (1997): Wenn der Buddha lächelt. Frieden finden – Schritt für Schritt, Freiburg.

Graeber, D. (2018): Bullshit-Jobs. Vom wahren Sinn der Arbeit, Stuttgart.

Grober, U. (2016): Der leise Atem der Zukunft. Vom Aufstieg nachhaltiger Werte in Zeiten der Krise, München.

Gruhl, H. (1975): Ein Planet wird geplündert. Die Schreckensbilanz unserer Politik, Frankfurt a. M.

Grünewald, S. (2013): Die erschöpfte Gesellschaft. Warum Deutschland neu träumen muss, Frankfurt a. M./ New York.

Grunwald, A. (2010): Wider die Privatisierung der Nachhaltigkeit. Warum ökologisch korrekter Konsum die Umwelt nicht retten kann, in: Gaia 19 (3), S. 178–182.

Grunwald, A. (2012): Ende einer Illusion. Warum ökologisch korrekter Konsum die Umwelt nicht retten kann, München.

Han, B.-C. (2010): Müdigkeitsgesellschaft, Berlin.

Hanh, T. N. (1989): Mit dem Herzen verstehen, Zürich.

Hanh, T. N. (1999): Das Herz von Buddhas Lehre, Freiburg.

Hanh, T. N. (2004): Gut sein und was der Einzelne für die Welt tun kann, München.

Hanh, T. N. (2009): Die Welt ins Herz schließen. Buddhistische Wege zu Ökologie & Frieden, Bielefeld.

Hanh, T. N. (2014): Liebesbrief an die Erde, München.

Held, M./Geißler, K. A. (1993): Ökologie der Zeit, Stuttgart.

Hilgers, M. (1997). Scham. Gesichter eines Affekts, Göttingen.

Huber, J. (1995): Nachhaltige Entwicklung, Berlin.

Illich, I. (1973): Selbstbegrenzung. Eine politische Kritik der Technik, München.

Jackson, T. (2011): Wohlstand ohne Wachstum. Leben und Wirtschaften in einer endlichen Welt, München.

Jonas, H. (1979): Das Prinzip Verantwortung. Versuch einer Ethik für die technologische Zivilisation, Frankfurt a. M.

Jonas, H. (1993): Dem bösen Ende näher. Gespräche über das Verhältnis des Menschen zur Natur, Frankfurt a. M.

Kamalashila-Institut (2005): Intro zum Jahresprogramm.

Kant, E. (1795): Zum ewigen Frieden. Ein philosophischer Entwurf, Königsberg.

Karger, A. (1999): Wissensmanagement und »Swarm intelligence«, wissenschaftstheoretische und kognitionsphilosophische Perspektiven, in: Mittelstraß, J. (Hrsg.): Die Zukunft des Wissens, XVIII. Deutscher Kongress für Philosophie, Workshopbeiträge, Konstanz, 1288–1296.

Kluge, A. (1985): Der Angriff der Gegenwart auf die übrige Zeit, Dokumentarfilm.

Kümmel, R./Lindenberger, D./Paech, N. (2018): Energie, Entropie, Kreativität. Was das Wachstum treibt und bremst, Berlin.

Latouche, S. (2015): Es reicht! Abrechnung mit dem Wachstumswahn, München.

Le Monde diplomatique (2015): Atlas der Globalisierung. Weniger wird mehr, Berlin .

Linz, M. (2002): Von Nichts zu viel. Suffizienz gehört zur Nachhaltigkeit. Wuppertal Paper Nr. 125, Wuppertal.

Lotusblätter – Zeitschrift für Buddhismus, Ausgabe 4/96.

Loy, D. R. (2018): Geld Sex Krieg Karma. Anmerkungen zu einer buddhistischen Revolution, Berlin.

Loy, D. R. (2019): Ecodharma. Buddhist teachings for the ecological crisis, Somerville.

Macy, J. (1994): Die Wiederentdeckung der sinnlichen Erde. Wege zum ökologischen Selbst, Zürich.

Market, in: Journal of Marketing Management, 16, S. 143–163.

Martínez-Alier, J., (2009): Socially Sustainable Economic De-Growth, in: Development and Change 40/6, 1099–1119.

Maurer, C. (2017): Beseelte UnternehmerInnen. Plädoyer für einen Wandel in der Wirtschaft, Bern.

Meadows, D., et al. (1972): Die Grenzen des Wachstums. Bericht des Club of Rome zur Lage der Menschheit, Stuttgart.

Miegel, M. (2013): Hybris. Die überforderte Gesellschaft, Berlin.

Mies, Maria/Shiva, Vandana (1995): Ökofeminismus. Beiträge zur Praxis und Theorie, Zürich.

Mumford, L. (1967): Mythos der Maschine. Kultur, Technik und Macht, Frankfurt a. M.

Nelson, P. (1970): Information and Consumer Behavior, in: Journal of Political Economy, 78, S. 311–329.

oekom e. V. (Hrsg.) (2013): Vom rechten Maß. Suffizienz als Schlüssel zu mehr Lebensglück und Umweltschutz, München.

Paech, N. (2005): Nachhaltiges Wirtschaften jenseits von Innovationsorientierung und Wachstum, Marburg.

Paech, N. (2008): Regionalwährungen als Bausteine einer Postwachstumsökonomie, Zeitschrift für Sozialökonomie 45 (158–159), S. 10–19.

Paech, N. (2010): Nach dem Wachstumsrausch. Eine zeit-ökonomische Theorie der Suffizienz, in: Zeitschrift für Sozialökonomie 47 (166–167), S. 33–40.

Paech, N. (2011): Adios Konsumwohlstand: Vom Desaster der Nachhaltigkeitskommunikation und den Möglich-

keiten der Suffizienz, in: Heidbrink, L./Schmidt, I./
Ahaus, B. (Hrsg.): Die Verantwortung des Konsumenten,
Frankfurt a. M./New York, S. 285–304.

Paech, N. (2012): Befreiung vom Überfluss. Auf dem Weg
in die Postwachstumsökonomie, München.

Paech, N. (2016): Mythos Energiewende. Der geplatzte Traum
vom rückstandslosen grünen Wachstum, in: Etscheit, G.
(Hrsg.): Geopferte Landschaften. Wie die Energiewende
unsere Umwelt zerstört, München, S. 205–228.

Paech, N. (2019): Es kommt kein Fressen ohne Moral.
Die organisierte Unverantwortlichkeit im Ernährungs-
sektor, in: agora 42, 02/2019, S. 71–74.

Payne, R. K. (Hrsg.) (2010): How much is enough? Buddhism,
Consumerism, and the Human Environment, Somerville.

Payutto, P. A. (1999): Buddhistische Ökonomie. Mit der
rechten Absicht zu Wohlstand und Glück, Bern.

Pfriem, R. (1992): Langsamer, weniger, besser, schöner:
Von den Gesundheitsgefahren zum ökologischen
Wohlstand, in: Eigenverlag Toplacher Gespräche (Hrsg.):
Gesundheit und ökologischer Wohlstand, Toplach,
S. 29–32.

Pinker, S. (2003): Das unbeschriebene Blatt, Berlin.

Priddat, B. P. (1998): Moralischer Konsum, Stuttgart/Leipzig.

Princen, T. (2005): The Logic of Sufficiency, Cambridge.

Reheis, F. (1998): Die Kreativität der Langsamkeit. Neuer
Wohlstand durch Entschleunigung, Darmstadt.

Riemann, F. (2003): Grundformen der Angst, München/
Basel.

Roetzel, P. G. (2019): Information overload in the information
age: a review of the literature from business administra-
tion, business psychology, and related disciplines with
a bibliometric approach and framework development,
in: Business Research. 12/2, S. 479–522.

Rogers, E. M. (1995): Diffusion of Innovations, New York.

Romhardt, K. (2009): Wir sind die Wirtschaft. Achtsam leben. Sinnvoll handeln, Bielefeld.

Rosa, H. (2005): Beschleunigung, Frankfurt a. M.

Sachs, W. (1993): Die vier E's, in: Politische Ökologie, 33, S. 69–72.

Sachs. W, (2002): Nach uns die Zukunft, Frankfurt a. M.

Schelling, T. C. (1978): Micromotives and Marcobehavior, New York.

Scherhorn, G./Reisch, L. A. (1999): Ich wär so gern ein Zeit-millionär, in: Politische Ökologie, 57/58, S. 52–56.

Schmidbauer, W. (1972): Homo consumens. Der Kult des Überflusses, Stuttgart.

Schmidt-Bleek, F. (2000): Das MIPS-Konzept. Weniger Naturverbrauch – mehr Lebensqualität durch Faktor 10, München.

Schumacher, E. F. (1977): Small is beautiful. Die Rückkehr zum menschlichen Maß, Reinbek.

Shiva, V. (2014): Jenseits des Wachstums. Warum wir mit der Erde Frieden schließen müssen, Zürich.

Sieben, D. (2007): Ökonomie des Geistes. Eine Synthese von Nachhaltigkeit und Bewusstsein, Saarbrücken.

Sivaraksa, S. (1995): Saat des Friedens. Vision einer buddhistischen Gesellschaftsordnung, Braunschweig.

Skidelsky, E./Skidelsky R. (2013): Wieviel ist genug? Vom Wachstumswahn zu einer Ökonomie des guten Lebens, München.

Sloterdijk, P. (2009): Du mußt dein Leben ändern. Über Anthropotechnik, Frankfurt a. M.

Stanley, J./Loy, D. L./Dorje, G. (2009): A buddhist response to the climate emergency, Somerville (USA).

Stehr, N. (2007): Die Moralisierung der Märkte, Frankfurt a. M.

Stengel, O. (2011): Suffizienz. Die Konsumgesellschaft in der ökologischen Krise, München.

Surowiecki, J. (2004): The Wisdom Of Crowds, New York.

Techniker Krankenkasse (2010): Gesundheitsreport 2010 – Gesundheitliche Veränderungen bei Berufstätigen und Arbeitslosen von 2000 bis 2009, Lübeck.

Thoreau, H. D. (2009): Walden oder Leben in den Wäldern, Köln.

Tödter, R. (2015): Buddha räumt auf. Wie man mit weniger glücklich wird, München.

Toffler, A. (1970): Future Shock, New York.

Toffler, A. (1980): The Third Wave, New York.

Turnbull, P. W./Leek, S./Ying, G. (2000): Customer Confusion: The Mobile Phone.

Ullrich, W. (2006): Habenwollen, Frankfurt a. M.

Vaughan-Lee, L. (Ed.) (2013): Spiritual Ecology – The cry of the earth, Point Reyes.

Virilio, P. (1992): Der rasende Stillstand, München/ Wien.

Walsh, G./Henning-Thurau (2002): Wenn Konsumenten verwirrt sind. Empirische Analyse der Wirkungen eines vernachlässigten Konstruktes, in: Marketing ZFP, 24 (2), S. 95–109.

Weizsäcker, E. U. von/Lovins, A. B./Lovins, L. H. (1995): Faktor vier. Doppelter Wohlstand – halbierter Naturverbrauch, München.

Welzer, H./Rammler, S. (Hrsg.) (2013): Der Futurzwei Zukunftsalmanach, Frankfurt a. M.

Welzer, H./Wiegandt, K. (Hrsg.) (2013): Wege aus der Wachstumsgesellschaft, Frankfurt a. M.

www.buddhismus-aktuell.de
www.buddhismus-deutschland.de